임상심리학자 엄마들의
아이 문제 상담소

임상심리학자 엄마들의
아이 문제 상담소

강지현 | 도례미 | 어유경 지음

우리 아이 문제 행동,
어떻게 도와줄까?

사회평론아카데미

추천사

아동의 문제 행동에 대한 책은 시중에 많지만, 아쉽게도 부모들이 일상에서 활용할 수 있는 유용한 조언을 담은 책을 발견하기는 쉽지 않다. 그런데 이 책은 임상심리학자 세 사람이 대화하며 아이의 문제 행동의 원인에 대한 다양한 관점과 그 대처 방안을 알기 쉽게 설명해 주고 있다. 현재 자녀의 문제 행동에 대해서 걱정하고 있는 부모들뿐 아니라 모든 부모들에게 읽어 보도록 권하고 싶은 책이다.

— 오경자(전 연세대학교 심리학과 교수)

임상심리학자이자 엄마인 세 저자들의 대화를 통해, 아이를 양육하며 같은 고민을 가진 엄마들은 전문적인 도움뿐만 아니라 위로와 지지를 받는 듯한 느낌이 들 것 같다. 주의력 문제를 비롯하여 아이의 여러 문제 행동으로 고민하는 부모들에게 꼭 해 주고 싶은 이야기가 담긴 책이다. 아이와 함께 지속적으로 성장하며 행복하게 살아가길 원하는 모든 부모들에게 이 책을 추천한다.

— 신민섭(서울대학교 의과대학 교수)

친구 사귀기의 어려움, 정서 문제, 주의력 문제, 게임 문제 등 아이를 키우는 부모님들의 가장 큰 고민에 대해 세 임상심리학자들이 전문적인 식견을 나누며 해결책을 알려 주는 책이다. 함께하고 싶은 마음이 들 만큼 편안한 분위기 속에서 생동감 있게 진행되는 세 사람의 대화를 읽다 보면 양육에 대한 중요한 팁을 자연스럽게 배울 수 있다. 또한 부모님들을 위한 격려도 담겨 있어, 독자들은 따뜻한 위로를 받게 될 것이다.

— 김붕년(서울대병원 소아청소년 정신과 교수)

대화 형식으로 풀어낸 새로운 형태의 효율적인 부모교육서다. 자녀를 키우는 부모라면 누구나 겪을 법한 어려움이나 고민을 다양한 사례를 통해 살펴보고, 아이의 문제에 어떻게 접근하고 대처해야 하는지 구체적이면서도 쉽게 설명하는 한편, 일상에 적용할 수 있는 해결책을 제안하고 있다. 자녀 양육에 어려움이 있는 부모는 물론, 특별한 문제가 없더라도 아이들을 키우는 부모나 관련 직종 종사자라면 이 책을 읽고 아이를 더 깊이 이해할 수 있을 것이다.

— 전효정(동아대학교 아동학과 교수)

지은이의 말

강_ 지현

    동덕여자대학교 아동학 전공 부교수로 재직하면서 미래의 상담자들을 양성하고 있습니다. 늘 분주하고 야무지지 못해 대학 교수로, 상담자로 빈틈 많은 엄마가 그래도 체면을 유지할 수 있게 커 준 아들과 딸에게 빚진 마음이 큽니다.

    이제는 훌쩍 커 버린 아이들에게 느끼는 아쉬움과 간절함을 진솔하게 전달하면 누군가의 후회를 조금이나마 줄여 줄 수 있지 않을까 하는 마음으로 책을 만들었습니다. 이 마음은 실수가 많아도 멈추지 않고 계속 가야 하는, 양육이라는 길을 걷고 있는 저를 위로하는 것이기도 했습니다.

✉ 이메일 happycounsel4u@gmail.com

도_ 레미

    서울대병원 의생명연구원에서 연구원으로 아동·청소년 정신 건강을 연구하고 있으며, 학생들의 정신 건강 및 학교생활과 관련하여 자문과 교육, 상담을 하고 있습니다.

바쁘고 인내심도 부족한 엄마를 아껴 주고 사랑해 주는 딸에게 미안하고 감사한 마음입니다. 육아는 아무리 배워도 어려워서, 자식을 키우다 보면 쓸데없는 걱정과 후회를 하는 날이 많아집니다. 저희들의 경험과 대화를 통해 누군가가 위로를 받고 아이와 행복한 삶을 만들어 갈 용기를 얻기를 기도합니다.

✉ 이메일 doryemi@gmail.com

어_ 유경

서울상담심리대학원대학교 조교수로 재직하면서 개성 만점 세 딸의 엄마로 살고 있습니다. 날마다 자라나는 학생들과 아이처럼, 부족한 저도 결국 함께 자랄 수 있기를 기도합니다.

엄마를 무조건적으로 사랑해 주는 아이들을 보면서 아이를 키우는 과정은 사랑을 주는 과정이 아닌 받는 과정이라는 것을 깨달아 갑니다. 배우고 익힌 내용과 이기적인 나와 이타적인 나를 동시에 발견했던 육아 경험을 엮어, 어떤 이들에게는 실마리를, 어떤 이들에게는 용기를 주고 싶은 마음으로 이 책을 냅니다.

✉ 이메일 ykeoh37@gmail.com

첫인사

한 사람의 성장을 위해
소중한 것을 내어놓는 모든 이에게

저자들은 같은 시기, 같은 대학을 다니며 만나, 사람의 마음이 어떻게 생성되어 성장하며, 어떻게 상처받고 회복되는지 탐구했습니다. 학교를 떠난 후에는 병원과 상담센터에서 임상심리전문가가 되기 위한 수련을 받았고, 그동안 배우고 익힌 지식과 태도로 마음이 어려운 사람들을 도와 왔습니다.

    시간이 흘러 모두 결혼을 하였고, 감사하게도 '엄마'라는 이름으로 불리게 되었습니다. 사실 처음에는 여느 엄마들처럼 많은 우여곡절을 겪었다는 사실을 고백해야겠습니다. 여러 해 동안 익힌 지식을 병원과 상담실에서는 그럴듯하게 전달할 수 있었지만, 막상 각자의 아이들 앞에서는 좀처럼 이를 잘 적용할 수 없었던 시절이 있었습니다. 아이들이 어릴 때도 굳건히 일터를 지키기도 했고, 아이를 오롯이 키워 보겠다고 직장을 쉬기도 하는 등 일과 육아를 병행하는 과정에서 나름의 시행착오를 거치며 좌충우돌하는 시간을 겪어 내야 했습니다. 그러면서 직장과 가정을 오가며 분투하는 모든 부모들, 특히 아직까지 알게 모르게 육아의 상당 부분을 책임지는 엄마들에게 마음이 많이 쓰였습니다.

우리의 지식이 이런 분들의 형편과 상황에 맞게 사용된다면 좋겠다는 바람을 갖게 된 건 어떻게 보면 자연스러운 결과일 것입니다. 그래서 저자들이 병원과 센터에서 접한 일상의 문제들을 사례로 가공하여 소개한 다음, 그 원인을 분석하고 해결책을 제시하는 책을 떠올렸고, 내용을 보다 편하게 접할 수 있도록 임상심리학자 엄마들의 수다 형식으로 서술했습니다. 책을 읽으시며 '우리 아이와 비슷하네!'라고 느껴지는 부분이 있다면, 부디 저자들이 소개한 방법 중 일부라도 아이의 문제에 적용해 보시기를 권합니다.

각 사례에 대한 수다가 끝날 때마다 제시되는 '체크체크'는 해당 사례에 소개된 문제가 우리 아이에게서도 보일 때, 그 심각도를 확인하거나 가정에서 시도해 볼 만한 해결책을 정리하는 용도로 사용하실 수 있습니다. 매 챕터의 마지막에 있는 '한 걸음씩 천천히'는 부모의 심적 역량과 저력을 키우는 데 도움이 될 만한 활동을 엄선한 것입니다. 부모 자신과 자녀, 그리고 부모-자녀 관계를 보다 깊이 이해해서 문제 해결에 걸림돌이 될 만한 것들을 조금씩 치워 나가는 데도 유용할 것이므로, 숙제를 대하듯 부담을 갖거나 그냥 넘어가지 마시고 저자들이 준비한 선물을 열린 마음으로 받아 주실 것을 부탁드립니다.

양육에 관한 도서가 시중에 이미 많은데도 '임상심리학자 엄마들의 이야기'의 필요성에 공감하여 출간을 결정해 주신 사회평론아카데미의 권현준 대표님과, 편집자로 또 애정 어린 독자로 꼼꼼하고 살뜰하게 책의 구석구석을 챙겨 주신 정용준 선생님께 깊은 감사를 전합니다. 좋은 책을 만들기 위해 편집자가 쏟아 준 수고와 고민이 저자들에게 단계마다 의욕과 책임감을 실어 주었습니다. 그리고 저자들에게 심리적 고통과 장애 그리고 치유와 성장에 대해 가르쳐주시고 임상심리학자로 키워주신 여러 스승님이 계십니다. 특히 뛰어난 학자인 동시에 아내이고 어머니이자, 이제 두 손녀들의 할머니가 되신 오경자 선생님의 격려 덕분에 저자들이 좀 더 씩씩하게 이 자리에 올 수 있었습니다. 이 책이 다른 누군가에게도 그런 역할을 할 수 있기를 기대해 봅니다.

우리의 지식과 노하우가 자칫 안 그래도 힘든 누군가에 대한 비난이나, 무언가를 더 해야 한다는 부담으로 전달되지 않을까 조심스러운 점도 있습니다. 하지만 저자들은 지금까지 수고하고 애쓴 부모의 마음을 알아주고 아이가 자라며 나타나는 문제를 조금 더 효과적으로 다룰 수 있게 돕는 한편, 다시 한번 힘을 내 보자고 서로 격려하는 소통의 장을 마련하기를 바라는 마음으로 이 책을 집필하였습니다. 이 땅의 부모들, 나아가 누군가의 성장을 위해 자신의 소중한 것들을 내어놓는 모든 분들에게 응원을 보냅니다.

2023년 여름을 지나며
강지현, 도례미, 어유경

차례

FIRST CHECK! 아이 문제 파악하기　　　　　　　　　　016

CHAPTER 1
또래 관계 문제 + 친구와 잘 못 노는 아이, 사회성 증진하기

"아이가 친구들에게 할 말을 제대로 못해요"　　　　　　021
　CHECK CHECK! 아이가 마음이 불편한 상황에서 제대로　　037
　　　　　　　　대응하지 못하는 것 같다면?
"아이가 쉽게 흥분하고 행동을 조절하지 못해요"　　　　038
　CHECK CHECK! 아이가 쉽게 흥분하고 화내며 언행을　　052
　　　　　　　　조절하지 못한다면?
"아이가 눈치가 없어서 또래 관계가 걱정돼요"　　　　　054
　CHECK CHECK! 아이가 나이에 비해 눈치가 없는 것 같다면?　064
"아이가 다른 사람에게 관심이 없어요"　　　　　　　　065
　CHECK CHECK! 우리 아이 사회성 발달, 괜찮은지 궁금하다면?　074

CHAPTER 2

내재화 문제 ✦ 불안하고 우울한 아이, 생각과 행동 바꾸기

"아이가 일상의 사소한 일에 걱정이 너무 많아요"　　079
　CHECK CHECK!　아이의 불안과 걱정이 지나친 것 같다면?　　093

"아이가 짜증만 많고 매사에 관심이 없어요"　　095
　CHECK CHECK!　우리 아이 우울, 괜찮은지 궁금하다면?　　115

CHAPTER 3

외현화 문제 ✦ 화가 많고 반항적인 아이, 자기 행동 조절하기

"아이가 화가 많고 또래와 싸움이 잦아요"　　121
　CHECK CHECK!　아이가 공격적인 행동을 자주 보인다면?　　136

"아이가 거짓말을 밥 먹듯 하고, 들킬 것 같으면　　138
　오히려 화를 내요"
　CHECK CHECK!　아이가 친구 물건에 손을 대거나　　154
　　　　　　　　 거짓말을 한다면?

CHAPTER 4

주의력과 학습 문제 ✚ 산만한 아이, 집중력과 학습 능력 키우기

"아이가 공부에 집중을 못해요" 161

CHECK CHECK! 우리 아이 주의력, 괜찮은지 궁금하다면? 175

"아이가 공부를 잘하는데, 시험만 보면 176
실력 발휘를 못해요"

CHECK CHECK! 아이의 불안으로 인해 시험 성적이 저조하다면? 192

"아이가 또래에 비해 학습 능력이 낮아요" 193

CHECK CHECK! 아이가 학습을 어려워한다면? 202

CHAPTER 5

스마트폰·게임 과의존 문제 ✚ 스마트폰과 게임, 스스로 조절하기

"아이의 스마트폰 사용을 어떻게 지도해야 할까요?" 209

CHECK CHECK! 아이의 스마트폰 사용이 걱정된다면? 224

"아이가 게임하는 시간을 스스로 조절하게 할 수 없을까요?" 225

CHECK CHECK! 우리 아이 게임 이용, 괜찮은지 궁금하다면? 232

CHAPTER 6

부모 마음 돌봄 ✦ 한 걸음씩, 지친 나를 위로하기

"아이 때문에 죄인이 된 것 같아요" — 237

　CHECK CHECK! 아이가 어린이집/유치원/학교에서 — 247
　　　　　　　　문제를 일으켰다면?

"사교육비 부담에 막막하고 답답해요" — 249

　CHECK CHECK! 아이의 교육에 대해 배우자와 의견이 다르다면? — 257

"엄마는 휴직할 수 없나요?" — 258

　CHECK CHECK! 아이를 키우며 지치고 자신감이 없어진다면? — 270

도움이 될 만한 기관 — 274

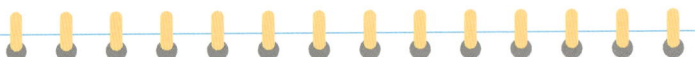

FIRST CHECK!
아이 문제 파악하기

아이의 심리적인 문제에 대해 더욱 객관적으로 파악하고 효과적인 개입 방법을 계획하기 위해 다음의 질문에 답해 보세요. 이 질문들은 앞으로 제시되는 모든 문제들에 대해 동일하게 적용될 수 있습니다.

✔ **아이는 몇 살인가요?**
아이의 행동이 연령 대비 적절한 행동인지 살펴봐야 합니다.

✔ **이 문제가 언제, 어떤 계기로 시작되었나요?**
그 후 문제의 유형이나 심각도가 어떻게 달라졌나요?

✔ **이 행동이 자주 나타나는 상황이나 맥락이 있나요?**
예: 아동이 심심할 때, 엄마가 바쁠 때 등

✔ **이 행동의 결과로 아이는 무엇을 얻었나요?**
예: 평소에 잘 먹지 못하던 간식을 쉽게 먹을 수 있게 됨

✔ **특히 이런 행동을 보이는 대상이 있나요?**
예: 자기주장이 강한 친구, 자신보다 소심한 친구, 어른 등

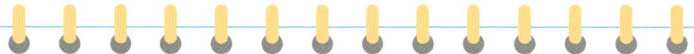

✓ **배우자나 담임 선생님, 학원 선생님은 아동의 문제에 대해 어떻게 생각하나요?**

아이를 잘 아는 어른들의 의견이 일치한다면 문제가 분명하고 개입이 필요한 상황일 수 있습니다. 문제가 특히 두드러지는 장소나 상황이 있다면 그때는 다른 상황과 어떻게 다른지 살펴봐야 합니다.

✓ **부모님의 성격이나 스트레스 수준은 어떤가요?**

부모의 스트레스 수준이 높거나 신체적으로 피곤할 경우, 아이에 대한 인내심도 줄어, 아이의 문제가 더 심각해 보일 수 있습니다.

✓ **형제자매의 특성은 어떤가요?**

다른 형제자매에게는 동일한 문제가 나타나지 않는다면 이 문제는 아이에게만 고유한 원인이 작용한 것이라고 생각할 수 있습니다. 반면 형제자매들에게도 동일한 문제가 보인다면 타고난 특성과 현재 공유하고 있는 환경적 요소의 영향을 함께 고려해야 합니다.

✓ **부모님의 행동이 아이 문제에 영향을 미쳤을 가능성이 있나요?**

아이가 은연중 부모를 따라하고 있을 수 있으므로, 부모의 습관, 말과 행동이 어떤지 확인해야 합니다.

✓ **아이가 자신의 능력을 발휘할 기회나 연습이 충분했나요?**

능력이 있는 아이라도 능력을 발휘할 기회나 연습이 부족했다면 자신이 가진 바를 충분히 드러내지 못할 수 있습니다.

CHAPTER 1

또래 관계 문제

친구와 잘 못 노는 아이,
사회성 증진하기

아이가 친구들과 잘 어울리고, 갈등 상황에도 지혜롭게 대처하기를 바라시나요? 부모의 바람과는 달리, 아이의 또래 관계가 언제나 순조롭긴 어렵습니다. 걸핏하면 친구와 다투는가 하면, 반대로 친구의 의견에 끌려 다니며 눈치만 보는 탓에 부모를 답답하게 하기도 하지요. 이처럼 또래 관계 문제는 다양한 모습으로 나타납니다.

또래 관계는 아이들에게 큰 영향력을 발휘합니다. 그래서 또래 관계에 문제가 있는 아이들은 학교에 가는 것을 거부하거나, 식사나 수면 등 일상생활에 어려움을 겪을 수 있습니다. 많은 부모님들이 '아이가 크면서 친구 사귀는 법도 자연스럽게 알게 되겠지'라고 생각했다가도, '그냥 뒀다가 아이가 영 또래 문화에 적응하지 못하면 어쩌나' 싶어서 애달파하지요. 그렇다고 아이들 관계에서 부모가 특별히 할 수 있는 일도 없는 것 같아서 자신이 무기력하게 느껴지기도 하실 거예요. 아이의 또래 관계 문제를 어떻게 이해해야 할까요? 아이에게 어떤 도움을 주어야 할까요? 여기, 임상심리학자 엄마들의 수다 속에서 답을 찾아봅시다.

"아이가 친구들에게
할 말을 제대로 못해요"

저희 아이는 툭하면 울고 삐져서 무슨 말을 못하겠습니다. 이제 초등학교 3학년이 되는 남자아이예요. 집에서는 물론이고 밖에서도 친구들이 한 말을 계속 마음에 담아 두고 속상해해요. 보아하니 친구들에게 할 말도 잘 못하는 것 같아요. 그래 놓고는 집에 와서 울거나 동생한테 짜증을 내요. 자기를 좋아하는 친구가 하나도 없대요. 소심한 아이를 달래 주는 것도 한두 번이지 저도 짜증이 납니다.

강_ 아이를 보며 "짜증"이 난다고 말하셨지만, 사실 짜증보다는 안타까운 마음이 더 크겠죠. 어떻게든 우리가 도와드려야 할 텐데요. 어떤 정보가 더 필요할까요? 저는 이 사례를 보고 도대체 이 아이가 언제부터 이렇게 행동했을지 궁금하더라고요.

어_ 저도 그랬어요. 이제 초등학교 3학년에 올라간다고 하니, 1, 2학년 때는 어땠는지, 유치원에 다닐 때는 어땠는지, 이런 특성들이 어떤 발달 경로를 거쳤는지 궁금했어요. 그리고 '울고 삐져서 무슨 말을 못하겠다'라고 하셨는데, 당시 어떤 사건이 있었는지 좀 더 분석적으로 문제 행동을 살펴볼 필요가 있겠다는 생각이 듭니다.

강_ 맞아요. 행동이 나타난 맥락이 중요하잖아요. 아이가 언제 이런 문제 행동을 보이는지 확인해야 할 것 같아요. 울고 삐지고 난 다음 아이가 어떤 결과를 맞닥뜨리며 상황이 종료되었는지, 아이가 혹시 그 결과를 원했던 건 아닌지 말이죠.

도_ 아이가 울 때 부모님이 어떻게 대응했는지가 중요할 것 같긴 합니다. 제 아이가 이래요. 집에서는 자기가 하고 싶은 말을 다 하는데 친구들 앞에서는 얘기를 못하더라고요. 그래서 하루는 왜 집에서만 떼쓰고 우느냐고 물어봤더니, 아이가 "울면 엄마가 안아 주니까"라고 말하는 거예요. 엄마가 안아 주고 달래 주는 게 좋아서 울었던 거죠. 이 사실을 최근에야 알았어요.

어_ 문제 행동으로 인해 혼이 난다고 해도, 자신이 원하는 결과를 얻

> **발달 경로**
>
> 어떤 행동이나 특성이 시간이 지남에 따라 변하는 양상을 말합니다. 아이의 발달 경로를 살펴보면 문제로 보이는 특성이 언제 시작되었고, 심각도가 어떻게 달라졌는지 확인하여 문제에 대한 개입 방법과 그 효과를 파악할 수 있습니다.

을 수 있다면 아이들은 문제 행동을 계속할 수 있어요. 이렇게 문제 행동에도 기능이 있을 수 있다는 건 심리학자들 사이에선 굉장히 잘 알려진 사실이죠. 따라서 아이의 문제 행동 자체에만 주목하기보다, 아이의 문제 행동이 나타나기 쉽게 만드는 조건이나 상황이 있는지 살펴보고, 문제 행동 뒤에 어떤 결과가 따르는지도 파악해야 해요. 문제 행동에 대한 주변 사람들의 반응이 문제 행동을 강화할 수 있으니까요. 부모님들도 이런 사실을 알고 문제 행동에 대처하면 좋겠습니다.

도_ 그래서 저는 이제 아이가 울어도 안 안아 줘요. 울거나 칭얼대면 진정시키고 "네가 원하는 게 뭔지 말을 해 봐"라고 말한 뒤에 시간을 주고 기다리죠. 그랬더니 다짜고짜 우는 경우는 줄어들었어요.

어_ 도레미 선생님께서 말씀하신 부분이 굉장히 중요한 포인트 같아요. 흔히 아이들이 울거나 떼쓸 때 반응하지 말라고 말하잖아요. 부모의 반응이 아이의 문제 행동을 강화한다고요. 그런데 많은 부모님들이

> **강화**
> 문제 행동 뒤에 아이가 바라는 결과가 따라온다면, 즉 강화가 있다면 문제 행동은 줄어들거나 없어지지 않습니다. 예를 들어 엄마가 친구랑 즐겁게 통화하고 있을 때, 평소에 엄마가 자주 먹지 못하게 하던 초콜릿을 먹어도 되는지 허락을 구했더니 쉽게 허락을 해 줍니다. 이런 일이 한두 번 반복되면 아이는 엄마에게 쉽게 허락받는 방법을 알게 됩니다. 이후 아이는 엄마가 전화할 때 평소에 잘 허락받지 못하는 것들을 더 과감하게 요청하게 될 것입니다.

아이가 친구들에게 할 말을 제대로 못해요

그러면 뭘 어떻게 해야 할지 막막해하시더라고요. 그렇다고 우는 아이를 못 본 척한다면 어쩐지 아이를 방임하는 느낌이 들고요. 이런 분들께 조언을 드리자면, 아이가 흥분해서 어쩔 줄 몰라 울든, 조용히 울든, 결국엔 스스로 진정하는 걸 배워야 해요. 그러니 아이에게 시간을 주고 진정하기를 기다렸다가, 아이가 원하는 것을 울음이 아니라 말로 표현할 때 반응해 주는 것이 좋습니다. 가능한 한 아이가 원하는 것을 들어주고요. "울음 그치고 ○○가 필요한 거 얘기해 보자. 엄마가 기다려 줄게"라고 말해 주는 것도 도움이 될 거예요.

도_ 아이가 어떤 걸 마음에 담아 두는지도 살펴봐야 합니다. 한번은 저희 아이가 미술 학원에서 누가 자기 물건을 가져가도 뭐라고 하지 못한다는 이야기를 들었어요. 그런데 저는 그게 정말 상상이 안 돼요. 아이가 집에서는 말도 많이 하고 자기주장도 잘하거든요. 그런데 막상 또래들 앞에서는 자기가 원하는 걸 말하지 못하기도 하더라는 거죠.

이 사례에 나온 아이의 부모님도 아이의 학교생활에 대해 잘 모르실 수 있습니다. 그러니 아이가 학교에서 어떻게 행동하는지 조금 더 파악해 볼 필요가 있겠지요. 요즘엔 외둥이가 많다 보니 집에서는 잘 얘기하는데, 친구들 앞에서는 잘 얘기하지 못하는 아이들이 많은 것 같아요. 따라서 아이가 집 밖에서는 어떤지, 구체적으로 어떤 상황에서 무엇을 말하지 못하는지 살펴봐야겠네요.

강_ 맞아요. 외둥이 가정의 경우 아이는 한 명인데 어른은 여러 명 있다 보니 웬만해서는 어른들이 아이한테 다 맞춰 주게 되잖아요. 그러니 아이는 굳이 자신의 의사를 표현할 필요가 없어지죠. 이렇게 의사 표현을 연습하지 못한 채 또래들과 어울리게 되면, 뭔가 어색해서 자기 의사를 표현하기 꺼리게 돼요. 예민하고 조심성 있는 아이들은 자기주장을 못하고 집에 와서 억울해하고요. 반면 감정을 곧잘 겉으로 표현하는 아이들은 적정 수준을 잘 맞추지 못하니까 까딱 잘못하다가는 거친 아이로 보일 수 있어요. 그러니 아이에게 필요할 만한 모든 것을 미리 제공하지 마시고, 아이가 자기 의사를 표현할 기회를 남겨 두시면 좋겠습니다. 이런 과정을 통해 아이가 자기 의사를 세련되게 표현하는 기술을 연습할 수 있으니까요.

어_ 그렇죠. 아이들의 자기표현 연습 기회를 어른들이 빼앗으면 안 되겠죠.

방금 전에 도레미 선생님께서 아이가 집 밖에서 어떤 모습인지 파악해야 한다고 말씀하셨잖아요? 이에 대해 좀 더 자세히 이야기하고 싶은데요. 지금 사례의 내용은 사실 부모님의 시각에서 평가한 거잖아요. 그런데 이 경우 부모님의 정서 상태나 컨디션에 따라서 아이가 달리 보일 수 있거든요. 따라서 아이의 모습을 좀 더 정확하게 파악하려면 아이가 학교 등 집이 아닌 곳에서나 다른 어른들 앞에서 어떻게 행동하는지 살펴볼 필요가 있습니다. 예를 들어 배우자나 학교 담임 선생님, 학원 선생님 등 아이를 잘 아는 다른 성인들이 아이를 어떻게 평가하는지 들어 보고, 아이에 대해 공통적으로 우려하는 부분이 있는지 알아봐야 합니다. 구체적인 에피소드나 상황을 확인하면 더욱 정확히 평가

할 수 있겠지요.

도_ 그런데 학교에 계신 담임 선생님이나 다른 선생님들의 경우, 아이에게 큰 문제가 생기면 부모님께 얘기하시겠지만 사소한 일은 넘어가실 수 있잖아요? 그러니 궁금한 부분이 있다면 면담을 신청하거나 전화를 걸어 선생님과 접촉하여 정보를 얻으시면 도움이 될 거예요. "저희 아이를 볼 때 이런 점이 걱정되는데, 학교에서 보시기엔 어떤가요?"라며 여쭤보면 선생님들은 객관적인 시각에서 말씀해 주시겠죠. 아이를 어떻게 대하면 좋을지 조언을 구할 수도 있고요.

단, 선생님과 연락할 때는 선생님의 입장을 반드시 고려해야 한다는 점을 강조하고 싶습니다. 선생님은 아이 지도 외에도 수업 준비나 서류 작업 등 여러 업무를 처리해야 하기 때문에 당연히 바쁘실 수 있어요. 게다가 일반적으로 선생님 혼자서 수십 명의 아이를 지도해야 해요. 결코 쉬운 일이 아닙니다. 그러니 선생님께 연락할 때는 먼저 선생님의 노고에 고마움을 전하고, 양해를 구하며, 시간을 내 주실 수 있는지 정중하게 물어보는 것이 좋습니다. 무엇보다 우리 아이를 지도해 주시는 분이니까요.

어_ 그런데 선생님께 조언을 듣는다고 해도, 어머니와 아버지의 시각이 서로 다를 수 있잖아요? 제가 어린이 병원에서 만난 사례를 보면 그런 경우가 상당히 많았거든요. 설사 두 사람의 시각이 같더라도 아버님이 아예 문제에 적극적으로 개입하지 않으려는 경우도 꽤 있었어요. 그럴 때는 어머님들이 어떻게 하면 좋을까요?

강_ 학업이나 진학 문제 등의 의사 결정에 깊이 관여하지 않는 게 도와주는 거라고 생각하는 아버님들도 있죠. 이런 시각을 가진 아버님들은 아이의 문제 행동을 개선하는 데서도 뒤로 물러나시는 것 같아요. 하지만 자녀 양육은 부모가 같이해야 하는 일이잖아요? 그러니 우선 아이의 행동에 대해 부부간에 의견을 나눠야 합니다. 그런 다음 대화를 통해 양육 방침에 대한 견해 차이를 좁히고 각자의 역할을 분담하여 함께 양육해야 하겠지요.

어_ 부모님의 양육 방식 외에도 형제자매나 친구들의 특성도 살펴볼 필요가 있습니다. 형제자매의 특성을 고려하면 문제의 원인이 기질적인 것인지 아닌지 판단하기 수월하니까요. 또 특정 성격의 친구들에게만 보이는 태도나 행동이 있는지 확인하는 것도 도움이 될 거예요.

도_ 성별을 갖고 얘기하는 게 조금 조심스러운데요. 그래도 사회적 요인이 아이의 성별에 따라 다른 영향을 미치잖아요. 조금 예민하거나 섬세한 남자아이들은 친구들과 어울리기 힘들어하는 경우도 많고요. 이건 아이의 문제일 수도 있지만, 어쩌면 환경의 문제일 수도 있어요. 그러니 아이가 어떤 친구들과 주로 어울리는지, 특히 어떤 친구들과의 상호작용을 힘들어하는지 더 적극적으로 파악해야 합니다.

강_ 남자아이가 예민하고 섬세하면 다른 남자아이들과 어울리기 힘든 면이 있죠. 대신 이런 아이들은 다른 사람을 배려하거나 분위기를 파악하는 데 능해서 성장하며 인기가 많아지기도 하더라고요.

그런데 남자아이들에겐 물리적 힘이 중요한 시기가 확실히 있는 것 같긴 해요. 그래서 왜소한 남자아이가 힘에서 밀리면 지지 않으려고 언어적으로 공격하게 되는 듯해요. 힘으로는 안 되니 말로 상대를 제압하려는 거죠.

도_ 그러니까 키가 크고 운동도 잘하면서 섬세하면 친구들과 잘 어울릴 수 있는데, 왜소하고 운동도 싫어하면 뭔가 삐거덕거릴 수 있습니다. 체격이나 운동 능력은 청소년기에도 중요한 것 같아요. 남자아이들의 경우 똑똑하고 섬세해도 신체 활동을 좋아하지 않는다면 관심사를 공유할 친구를 찾기 어렵더라고요.

그러니 조금 섬세하고 예민한 아들을 키우는 부모님들은 아이가 청소년기에 접어들기 전에 자신의 불편한 마음을 다루는 방법을 가르쳐 줘야 합니다. 아이가 더욱 적극적으로 자기 이야기를 하고, 친한 친구를 사귈 수 있도록 도와주는 것도 중요합니다. 이 사례의 아이는 초등학교 3학년이니, 지금이 적기라고 할 수 있겠네요.

강_ 맞아요. 게다가 이렇게 친구들에게 이기적인 태도를 보이지 않으면서 자신에게 필요한 말을 하는 건 남자아이뿐 아니라 여자아이에게도 굉장히 중요한 기술이죠. 평생 그게 필요하니까요.

강_ 아이의 문제를 명확히 파악하기 위해 필요한 정보와 확인해야 할 내용을 얘기하면서 어느 정도 문제의 원인을 정리한 것 같네요. 우선 다소 예민하고 소심한 기질을 타고나는 바도 크다고 할 수 있습니다. 물론 기질만으로 아이의 행동이 결정되진 않겠지만요.

기질

기질이란 한 사람이 타고난 특성을 의미합니다. 우리가 태어날 때 눈동자나 피부색, 머리카락의 곱슬기, 골격의 크기 등을 선택할 수 없는 것처럼, 심리적 특성 중에서도 유전적으로 물려받는 것들이 있습니다.

기질은 빠르고 자동적인 반응을 만들어 내며, 우리가 다양한 상황에서 일관되게 행동하게 합니다. 기질은 개인의 고유한 특징이므로 시간이 지나도 잘 변화하지 않는 것으로 알려져 있습니다.

기질은 환경과의 상호작용을 통해 다양하게 발전할 수 있습니다. 기질과 환경의 건설적이고 적응적인 상호작용은 아이의 성격 형성과 이후 적응 문제 등에 긍정적으로 작용합니다. 이 경우 아이의 행동에는 별다른 문제가 나타나지 않습니다. 반면 환경과의 부정적이고 때때로 병리적인 상호작용은 아이의 적응과 또래 관계를 비롯하여 정신건강 전반에 해로운 영향을 미칠 수 있습니다. 이 경우 아이의 행동은 문제 행동으로 발전할 가능성이 높습니다.

아이의 기질을 확인함으로써 아이가 특정 행동을 더 자주하는 이유를 이해하고, 아이의 긍정적인 면이 적절히 발전하도록 도와줄 수 있습니다. 또한 부모가 자신의 기질을 이해하는 것도 중요합니다. 자신의 기질이 아이에게 어떤 영향을 주는지 알 수 있다면 아이와의 갈등 중 상당 부분을 이해하고 개선해 나갈 수 있을 것입니다.

어_ 그렇죠. 아이가 부모님의 성향을 유전적으로 물려받았다고 볼 수도 있지만, 어쩌면 부모님이 스트레스 받고 위축되어 있다가 '안전한 대상'에게 짜증을 내는 걸 보고, 부모님의 행동을 모델링했다고 볼 수도

> **모델링**
>
> 다른 사람의 행동에 관심을 기울이고 관찰한 결과, 자연스럽게 그 행동이 익혀져 유사한 상황에서 관찰한 행동을 수행하게 되는 것을 모델링이라 합니다. 공격적인 장면이 담긴 영상을 본 유아는 누가 알려 주지 않아도 유사한 상황에서 공격적인 행동을 많이 하게 되더라는 심리학 실험 결과는 모델링 효과를 잘 보여 줍니다. TV나 영상은 물론, 일상에서 늘 접하는 부모의 말과 행동은 자녀에게 가장 확실한 모델링 자료입니다.

있어요. 그러므로 부모님의 기질적 특성이나 성격, 대처 방법 등을 살펴보면 아동이 보이는 문제의 원인을 파악하는 데 도움이 될 듯합니다.

도_ 제 아이는 저와 성격이 완전히 반대예요. 예를 들어 저는 어릴 때 좀처럼 울지 않는 아이였는데, 제 아이는 힘들면 울거든요. 기질이 다른 거겠죠. 그런데 예민함과 같이 아이들이 타고난 기질 자체가 나쁜 건 아닙니다. 예민함은 일종의 힘이니까요. 이 힘을 어떻게 다룰 수 있는지가 관건이죠. 마치 날카로운 칼처럼요. 이 칼을 요리사가 쥔다면 맛있는 요리를 할 수 있겠지만, 요리에 서툰 사람이 칼을 든다면 오히려 다칠 수 있어요.

아이는 아직 어리니까 힘은 힘대로 들이면서도 자꾸 칼에 베일 수 있습니다. 요리는 커녕 칼질도 연습한 적이 없으니까요. 그래서 자신이나 남에게 상처 입히지 않게끔 아이에게 칼을 제대로 사용하는 방법을 알려 줘야 해요. 그런데 이걸 배우는 데 시간이 오래 걸리죠.

어_ 시행착오가 필요하겠네요. 도레미 선생님 말씀을 들어 보니 스트레스 대처 방법을 배우거나 사회성 증진 기술을 훈련하는 게 확실히 도움이 될 것 같아요. 그런데 보통 예민하고 소심한 아이들이 해 보고 안 되면 바로 포기하고, 이런 실패 경험이 싫어서 시도도 안 하고 쉽게 낙심하거든요. 그러니 아이가 낙심했을 땐 격려하고 잘했을 땐 칭찬해 주면서, 아이가 포기하지 않고 꾸준히 연습할 수 있게 도와줘야 합니다. 작은 일이라도 시도해서 성공을 경험해야 하니까요.

강_ 일이 잘되든 잘 안 되든 아이의 시도 자체를 긍정적으로 봐주는 시각이 중요합니다. 사실 '잘 안 됐다'라는 평가에는 그 결과를 바라보는 어른의 시각이 다분히 반영되어 있잖아요. 저는 부모로서 바로 이 부분에 서툴렀던 것 같아요. 아이의 행동은 점진적으로 좋아지는 건데, 내가 원하는 결과가 단번에 나오지 않으면 조바심이 나고 낙담하게 되더라고요.

어_ 예민한 아이들은 특히 모험적이거나 낯선 일을 시도할 때 많이 불안해하잖아요. 어른인 저조차도 새로운 일을 시도할 때 걱정이 많아지거든요. 그러니까 이런 성향의 아이들은 밖으로 표현하는 것보다 훨씬 큰 걱정을 마음속에 품고 있다고 봐야 할 거예요. 그래서 아이가 뭔가를 시도하기 위해 노력했다는 점과 걱정거리가 있음에도 용기를 냈다는 점을 먼저 인정해 줘야 한다는 말씀에 공감이 되네요.

도_ 부모님이 먼저 가능한 선에서 새로운 일을 시도하고 그 경험을 가족끼리 공유하는 것도 도움이 될 것 같습니다. 아이가 부모님의 긍정적인 행동을 모델링할 수 있으니까요. 이 일을 시도하기 전에 어떤 걱정이 있었는지, 두렵거나 결과가 안 좋을까 봐 걱정하진 않았는지, 어떻게 용기를 냈는지 등을 말해 주는 것이 좋겠네요. 이런 대화를 통해 아이들은 우리 엄마와 아빠도 새로운 걸 시도하며 자신과 비슷한 감정을 느낀다는 사실을 깨닫게 될 거예요. 또한 결과가 좋지 않아도, 새로운 일을 시도하는 것만으로 뿌듯한 기분이 들 수 있음을 이해할 수 있겠지요.

강_ 지금까지 아이의 문제와 관련하여 우리가 파악하고 살펴봐야 할 부분과 문제의 원인, 아이를 도와줄 방법에 대한 이야기를 나눴습니다. 그런데 스트레스 관리 방법이든 사회성 증진 기술이든, 아이의 문제에 개입하여 필요한 기술을 가르쳐 주기 전에 어떤 상황에서 문제가 발생했는지 구체적으로 알아야 할 것 같아요. 누구와 무슨 일이 있었고 그때 아이의 마음은 어땠는지 말이에요.

어_ 제 경험으로는 역할극이 유용했습니다. 저희 아이들이 어렸을 때 이야긴데, 놀이터에 가면 새치기하는 아이들이 있잖아요? 저희 아이들도 새치기를 당하곤 했어요. 그래 놓고 너무 속상해하는 거죠. 새치기하는 아이에게 "너 먼저 해"라고 말하며 양보를 해 주든가, 그게 싫다면 새치기하지 말라고 말한다면 부모 입장에서 이해가 될 텐데, 아이가 직접 말은 못하고 있다가 집에 와서 속상해하니 저도 답답하더라고요.

그래서 역할극으로 연습을 많이 했어요. 처음에는 제가 끼어드는 아이 역할을 맡았죠. "다른 아이가 새치기를 하는 상황에서 어떻게 하면 좋을까?" 이렇게 물어보며 대화한 다음, 집에 있는 장난감 미끄럼틀을 사용하여 새치기를 당하는 상황을 만들고, 그때 어떻게 말할지 연습해 봤거든요. 일종의 시나리오를 쓴 거죠. 역할에 맞게 대사도 만들고, 역할을 바꿔 보기도 했어요. 마지막에는 역할극에 대한 소감을 나눴고요.

실제 상황이 아니고, 단지 역할극을 하는 건데도 말하기 전에는 아이가 긴장을 많이 하더라고요. 그런데 말을 하고 난 다음에는 긴장이 줄어들었다고 해요. 이렇게 어떤 말이나 행동을 하기 전후에 자신의 긴장감이 어떻게 변하는지 비교해 보는 게 도움이 되죠. 이런 말을 하는 게 대단히 어렵거나 두려운 건 아니라는 사실을 깨달을 수도 있고요. 또 자기가 할 말을 했을 때 새치기한 상대방의 반응을 듣고 어떤 생각이 들었는지 이야기 나눈 것도 효과가 있었습니다. 물론 처음부터 그 효과가 드라마틱하진 않았죠. 그렇지만 반복해서 연습하다 보니 확실히 효과가 나타나더라고요. 이런 게 심리학에서 말하는 체계적 둔감법이 아닐까요?

강_ 우리도 발표 전에 리허설을 한 번 하면 실제 발표 때 한결 편안해지잖아요? 역할극이 리허설과 비슷한 효과를 낸다고 볼 수 있겠네요. 아이가 반복적으로 힘들어하는 구체적인 상황이 있다면, 어유경 선생님이 한 것처럼 역할극을 만들어 그 상황을 다뤄 보는 게 좋겠어요. 물론 매일 이렇게 할 수는 없겠지만, 일주일에 한 번씩이라도 시도해 본다면 효과가 있을 거예요. 상대 아이 역할을 맡은 부모님이 점진적으로 대사의 수위를 높이며 자녀가 되받아치는 말을 생각하게 할 수도 있고요.

> **체계적 둔감법**
>
> 남아프리카 공화국의 정신과 의사 조셉 월프$^{Joseph\ Wolpe}$가 창안한 체계적 둔감법은 불안장애를 다루는 방법입니다. 체계적 둔감법의 핵심은 노출과 불안 위계입니다. 노출이란 불안장애 환자가 불안이나 공포 요인과 맞닥뜨리게 하는 과정을 말하며, 불안 위계란 환자에게 불안이나 공포를 불러일으키는 자극을 낮은 것에서부터 높은 것까지 차례로 나열한 것을 의미합니다.
>
> 체계적 둔감법의 원리는 환자를 불안 위계에서 가장 낮은 수준의 자극부터 점진적으로 노출시킴으로써, 마침내 환자가 가장 두려워했던 상황이나 사건을 극복할 수 있게 하는 것입니다.
>
> 예를 들어 개를 지나치게 무서워하는 아이가 있다고 가정해 봅시다. 이 아이에게 체계적 둔감법을 적용할 경우, 처음에는 개를 상상해 보도록 유도합니다. 그런 다음 개 사진을 관찰하며 만져 보게 하고, 보호자와 함께 작은 강아지 앞을 지나가게 합니다. 점차적으로 이 아이를 혼자 작은 강아지 근처까지 가보도록 유도하고, 마침내 아이가 혼자서 개와 직면하게 합니다. 이러한 과정을 통해 아이는 개에 대한 두려움을 극복하게 되는 것입니다.

많은 부모님들이 실제 상황을 소재로 진행하는 역할극의 효과를 알게 되면 좋겠습니다.

어_ 확실히 역할극을 통해 앞으로 발생할 상황에 대비할 수 있겠네요. 그런데 그것과는 별개로 아이는 정말로 억울하고 속이 상한 거잖아요? 그러니 아이의 현재 속상한 마음도 해소해 줄 필요가 있다고 생각해요. "속상하지?" 정도의 말로 화나 속상함이 해소되는 아이들도 있지만, 어떤 아이들은 조금 더 적극적으로 화를 풀어 주지 않으면 좀처럼 화를 가라앉히지 못하거든요. 이런 때는 종이 블록을 쌓아 놓고 한 번에 넘어뜨리기나, 풍선 터뜨리기, 두더지 게임 등의 활동이 도움이 됩니다.

도_ 며칠 전에 친구 딸이 화가 나서 "인형을 엄마라고 생각하고 때려야지"라고 말하면서 인형을 때렸대요. 나중에는 "베개에다 엄마의 영혼을 가져와서 때려야지"라는 말도 했다는데, 아이가 이렇게 말하고 행동하는 게 괜찮은 건지 친구가 물어보더라고요.

어_ 비슷한 사례를 TV 프로그램에서 본 적이 있어요. 동생을 미워하는 아이였는데, 아이 어머님이 어딘가에서 이런 방법을 배우셨나 봐요. 그래서 아이가 화가 나면 인형을 동생이라고 생각하며 때리게 한 뒤, 어머님은 집안일을 하신다고 하더라고요. 당연히 이 방법은 또 다른 문제 행동으로 발전했습니다. 이 장면을 보며 부모님들이 집에서 아이의 화를 분출하는 기법을 적용하실 때 주의해야 하는 사항을 알려드릴 기회가 있으면 좋겠다는 생각을 했어요.

강_ 꼭 필요한 지적이네요. 인형이나 베개를 때리면서 화를 분출할 때, 이를 사람으로 생각하고 때려서는 안 됩니다. 그보다는 특정 상황에서 내게 생겼던 미운 마음, 그러니까 속상한 마음이나 답답한 마음을 때리는 것임을 분명히 알려 줘야 합니다. 특히 어린아이들 같은 경우 사람을 생각하며 때리는 데 익숙해지면, 자칫 잘못하다가는 정말로 사람을 때릴 때 마음이 편해지게 될 수 있어요. 이 부분을 특히 주의해야 합니다.

어_ 그런데 아이들이 일단 이런 기술을 습득할 수만 있다면 적용하기가 쉽겠는데, 그런 마음을 '꺼낸다'는 개념 자체를 이해하지 못하는 아이들도 있잖아요. 블록을 쌓고 무너뜨리는 놀이만으로도 감정이 어느 정도 분출되어 해소되는데, 굳이 이렇게 '속상한 마음' 혹은 '답답한 마음' 등으로 명명하는 이유가 있을까요?

강_ 마음에 이름을 붙인다면 자신의 마음을 더 잘 인식할 수 있으니까 효과는 더 좋을 수 있죠. 그런데 그게 안 되는 아이에게 방법을 가르쳐 준다고 에너지를 허비할 필요는 없어요. 이런 경우에는 단순히 "우리 속상하니까 한번 풀어 버리자" 혹은 "스트레스 해소하자"라고 말하며 활동을 진행해도 좋겠지요.

도_ 아이가 화가 난 마음을 말로 자세히 표현할 수 있는 경우라면, 그 마음과 상황을 없애 버린다고 생각하며 활동을 진행하자고 안내하면 될 것 같습니다. 무엇보다 아이가 자신의 감정을 말로 설명하는 것이 해당 감정을 처리하는 가장 안전하고 효과적인 대처 방법이겠지요.

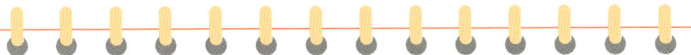

CHECK CHECK!
아이가 마음이 불편한 상황에서 제대로 대응하지 못하는 것 같다면?

✔ **자세한 상황을 파악하세요.**

어떤 상황이었는지, 누구와 함께 있었는지, 사건이 전개되면서 자녀의 마음은 어떻게 변했는지 가능한 한 자세히 알아보세요.

✔ **불편한 상황에 대한 역할극을 만들어 시연해 보세요.**

76쪽의 '실천해 보기'를 참고하세요

✔ **아이와 평상시 많은 대화를 나누세요.**

아이가 부담스러운 일을 앞두고 있을 때, 함께 다가올 상황을 상상하고, 어떻게 대처할 수 있을지 대화해 보세요.

✔ **부정적인 감정을 해소하는 활동을 하세요.**

속상한 마음의 종류와 속상한 이유를 말로 표현하게 한 다음, 아래와 같은 활동을 시도해 보세요.

블록 무너뜨리기   풍선 터뜨리기   찰흙 때리고 뭉개기
전지에 낙서하기   종이 찢기   종이방망이로 바닥이나 베개 때리기

아이가 친구들에게 할 말을 제대로 못해요

"아이가 쉽게 흥분하고
행동을 조절하지 못해요"

초등학교 4학년 딸을 둔 엄마입니다. 제 아이는 성격이 너무 급해서 자기 뜻대로 안 되면 금방 불같이 화를 냅니다. 흥분해서 씩씩대며 책상 같은 데를 쾅쾅 때리기도 해요. 시댁 식구들 성격이 다 불같긴 한데, 이대로 둬도 괜찮은 건지 걱정이 되네요…. 자꾸 이렇게 화를 내니까, 저도 아이가 화나지 않게 하려고 눈치를 살피게 돼요. 그래도 아이가 기분 좋을 때는 상냥하고 친절하거든요. 그런데 친구들 앞에서도 거침없이 화를 내면 친구들이 부담스러워할 것 같아요. 사춘기가 온 걸까요?

어_ 아이가 이렇게 길길이 날뛴다면 어머님도 조마조마하고 겁이 나겠어요. 시댁 식구들 성격이 불같다고 말씀하시는 걸 보면 아이가 이런 성격을 타고났다고 생각하시는 것 같은데, 그래도 언제부터 이런 성격이 두드러지기 시작했을지 확인해 봐야 할 것 같아요.

강_ 일단 사례를 보면 어머님은 아이가 처음부터 이랬다고 보시는 듯해요. 그리고 시댁 식구들의 성격을 고려하면 확실히 타고난 면은 있어 보여요. 어쩌면 아버님이나 친가 쪽 친척들의 행동 패턴을 아이가 모델링해 왔겠구나… 하는 생각도 드네요.

어_ 어머님께서 "사춘기가 온 걸까요?"라고 물은 걸 보면, 아이의 문제가 최근 들어 더 심해진 듯합니다. 이전까지는 어느 정도 통제가 가능하거나 '그냥 성격이 친가 쪽 닮아서 그렇지'라고 생각하며 넘어갈 수 있는 정도였다면, 지금은 통제가 잘 안 되고, 어머님도 지쳐 계신 것 같아요. 시댁을 언급하셔서 그런지, 어머님께서 시댁 눈치를 보며 지내셨나 싶기도 하고, 그동안 쌓인 게 조금 많을 수도 있겠다는 생각이 듭니다.

도_ 어머님께서 약간 예민한 성격일 수 있을 것 같아요. 그럼에도 잘 참고 계신데, 아이가 이렇게 말하고 행동한다면 많이 힘드시겠어요. 시댁 분위기가 이렇게 전반적으로 거칠다면 상처 받는 일도 종종 있겠네요.

강_ 이 문제를 해결하기 위해서는 먼저 아이의 타고난 면을 살펴본 다음, 어머님과 아이의 성격이나 기질이 많이 다른지 확인해야겠어요.

어_ 네. 부모 자녀 관계에도 적합도, 쉽게 말하자면 '궁합' 같은 게 있잖아요. 그 자체로 나쁜 기질은 없어도, 서로 맞지 않는 기질은 있을 수 있죠. 서로 잘 맞는 정도나 맞지 않는 정도에도 차이는 있고요. 그래서 이 어머님과 아이의 경우에도 서로 안 맞는 정도를 평가해야 할 듯합니다. 적절한 육아 코칭도 필요해 보여요. 아이가 이제 4학년이면 어머님께서 앞으로 갈 길이 먼데, 너무 지치시지 않을까 염려되네요.

강_ "아이가 흥분해서 씩씩대며 책상 같은 데를 꽝꽝 때리기도" 한다고 사례에 나와 있잖아요? 이 부분을 조금 더 정확하게 알아야 할 것 같아요. 더 심각한 상태를 조금 순화해서 설명해 주셨을 수도 있으니까요. 아이가 이것보다 조금 더 감정이 격해지면 어떻게 행동하는지, 아이의 화가 어디까지 치달을지 확인할 필요가 있어 보여요.

어_ 더 심각한 상태라면 어떤 걸 예상하시는 건가요?

강_ 한창 청소년들 사이에서 자해 행동이 문제가 되고 있잖아요? 자해 행동의 원인은 여러 가지일 수 있지만, 양상은 비슷하게 나타납니다. 흥분한 상태에서 충동적으로 손목을 칼 등으로 베는 경우가 많아요. 이런 자해 행동이 습관화되면 눈에 안 띄는 복부나 겨드랑이, 안쪽 팔 같은 곳으로 이동하고요.

도_ 그렇네요. 감정이 진정되지 않고 증폭되면 어떤 행동을 보이는지 살펴볼 필요가 있겠어요. 또한 다른 어른들이 있을 때도 똑같이 행동하는지 확인하는 것도 중요해 보입니다. 만약 학교에서도 이런 행동을 보인다면, 이것 역시 큰일이니까요.

어머님께서는 아이가 친구들에게도 거침없이 행동하는 게 아닌지 걱정하시는 것 같아요. 아직까진 별다른 문제가 나타나지 않은 것 같습니다. 그런데 친구들 사이에서 매일 화를 내지는 않더라도, 갈등이 심해지면 분노를 폭발시킨다거나, 눈치 없이 충동적으로 부적절한 말을 해서 친구 관계가 틀어지는 일은 있을 것 같아요.

어_ 이런 아이들의 경우 정서적으로 취약한 부분이 있을 가능성이 높아요. 무언가 많이 불편해서 거칠게 행동하고 감정 표현을 과하게 하는 경우가 많은데, 이 점을 어른들이 간과하기 쉽죠. 우선 아이가 어떤 스트레스를 어느 정도로 받고 있는지 파악해야 할 것 같습니다. 초등학교 4학년이니 사춘기가 온 것일 수도 있지만, 학업에서 비롯된 스트레스가 문제일 가능성도 있습니다. 이때쯤부터 은근히 학업 스트레스가 생기기 시작하니까요. 그 외에도 2차 성징에 따른 신체 변화에서 오는 스트레스도 특히 여자아이들에게는 무시할 수 없는 요소입니다. 이런 모든 요인을 종합적으로 살펴봐야겠어요.

강_ 정리하자면 이 사례에서는 아이가 상대방에 관계없이 분노를 폭발시키는지, 아니면 특별히 더 막무가내로 대하는 상대방이 있는지 살펴봐야겠네요. 누울 자리를 보고 다리를 뻗는다고, 아이들도 자신이 편하다고 생각하는 사람 앞에서 더 함부로 행동하는 경우가 있으니까요.

도_ 분노에 대해 조금 더 이야기해 볼까요? 사실 아이들이 분노할 때 제일 힘들잖아요. 아이들이 분노를 폭발시킬 때 주변에 미치는 영향도 크고요. 그러니 이런 상황에서 아이들을 대하는 방법을 알아 두어야 할 것 같습니다. 그래도 요즘에는 아이의 분노가 폭발하려 할 때 어떻게 개입하면 좋을지 알고 있는 부모님들이 늘어 난 것 같아요. '자녀가 3초 동안 숨을 고르게 해라', '잠깐 그 자리를 피해라' 같은 팁들이요.

어_ 분노에도 단계가 있잖아요. 작은 분노가 있고 큰 분노가 있고 소위 말하는 '뚜껑 열리는' 분노가 있죠. 당연히 일단 아이가 뚜껑이 열린 상황에서는 그런 방법을 쓰는 게 쉽지 않아요. 그러니까 아이가 분노에 완전히 휩쓸리기 전에, 약간 짜증난 상태에서 이런 방법들을 쓰게끔 안내해 줘야 합니다. 또한 보다 근본적인 해결책은 아이가 자신의 감정에 대해 말할 수 있게 도와주는 것이에요. 아이가 굉장히 화가 나는 상황이었음에도 자신의 화를 다스리기 위해 어떤 행동을 했다고 말했을 때, 아이의 이런 시도 자체를 칭찬함으로써 이를 강화해 주는 게 중요합니다. 그러면 아이는 계속해서 자신의 감정을 조절하려 노력하고, 자신의 감정과 노력에 대해 부모님과 대화하려 하겠지요. 이런 선순환을 만들어 갈 필요가 있어요.

도_ 아이의 감정이 격해질 때를 대비해 미리 구체적인 감정 조절 기술을 알려 주는 것도 큰 도움이 됩니다. 감정을 조절하는 데 도움이 될 만한 자기 속말 self-talk을 만들어서 화난 상황에서 마음속으로 되뇌게 하거나, 상황이 끝난 뒤 이에 대해 글을 쓰게 할 수도 있겠죠. 익히 알려진 대로 심호흡을 하게 하거나 잠시 그 자리를 피하게 할 수도 있고요. 이런 방법을 모르는 아이들은 화나 짜증이 나는 상황에서 그저 감정을 닥치는 대로 분출하곤 하는데, 이런 상황에서 지금까지와는 다르게 행동하도록 연습시킨다면 좋을 것 같아요.

어_ 그런데 이런 방법을 사용하기 위해서는 불이 지펴지고 있는지, 뚜껑이 열리려고 하는지, 뚜껑이 좀 열린 상태인지 아이가 스스로 알 수 있어야 해요. 이걸 모르기 때문에 분노가 폭발할 지점을 지나 버리는 거죠. 우리가 화가 났을 때를 생각해 보면, 화가 한꺼번에 오는 게 아니라, 화에도 단계가 있잖아요? 그런데 그전에 드러난 사인을 눈치채지 못하거나 알면서도 무시했을 때 화가 폭발하는 것 같아요.

그러니 화가 나고 있다는 사실을 스스로 알아채기 위해 신체 감각에 주목하면 어떨까 합니다. 화가 나면 어떤 사람은 머리가 띵해지고, 어떤 사람은 심장이 빠르게 뛰고, 어떤 사람은 그냥 막 더워진다고 하잖아요? 물론 사람마다 차이가 있으니, 감정이 격해질 때 신체 감각이 어떻게 변하는지 아이와 이야기해 보는 게 도움이 될 거예요.

강_ 감정을 조절하기 위해 우선 감정을 인식할 필요가 있다는 말씀이시죠? 이쯤에서 감정의 수치화에 대해 이야기할 필요가 있겠네요. 감정에도 정도가 있어서 단계를 나눠 숫자로 나타낼 수 있습니다. 감정을 느끼는 상태와 느끼지 않는 상태라는 '모 아니면 도' 식으로 감정의 강도를 분류하는 게 아니라, 큰 감정에 압도되어서 정신을 잃어버리는 상태와 아무런 기분도 못 느끼는 상태 사이를 1에서 10 사이의 연속선상에 표시하는 것이죠. 이렇게 숫자로 표시하면 감정과 거리를 두게 되어 좀 더 원활히 감정을 조절할 수 있습니다.

예를 들어 8만큼 화가 난 상태에서 갑자기 2나 3 정도로 화를 가라앉히긴 어렵지만, 5나 6 정도로 가라앉히는 방법은 찾아볼 만하죠. 이렇게 감정을 숫자로 표시할 경우, 현재 상태에 적합한 방법을 찾는 데 도움이 됩니다. 또한 9 정도 화가 난 다음에는 진정하기 어려우니, 그전에 화를 가라앉히는 방법을 시도해야 하잖아요? 감정을 수치화하면 너

> **감정의 수치화**
>
> 예를 들어 최대치로 화가 난 상태를 10이라고 하고 전혀 화가 나지 않은 상태를 0이라고 했을 때, 현재 느끼는 화가 0에서 10 중 몇에 해당하는지 이야기하는 것을 말합니다. 자신이 어떤 감정을 느끼는지, 그 감정이 어느 정도인지 이야기하는 연습을 통해 자신의 감정을 알아차리고 조절하는 데 능숙해질 수 있습니다.

무 늦기 전에 화가 난 정도를 파악하여 적절한 조치를 취할 수 있어요.

상담센터나 병원, 학교에서 만난 학생 중 상당수가 이렇게 자신의 감정을 수치화하는 것을 어색해했는데요. 이 방법은 한번 익혀 두면 감정 조절에 상당히 유익합니다. 아이들뿐 아니라 부모님들도 적극 활용하셨으면 해요.

도_ 자기 속말 같은 것은 화가 나지 않았을 때 혹은 화의 강도가 1이나 2 정도일 때 생각해 볼 수 있겠어요. 이런 식으로 아이가 자주 느낄 법한 감정을 미리 수치화한 뒤, 몇 정도에 어떤 감정 조절 방법을 사용할지 준비해 둔다면 좋겠네요.

그리고 부모님과 아이의 대화가 정말 중요한데, 훌륭하고 점잖은 부모님일수록 주로 좋은 것만 이야기하고, 실수와 관련된 얘기는 안 하는 것 같아요. 하지만 아이에게 오늘은 어떤 일로 속상했는지 이야기하며 부모님도 스스로 힘들었던 점을 정리해 볼 수 있어요. 이 자체도 매우 중요한 일이죠.

이런 대화를 많이 나눠 본 아이는 화가 날 때 자신의 신체 변화를 더 잘 알아차립니다. 부모님도 이를 통해 아이의 신체 신호를 보다 빠르게 파악할 수 있게 될 것입니다. 자녀와 좋은 얘기만 나눌 경우, 부모님의 성품이 훌륭하고 집에 아무런 문제도 없는데도 아이가 중학교에 진학한 후 분노를 조절하지 못해서 부모님이 어쩔 줄 몰라 하는 경우가 생기더라고요. 그러니까 부모님이 아이와 함께 힘들었던 일에 대해 이야기하며 서로 들어 주고 격려해 주면 좋겠어요. 부모님이 이야기하는 것을 아이가 보고 모델링할 수 있으니까요.

강_ 부모님이 감정적으로 힘들었던 일뿐 아니라 실패하거나 실수했던 일에 대해서도 솔직하게 이야기할 필요가 있다고 생각해요. 누구나 조금 부끄러웠거나 목표를 달성하지 못한 경험이 있잖아요. 그리고 여기서 조금 더 나아가서 아이에게 언제나 매우 도덕적으로 행동하진 않아도 된다는 이야기를 해 준다면 좋겠다는 생각이 듭니다. 이런 대화를 한다면 아이와의 관계가 많이 달라질 것 같아요.

어_ 아이가 "내가 힘들었던 일을 얘기해도 안전하구나"라고 생각하게 된다면, 화나고 억울한 일을 겪었을 때 부모님께 이야기하기 쉬워지겠죠. 그래서 부모님과 아이가 많은 대화를 나눠야 한다는 점에는 다들 동의하실 거예요. 그런데 어떤 이야기를 해야 하는지, 그 이야기를 어떻게 마무리하면 좋을지 궁금해하는 부모님이 많을 것 같네요. 이 점을 구체적으로 짚어 드려야겠어요.

먼저 어떤 어려움이 있었는지 이야기 나눠 주세요. 이때 아이의 감정에 공감을 표현하는 것이 중요합니다. 그런데 부모님 입장에서는 아이가 힘들었던 상황의 전후 맥락이 잘 이해되지 않을 수 있잖아요? 그럴 때는 솔직하게 물어보시라고 말씀드리고 싶어요. 부모님 생각에는 이런 것 같은데 어떤 일이 있었는지 더 얘기해 달라든지, 그때 아이의 기분이 어땠는지, 주변의 반응은 어땠는지 등에 대해 궁금한 것들을 물어보는 거죠. 어떤 상황이었는지 자세히 알아야 더 정확하게 공감하고 대안을 제시할 수 있으니까요. 그러니 아이에게 질문하는 것을 너무 조심스러워하지 않으셔도 된다는 점을 유념하시길 바랍니다.

도_ 아이와 대화를 나눈 뒤에는 힘들었던 일을 털어놔 줘서 정말 고맙고, 앞으로도 이런 일이 발생하면 솔직하게 이야기해 주길 바란다고 꼭 말해 주면 좋겠어요. 부모님에게도 말하기 힘든 일이 있잖아요. 어쩌면 아이 입장에서 부모님은 자신과 가장 가깝고, 매일 봐야 하는 사람이기 때문에 더 이야기하기 어려운 대상일 수 있어요. 무엇보다, 힘들었던 일에 대해 이야기하는 것 자체가 쉬운 일은 아니죠. 또한 이야기한다고 끝나는 일이 아니라, 그 일을 해결하기 위한 실질적인 조치가 필요한 상황일 수도 있어요. 이때 필요한 사람들과 상의하여 대책을 마련해 나가는 것은 굉장히 중요한 경험이죠. 그러므로 아이의 이야기만 듣고 대화를 끝내서는 안 됩니다. 이후 같은 상황이 반복될 때를 대비해 아이가 적절한 문제 해결 방법을 찾도록 도와줘야 해요.

강_ 어떻게 보면 화는 연료, 그러니까 에너지라고 할 수 있죠. 이런 관점에서 보면 화를 낸다는 게 무조건 부정적인 것은 아니라고 말할 수 있을 것 같아요. 아이에게 힘이 있다는 의미니까요.

도_ 화火는 말 그대로 불이잖아요? 방법만 안다면 이 불을 유용하게 사용할 수 있습니다. 그런데 다루지 못해서 가만히 있다가 갑자기 화산처럼 폭발하고, 그 불에 데니까 문제가 되는 거죠. 평소에 가족들이 화라는 감정에 대해 이야기하는 것 자체가 아이의 분노 조절에 근본적인 도움을 줄 수 있습니다. 오늘 무엇 때문에 열받거나 부끄러웠는지 이야기 나누고 어떻게 하면 이 분을 삭이고 자존감을 회복할 수 있는지 아이디어를 모아 보면 좋겠네요.

강_ 사실 화가 막 생겨나기 시작할 때부터 화를 다스리려고 한다면, 못 참을 건 아니거든요. 그런데 아이들의 경우 화가 나고 있는 걸 인지하지 못하다가 자기도 모르는 순간에 버럭 화를 내게 되는데, 그러면 주변 사람들이 약간 주춤하는 순간이 있어요. 이런 경험이 반복되면 자칫 아이가 화를 통해서 상황이나 사람을 제압할 수 있다고 생각하게 될 수 있어요. 화가 곧 권력이 되는 거죠. 만약 화를 내는 것이 가정 내에서 일종의 권력으로 받아들여지는 분위기가 있다면, 아이가 화를 조절할 필요를 느끼기 어려울 것입니다.

조절은커녕 적당히 화내면서 상황을 파악하겠죠. 화를 냈더니 엄마도 아빠도 자신의 눈치를 본다면 아이가 화를 자제할 이유가 없어지는 거잖아요. 그러니 집안에서 화가 어떤 방식으로 작동하고 있는지 면밀히 살펴볼 필요가 있어요. 무엇보다 아이들에게 화를 다스릴 수 있는 사람이 진짜 힘 있는 사람이라는 사실을 알려줘야 합니다.

어_ 맞아요. 그래서 아이에게 화를 다스리는 방법을 알려 주는 게 중요해요. 사례에 소개된 아이는 화를 조절하지 못하고 책상을 쾅쾅 친다고 하는데, 이게 잘못되면 자해 행동으로 발전할 수 있어서 걱정되네요. 실제로 화가 나면 벽에 머리를 찧는 등의 방식으로 자해하는 아이도 드물지 않거든요. 이런 행동을 비자살적 자해라고 합니다. 이게 요즘 청소년들 사이에 늘어나고 있는 추세라고 해요.

그런데 많은 경우 정말로 '죽어 버리겠다'라는 생각에서 비자살적 자해 행동을 한다기보다, 분노를 조절하고 이에 대처하기 어려워서 이런 행동을 보이는 듯합니다. 따라서 앞에서 언급한 바와 같이 아이가 완전히 '뚜껑이 열리기' 전에 나타나는 사인을 인지하여 분노를 조절하고 상황과 대상에 맞게 대처할 수 있도록 지도해 줘야 합니다. 이를 위해 아이와 충분히 대화해야겠죠.

도_ 감정을 수치화하는 연습을 아이와 부모님이 함께, 자주 연습하면 좋겠네요. 앞에서 말씀드렸다시피 분노나 짜증 같은 감정에도 단계가

비자살적 자해

죽을 의도 없이 하는 자해 행동으로, 극도의 긴장이나 불안, 분노 등 강한 감정을 감당할 수 없다고 느낀 나머지, 자신의 신체 일부를 훼손하여 이를 해소하고자 하는 문제 행동입니다. 비자살적 자해는 최근 청소년들 사이에서 유행처럼 번진 바 있습니다. 보고에 따르면 신체적 고통이 크고 장기적으로는 매우 위험함에도, 일시적으로나마 강한 감정이 해소되므로 이러한 행동을 한다고 합니다.

있는데, 이를 숫자로 표현함으로써 감정과 거리를 둘 수 있고, 그 결과 감정을 조절하기 용이해지니까요.

그런데 아이 입장에서 보면, 자신이 화를 낼 때마다 눈치만 보면서 소극적으로 대응하던 엄마와 아빠가 어느 날 갑자기 진지하게 공감해 주고 대화를 시도하며 자신의 내면을 깊이 들여다보려고 할 경우 상당히 당황스러울 거예요. 부모님 역시 자신의 행동이 어색하게 느껴질 수 있고요. 게다가 어떤 아이들은 부모님의 태도가 공감적으로 변하면 오히려 부모님을 시험하듯 더 심하게 행동하더라고요. 따라서 아이에게 자연스럽게 공감하며 대화하기 위해서는 많은 시도와 시행착오가 필요할 수도 있다는 점을 말씀드리고 싶습니다.

여_ 이 사례의 어머님은 왠지 시댁 식구들에게 주눅 들어 계신 것 같아요. 이런 상태에서 저희가 말씀드린 전략을 육아에 적용하기 쉽지 않을 것 같아서 걱정이 됩니다. 아이의 반응이 신통치 않을 경우, '선생님들이 가르쳐 준 대로 해도 잘 안 돼', '우리 아이는 안 되나 봐'라는 생각이 들 수 있습니다. 그래도 포기해서는 안 됩니다. 처음에는 '엄마가 왜 이러지?'라며 의아해하던 아이들도 나중에는 '우리 엄마가 좀 바뀌었나 봐'라고 생각하게 될 거예요. 이렇게 아이들이 알 수 있도록 계속, 끊임없이 시도하는 것이 굉장히 중요합니다.

물론 이렇게 하다가는 '이게 맞나?'라는 생각이 들면서 많이 지치게 될 수도 있습니다. 이때는 가능하면 육아 상담이나 부모 상담을 단

기간 동안이라도 받는 것을 추천합니다.

강_ 그렇죠. 엄마도 에너지를 공급받아야 하니까요. 혼자 자가발전을 하면서 계속해서 아이에게 '이렇게 해 줘라, 저렇게 해 줘라' 요구받는 상태는 오래 지속되기 어렵죠.

한 가지 더 말씀드리자면, 새로운 태도나 전략을 육아에 적용할 때는 타이밍이 중요합니다. 저는 부모와 아이가 모두 '제 정신일 때'가 적절한 타이밍이라고 말하곤 해요. 이 말이 조금 거칠게 들릴 수도 있겠네요. 하지만 갈등 상황이나 사건을 돌아보며 이야기하기 위해서는 반드시 부모와 아이 모두 진정되고 차분한 상태여야 합니다. 이런 때에야 특정 시점을 언급하며 그때 왜 그랬는지, 무슨 일이 있었는지 제대로 이야기할 여유가 생기거든요.

"아이가 기분 좋을 때는 상냥하고 친절"하다고 하니 다행히 이 아이는 사회적으로 매력 있게 행동할 수 있는 자원을 갖고 있는 듯해요. 이런 자원을 잘 활용한다면 아이의 문제 행동도 점점 나아질 거예요.

어_ 이 사례의 어머님께서 "사춘기가 온 걸까요?"라고 물어보셨어요. 저희 아이들도 사춘기라서 어떤 마음에서 이렇게 말씀하셨는지 일정 부분 공감이 되네요. 사춘기가 부모 입장에서는 매우 염려되는 시기니까요. 그런데 이 나이 또래의 아이를 키우는 부모님들 중 다수가 아이가 문제 행동을 보이거나 자신의 예상과 빗나간 행동을 하면, 모든 문제의 원인을 사춘기로 돌리려 하는 것 같아요. 여기에는 일종의 외면하고 싶은 마음이 담겨 있지 않나 싶어요. '사춘기니까!'라는 말에는 '크면 괜찮아지겠지'라는 의미가 내포되어 있잖아요. 그런데 무조건 사춘기 탓을 하고 방치해 두기에는 사춘기 때 어떻게 해 주느냐에 따라서 사춘기 자체가 달라질 수 있고, 그 이후 발달도 크게 영향을 받습니다.

강_ 맞아요. 많은 부모님들이 '내가 할 수 있는 건 없고 어떻게 대응해도 효과가 없을 테니, 이 시기가 지나가기를 바랄 수밖에 없지 않겠어요?'라고 생각하는 것 같아요. 그런데 설령 아이가 거칠어진 원인이 사춘기에 있다고 하더라도 이 시기 동안 완전히 손 놓고 기다려서는 안 됩니다. 사춘기는 불필요한 시기가 아니에요. 성인이 되어 독립하기 위해서는 사춘기가 반드시 필요하죠. 그러니 아이가 이 시기를 잘 넘길 수 있도록 적절히 대응해 줘야 합니다.

도_ 아이가 실제로 사춘기로 인해 힘들어하는 경우 부모님과의 대화가 더욱 필요합니다. 특히 초등학교 4학년이라면 부모님과의 대화가 더 큰 도움이 될 것입니다. 초등학교 4, 5학년쯤 되는 시기는 정말로 중요합니다. 이때 자신의 어려움을 부모님과 상의하지 않는다면 중학교나 고등학교에 진학한 뒤, 더 심각하고 어려운 일을 경험할 때도 부모님과 대화하지 않으려 할 거예요. 중·고등학교 때 정말로 위험한 건 부모님과의 대화가 완전히 단절되는 것일 수 있습니다. 그 결과 가족들이 모르는 사이에 정말로 위험한 행동을 할 수 있으니까요. 부모님에게 이해받을 수 있다고 느낀다면, 아이는 계속 부모님과 대화하려 할 것입니다. 따라서 이 시기에 아이와 티격태격하더라도 계속 친구 관계 문제나 학업 문제에 대해 이야기 나누며 관계의 틀을 만들어야 합니다.

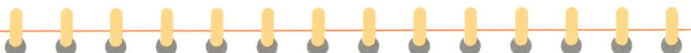

CHECK CHECK!
아이가 쉽게 흥분하고 화내며 언행을 조절하지 못한다면?

✓ **부모-아이 간 기질의 조화를 살펴보세요.**

기질은 그 자체로 좋거나 나쁘기보다 서로 어떻게 조화를 이루는지가 중요합니다.

✓ **아이의 스트레스 수준을 파악하세요.**

또래 관계, 학업, 외모 등으로 아이가 스트레스를 얼마나 받는지 알아보고, 아이와 함께 적절한 해결책을 찾아보세요.

✓ **아이와 자기 속말을 준비해 보세요.**

아이와 감정을 진정시키는 데 도움이 될 자기 속말을 정해 보세요. 카드로 만들어 가지고 다닐 수도 있습니다.

✓ **아이가 화가 났을 때 신체의 변화를 확인해 두세요.**

화가 더 크게 번지는 것을 막고 화를 조기에 진화할 수 있습니다.

✔ **화를 수치화하게 하세요.**

기회 될 때마다 자녀가 감정을 숫자로 표현하게 도와주세요. 감정 조절에 도움이 됩니다.

✔ **실수를 인정하세요.**

실수했다면 인정하고 사과하세요. 그리고 실수를 되풀이하지 않으려는 모습을 보여 주세요.

✔ **아이를 격려해 주세요.**

아이의 말에 집중해 주세요. 정확히 이해하기 위해 질문하시고, 이야기를 해 준 것에 대해 고마움도 표현해 주세요.

✔ **집안에서 화가 어떻게 다뤄지는지 살펴보세요.**

부모 스스로 화를 어떻게 내는지, 감정 조절을 위해 얼마나 애쓰고 있는지 살펴보세요.

✔ **단번에 아이가 바뀌지 않더라도 실망하지 마세요.**

시행착오와 지속적인 노력이 필요합니다. 일관된 태도로 노력한다면 아이는 이에 대해 반응을 보일 것입니다.

✔ **필요시 전문가에게 도움을 요청하세요.**

노력이 힘겨울 때 도움을 찾는다면 이 시기를 좀 더 수월하게 지날 수 있을 것입니다.

"아이가 눈치가 없어서
또래 관계가 걱정돼요"

저는 초등학교 2학년 여자아이를 키우고 있습니다. 그런데 딸이 눈치가 너무 없어요. 남편은 아이가 아직 어려서 그럴 수 있다고 하는데, 그렇게 생각하고 넘어가기에는 조금 심한 면이 있는 것 같아요. 얼마 전에는 친척들이 한데 모였는데, 어른들이 말씀하시는 동안 딸아이가 계속해서 끼어들더라고요. 한번은 조카가 잘못한 게 있어서 동서가 혼을 내고 있었는데, 제 딸이 거기에 끼어들어서 자기가 뭘 잘했는지 이야기하고 있는 거예요. 제가 얼마나 민망했는지요.

아이들끼리 모여서 놀 때도 자기가 관심 있는 주제에 대해서만 이야기합니다. 가만 보니 또래들 사이에서 제 아이만 겉도는 것 같아요. 얼마 전에는 아이의 담임 선생님을 만났습니다. 아이가 조금 눈치가 없다고 말씀드렸는데, 담임 선생님도 제 말에 수긍하시는 것 같았어요. 그런데 그건 그것대로 은근히 서운하더라고요. 딸의 담임 선생님께서는 그래도 아직 아이가 저학년이니까 지켜보자고 하셨어요. 이러다가 같은 반 아이들한테 '왕따'나 '은따' 당하는 거 아닐까요? 저는 얼굴만 봐도 그 사람의 마음을 눈치챌 수 있거든요. 그래서 제 아이가 더 이해되지 않고, 걱정되는 한편, 화도 납니다. 그냥 기다리면 되는 걸까요?

강_ 주변에 눈치 없는 사람들도 좀 보시죠? 이렇게 말 안 해도 다른 사람의 마음을 다 알 수 있을 만큼 눈치가 빠른 어머님께서 눈치가 하나도 없는 딸을 보면 엄청 답답하실 것 같아요. 비슷한 고민을 하시는 어머님들도 적지 않을 거라 생각합니다. 이 사례에서 어떤 점을 좀 더 자세히 살펴봐야 할까요?

어_ 저는 담임 선생님의 말이 눈에 띄네요. "아직 아이가 저학년이니까 지켜보자"고 말씀하셨잖아요? 그러니까 선생님이 봐도 이 아이가 눈치가 없긴 한 것 같습니다. 그렇지만 "지켜보자"라는 말에는 아이의 행동이 또래에 비해 아주 심하지는 않다는 판단도 섞여 있는 것 같아요. 그래서 이 사례의 어머님께서 아이의 눈치 없는 정도를 실제보다 심각하게 받아들이신 건 아닌지 의문이 듭니다. 어머님께서 다른 사람들에 비해 눈치가 빠른 경우, 상대적으로 아이가 더 답답해 보일 수 있으니까요. 그래서 어머님께서 아이를 객관적으로 평가하고 있는지 확인하기 위해 아이를 잘 아는 다른 성인들의 판단을 들어 볼 필요가 있을 것 같아요.

강_ 사례에는 동서가 조카를 야단치는 상황에 딸이 끼어들어 자기 자랑을 늘어놓았다고 하잖아요? 이런 점을 보면 확실히 주변을 살피고 다른 사람의 감정이나 상황의 분위기 등을 파악하는 능력이 또래에 비해 부족한 듯합니다. 그런데 좀 더 객관적으로 아이를 파악할 필요가 있어요. 어머님이 아이의 부족한 부분에 신경이 쓰여서 아이가 못하는 것들을 더 예민하게 포착하고 있을 수 있으니까요. 아이가 눈치가 없다고 생각할 경우, 그 생각에 부합하는 정보가 더 눈에 띄고 더 잘 기억되기 쉽습니다. 그래서 어머님께서 아이의 부족한 부분이 아닌, 아이가 잘하는 부분으로 시각을 옮겨 아이를 관찰하면 좋을 듯해요. 아이가 다른 상황에서는 분위기에 맞는 행동을 할 수도 있으니까요.

　다른 성인들에게 아이의 행동에 대해 물어보고 정보를 얻는 것도 도움이 될 거예요. 여러 사람의 의견을 듣다 보면 어머님의 생각과 다른 이야기를 하는 사람이 있을 수 있고, 그런 이야기를 듣다 보면 '아이의 행동이 그럭저럭 괜찮은 것 같은데…'라는 생각이 드는 상황을 발견할 수 있으니까요.

도_ 그러니까 아이가 특별히 눈치 없이 행동하는 상황이 있는지 혹은 대체로 눈치 없이 행동하지만 예외적인 상황이 있는지 파악해야겠네요.

어_ 이러다가 아이가 "왕따나 은따 당하는 거 아닐까요?"라는 어머니의 걱정도 이해는 되지만, 이 역시 어머님께서 예민하게 반응하는 것일 수 있다고 생각해요. 초등학교 2학년이면 만 나이로 여덟 살밖에 안 되잖아요. 그러니 아이의 행동이 또래와 비교하면 과연 어떤지 확인하는 게 중요하겠습니다.

도_ 아이의 친구들을 초대한 뒤, 아이가 친구들과 같이 있는 상황에서 어떻게 말하고 행동하는지, 실제로 상황 속 분위기를 알아차리는 면에서 문제가 있는지 등을 유심히 살펴보면 좋겠네요. 그런 다음 아이가 해당 상황을 어떻게 해석했는지 물어보고, 필요한 경우 아이가 놓친 부분에 대해 이야기하며 상황에 대한 대안적 해석을 알려 줄 수 있겠죠. 아이의 행동을 친구가 어떻게 느꼈을지 함께 생각해 보는 것도 도움이 될 것입니다.

강_ 아이가 또래끼리 모여서 놀 때도 자기가 관심 있는 주제에 대해서만 이야기한다고 하잖아요. 그래서 또래들 사이에서 아이만 겉도는 것 같다고 어머님께서 판단하셨는데, 이 부분은 주의 깊게 볼 필요가 있습니다. 친구들이 한 가지 주제에 관심을 갖고 자기 경험을 나누고 있는데, 아이가 주제와 완전히 동떨어진 이야기를 하는 상황이 여러 번 반복되면 친구들은 아이를 피하게 될 수 있잖아요. 아이의 행동을 관찰하고 아이의 이야기를 들어 보며 아이가 친구들 사이에 별로 끼고 싶지 않은 건지, 끼고 싶은데 어떻게 껴야 할지 모르는 건지를 구분해야 합니다. 어머님께서 '아이가 겉도는 것 같다' 혹은 '아이만 다른 이야기를 하는 것 같다'라고 생각하셨던 장면을 다양한 정보를 통해 좀 더 명확히 파악해야 합니다.

어_ 모든 문제의 해결은 문제를 정확하게 아는 것에서부터 시작되죠. 그러니 아이의 문제가 발견되면 종합적으로, 그러니까 여러 방면으로 살펴볼 필요가 있습니다. 이런 관점에서 생각해 보니 아버지는 아이에 대해 어떻게 생각하고 있을지, 형제가 있다면 형제들의 생각은 어떨지 궁금하네요. 그리고 보통 사회적 관계 속에서 눈치보고 피드백도 받으면서 행동이 교정되기 마련이잖아요? 그래서 이 아이가 그동안 어떤 경험을 했는지 살펴보면, 이 아이를 이해하고 앞으로 아이의 문제에 개입할 방법을 생각해 내는 데 도움이 될 것 같습니다.

도_ 저는 상담을 진행할 때, 아이가 눈치가 없어서 아이의 또래 관계를 걱정하시는 부모님들께 아이와 같이 동화책을 읽거나 드라마를 보며 감정이 일어나는 상황에 대해 대화해 보시라고 권하곤 합니다. 동화나 드라마 속 등장인물들이 처한 상황을 살펴보며, 이들의 기분이 어떨지, 어떤 생각을 할지, 이런 상황에서는 어떻게 말하면 좋을지 대화하는 게 또래 관계에 있어 중요한 연습이니까요.

어_ 가정에서 시도하기 아주 좋은 방법이네요. 요즘에는 아이와 그림책이나 동화책을 읽은 뒤 함께 독후 활동을 하는 부모님들이 많더라고요. 이때 너무 학습적인 관점에서만 책에 접근하지 말고, 도레미 선생님께서 말씀하신 것처럼 등장인물의 정서를 살피고 인물 간에 어떤 일이 있었는지 정리하면 좋겠네요. 이런 활동을 통해 아이들은 자신이 무엇을 이해하지 못하는지 확인할 수 있습니다. 또한 아이 스스로 자신의 부족한 면을 자연스럽게 알아볼 수 있고, 이를 개선하기 위해 연습할 수 있다는 점에서 아이의 정서 발달에 매우 유익한 활동이죠.

도_ 네. 그런데 이 활동에 대해 많은 부모님들이 큰 부담을 느끼시더라고요. 아무래도 바쁘실 테니 매일 이런 활동을 하는 건 어려울 수 있겠죠. 따라서 부모님 각자의 상황에 따라 시간을 정해서 진행하는 것이 좋습니다.

어_ 아주 어린 아이들을 위한 책을 제외하면, 대부분의 창작 그림책은 너무 무겁지 않은 갈등을 해소하는 내용을 담고 있어요. 이걸 한 번 읽고 그냥 넘어가느냐, 아니면 등장인물의 감정에 공감하고, 인물의 행동을 분석하며 함께 이야기를 나눠 보느냐에서 차이가 생기는 거죠.

강_ 그리고 아이가 어쩌다 한 번이라도 센스 있게 말을 하면 많이 칭찬해 주는 것이 좋습니다. 아무리 눈치 없는 아이라도 간혹 신통하게 말할 때가 있잖아요. 그럴 때를 딱 포착해서 어떤 점에서 그 말이 적절했는지 설명하고 칭찬해 준다면, 이 장면이 오랫동안 아이의 기억에 남을 거예요. 이를 통해 아이는 자연스럽게 자신이 비슷한 상황에서 어떻게 말하고 행동해야 하는지 배울 수 있을 것입니다.

어_ 이 사례의 어머님께서는 아이의 눈치를 키워 주고 싶어 하시는 것 같아요. 그런데 눈치가 너무 빨라도 안 좋을 수 있지 않을까요? 눈치가 너무 빠르면 아이답지 않기도 하고, 무엇보다 아이 스스로 피곤할 수 있으니까요. 눈치가 유난히 발달한 경우, 그 이유를 생각해 보면 아이가 너무 불안해서일 수도 있고, 자신이 원하는 게 무엇인지 정확히 모른 채 주변 요구에 맞춰 왔기 때문일 수도 있죠. 그 외에 다른 이유가 있을 수도 있고요. 이렇게 생각해 보면, 눈치에도 적정선이 있는 것 같아요. 그래서 이 어머님께서 아이의 눈치를 키워 주고 싶어 하시는 것이 제 마음 한편으로는 개운하지 않은 면이 있어요. 아이가 어느 정도 눈치 없는 것이 정말로 안 좋은 것인가 하는 의문도 들고요. 물론 눈치가 심하게 없으면 또래 관계에 문제가 생기겠지만요.

강_ 그 얘기를 듣고 보니 적당히 눈치 없는 게 아이다운 것 같기도 하네요. 어머님이 이렇게 생각하게 된다면 아이의 약간 눈치 없는 행동에 대해서도 대수롭지 않게 넘어가고, 크게 염려하거나 불안해하지 않을 수 있겠어요.

오_ 어머니는 눈치가 매우 빠른 어른이고 아이는 눈치가 없는 아이다 보니까 그 차이가 커서 문제가 더 심각해 보일 수 있는 것 같아요. 그러니까 서로 더 이해가 안 되는 거죠. 아이는 엄마가 왜 자꾸 자기한테 뭐라고 하는지 모르겠고, 어머님 입장에서는 아이가 왜 저렇게 둔한지 의아하고 답답한 거죠. 그래서 어머님께서 아이의 특성을 조금 더 잘 알아준다면 피차 조금 덜 괴롭지 않을까 싶어요. 적당한 선을 찾으면 좋겠어요.

강_ 그러게요. 눈치가 빠른 아이는 엄마가 어떤 것 때문에 기분이 나쁜지 알아채고 고칠 수 있는데, 만약 이 아이가 정말로 눈치가 없는 아이라고 가정하면, 엄마가 나 때문에 불편하다는 건 알겠는데 왜 불편한지 모를 수밖에 없잖아요. 그러면 정확히 어디서부터 꼬인 건지 모르니 더 긴장하게 되어 행동이 어색해질 수 있겠어요. 서로 호흡을 맞춰 왈츠를 추어야 하는데 그야말로 스텝이 꼬이는 거죠.

도_ 지금 생각해 보면 저는 눈치가 없는 아이였고 저희 엄마는 민감하고 눈치가 아주 빠른 분이셨던 것 같아요. 함께 어떤 모임에 다녀오면 엄마는 늘 "도레미~" 하고 저를 부르셨어요. 약간 낮은 음성으로요. 그리곤 조금 전 모임에서 제가 뭘 잘못했는지 알려 주셨거든요. 그래서 엄마가 낮은 목소리로 저를 부르면 조금 긴장을 했던 기억이 나네요.

어_ 그러셨군요…. 그런데 모임이 끝나면 '아마도 엄마가 이런 지적을 하겠다'라고 생각하고 계셨어요?

도_ 무슨 일을 끝내고 나면 대체로 그러셨으니까요. 엄마가 제게 '네가 이건 좀 잘못한 거다. 이땐 이렇게 하는 게 더 나았겠다' 하고 말해 주셨던 기억이 나요. 저는 어렸을 때 영화나 드라마를 보면 무슨 이야기인지 잘 이해하지 못하는 아이였거든요. (일동 당황) 그래서 영화나 드라마를 보고 나면 어떤 상황이었는지, 왜 저런 결과가 나왔는지 꼭 누군가에게 물어봤어요.

어_ 어머나! 지금 그 말을 누가 믿겠어요!! 사회생활 하시는 데 이렇게 아무 문제가 없으시잖아요. 그럼 언제부터 괜찮아지신 거예요? 어머님들이 아이들의 사회성 증진을 위해 노력하실 때 인내심이 필요하잖아요. 도레미 선생님 사례를 통해서 어머님들께서 '얼마나 더 노력하면 되겠다' 하는 감을 잡으실 수 있을 것 같아요.

도_ 저는 아직도 사회적인 상황에서 아주 민감한 주제들일 경우 간혹 잘 못 알아듣기도 해요. 그러면 저는 남편에게 그 상황에 대해 물어봐요. 그러면 남편이 해석을 해 주거든요.

강_ 저는 도레미 선생님이 어렸을 때 눈치가 없었을 거라고는 상상도 못했어요. 지금은 이렇게 잘 적응하고 계신 것 같으니까요. 그런데 아주 예민하신 어머님 시각으로 볼 때 딸이 당신만큼 예민하지는 않았더라는 거잖아요. 그럼에도 다른 사람들이 도레미 선생님을 보면 전혀 그런 걸 느낄 수 없고요. 우리가 지금까지 얘기한 '예민한 어머니에게는 둔감해 보이지만 다른 사람들에게는 그렇게 보이지 않는 아이' 사례가 여기 있었네요.

어_ 저는 반대로 정말 예민한 편이었거든요. 그래서 주변에서 뭐라고 하지 않아도 알아서 해야 할 행동과 하지 말아야 할 행동을 구분했어요. 굉장히 어릴 때부터 하지 말아야 할 행동은 하고 싶어도 참았던 기억이 나요. 그런데 저희 부모님들이나 주변 어른들은 제가 참았던 것조차 모르셨어요. 왜냐하면 제가 이렇게 눈치가 빠르다는 사실을 어른들이 알면 걱정하실 수도 있으니까, 그것까지 생각해서 숨긴 거예요. 그런데 어른이 된 지금의 입장에서는, 어렸을 때의 저에게 "그렇게까지 하지 않아도 된다"라고 말해 주고 싶어요.

제가 그런 아이였던 탓인지, 눈치가 너무 빠른 것도 마냥 좋지는 않은 것 같아요. 적당히 눈치 없는 아이들이 더 행복하게 살 수 있지 않을까요?

강_ 다들 자기 고백을 하고 계시니 제 얘기도 해 보자면, 저는 눈치가 빨라서 어른들이 무엇을 원하는지 금방 알아차렸어요. 그런데 어른들이 원하는 대로 사니까 힘들더라고요. 신나지도 않고요. 그래서 저는 알면서 모르는 척하고 제 마음대로 행동한 다음에 야단을 맞았어요. 그러니까 '내가 이런 선택을 하기 때문에 나중에 이런 대가를 치러야 한다'라는 사실을 다 알고 결정했던 거죠. 지금 생각해 보면 저는 부모님께, 특히 엄마께 버거운 면이 있던 아이였어요.

이렇게 말하고 보니 눈치가 있는 것과 그 눈치를 활용하는 것은 조금 다른 문제 같기도 하네요.

어_ 다시 이 사례로 돌아와서 마무리해 볼까요? 일단 어머님께서 아이의 눈치가 어느 정도로 없는지 정확히 파악해야 합니다. 이때 어머님 본인의 빠른 눈치, 그러니까 예민함도 함께 고려해야겠어요.

도_ 특히 한국에서 눈치가 되게 중요하잖아요. 명확하게 거론되지 않은 상황에서 맥락을 이해하여 적절하게 대처하는 걸 중요하게 생각하는 사회 분위기가 있죠. '센스 있게', '눈치껏'이라는 말도 자주 듣고요. 그런데 또 요즘에는 이런 사회 분위기도 조금씩 바뀌고 있는 것이 느껴져요. 소신껏 하고 싶은 말을 하는 걸 눈치 없다고 말하지도 않는 것 같고요. 나이 든 세대는 어린 세대가 눈치 없다고 비난하기도 하지만, 사실 어떤 면에서는 어린 세대의 '눈치 없는' 언행이 맞는 면도 있잖아요. 소위 말하는 '알아서 하고 알아서 기기'보다는, 조금 더 명확하게 의사를 표현하는 사회로 바뀌고 있는 듯합니다. 자녀의 '눈치 없음'에 대해 생각할 때, 이런 기조도 감안해야 하지 않을까요?

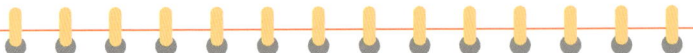

CHECK CHECK!
아이가 나이에 비해 눈치가 없는 것 같다면?

✓ **아이를 잘 아는 다른 성인의 평가를 들어 보세요.**
배우자, 친척, 담임 선생님, 학원 선생님 등 아이에 대해 잘 아는 성인의 평가를 통해 문제를 객관적으로 가늠해 보세요.

✓ **아이의 적절한 반응을 칭찬하세요.**
구체적인 칭찬을 조금 과하게 하는 것이 좋습니다. 만약 이 상황에서 드러난 아이의 장점이 있다면, 그것도 콕 짚어서 이야기해 주세요.

✓ **그림책, 드라마, 영화 등을 보며 또래 관계와 관련한 대화를 꾸준히 나눠 보세요.**
등장인물들의 생각과 기분을 예상하고, 상황에 따른 적절한 행동을 떠올려 봄으로써 또래 관계 기술을 연습할 수 있습니다.

✓ **'눈치 없음'이 단점으로만 작용하지 않는다는 사실을 명심하세요.**
적당히 눈치가 없는 게 아이답고, 아이에게 더 편할 수 있습니다. 소신 있는 삶을 살 수 있는 기반이 될 수도 있고요!

"아이가 다른 사람에게
관심이 없어요"

별거 아닌 것 같긴 한데 혹시나 해서 한번 여쭤봅니다. 제가 늦게 결혼해서 아들을 낳았거든요. 다행히 아이가 자기가 관심 있는 분야에 한해서는 책 읽기도 좋아하고 순해서 편하게 키우고 있어요. 그런데 아이가 뭐랄까… 샌님 같아요. 또래에게 관심이 없고 책에만 빠져 있을 때가 많거든요. 가끔씩 같이 TV를 보면, 별로 무서운 장면도 아닌데 겁을 내면서 저한테 안기거나 소파 뒤로 숨곤 해요. 남편이랑 제가 대화를 하다가 웃음이 터져도, 아이는 그냥 뚱하게 있을 때가 많아요. 왜 웃는지 이해하지 못하는 것 같습니다. 책을 많이 읽어서 그런지 상식은 풍부하고, 자기가 아는 주제에 대한 이야기가 나오면 말도 많아요. 내년에 학교에 입학하는데 그냥 두어도 되는 건지, 아니면 심리평가 같은 걸 받아야 하는 건지 고민입니다.

강_ 아이가 수줍음을 조금 타긴 하지만, 어떻게 보면 책 읽기 좋아하고 아는 것도 많아서 학부모 입장에서 크게 염려할 필요가 없겠다고 생각할 수 있는데, 어머님은 조금 걱정을 하고 있는 상황이에요. 저는 어머님께서 아이가 또래에게 관심이 없다고 말씀하신 부분이 가장 신경 쓰여요. 그런데 관심 있는 분야에 한해서는 책 읽기도 좋아한다고 하니, 아이가 전반적으로 무심한 건 아닌 듯하거든요. 일단은 또래하고 있을 때 어떻게 행동하는지 좀 더 자세히 알아봐야 할 것 같아요. 또래와 함께 있을 때도 책만 읽으려 하는지, 아니면 썩 즐거워하지는 않지만 그럭저럭 어울려 놀기도 하는지 궁금하네요.

어_ 부모님이 대화하며 웃을 때, 아이는 부모님이 "왜 웃는지 이해하지 못하는 것" 같다고 하셨잖아요? 이 아이가 어른 간의 대화가 아니라, 또래 간의 대화나 일상적인 대화를 들었을 때도 상대방의 의도를 잘 못 알아차리는지 등 다양한 사회적인 맥락에서의 모습을 좀 더 살펴봐야 할 것 같아요. 그런 다음 아이의 사회성이 문제가 될 정도인지 아니면 다른 발달에 비해 사회성이 조금 나중에 발달하는 것인지 판단할 수 있겠네요.

게다가 아이가 내년에 학교를 간다고 생각하니까 어머니가 더 불안하신 것 같아요. 많은 어머니들께서 아이가 초등학교에 입학할 때쯤, 찜찜한 부분에 대해 심리평가를 받아야 하는지 궁금해합니다. 저도 이런 질문을 많이 받고 있어요. 다들 어떻게 생각하세요? 입학 전에 건강검진하듯 평가를 받을 필요가 있을까요?

도_ 아이가 책에 푹 빠져 지낼 수는 있는데, 친구들이랑 잘 어울리지 못하는 것인지, 친구들에게 아예 관심이 없는 것인지에 따라서 개입 방향을 달리해야 할 것 같습니다. 아이가 유치원이나 어린이집에 다니고 있다면 기관의 선생님께 아이의 또래 관계나 사회성이 어떤지 확인해 보면 좋겠네요. 선생님께서 큰 문제가 없다고 말한다면 굳이 평가를 받기보다는 아이가 다양한 활동을 할 수 있도록 이끌어 주는 게 도움이 될 것입니다. 이때 책을 너무 많이 읽는다고 뭐라고 하기보다는 엄마와 함께 시간을 보내거나 친구와 함께 놀 수 있도록 유도해 주세요. 그러나 만약 선생님께서도 아이가 또래 관계에서 어려움을 보인다고 말한다면, 그때는 아이가 평가를 받게 하는 것이 좋을 듯합니다.

강_ 그런데 아이가 또래 관계에 필요한 기술에 정말 문제가 있을 경우, 이에 대해 부모님께 이야기하기 어려워하는 선생님도 있더라고요. 따라서 유치원이나 어린이집 선생님께 아이에 대해 물어볼 때는 선생님과 부모님 간에 편안하고 서로 신뢰할 수 있는 관계가 형성되어 있어야 하겠죠. 또한 '우리 아이를 위해서 자세히 알고 싶은 것이니, 도와주신다고 생각하고 보신대로 말해 달라, 에둘러 좋게 말해 주지 않아도 된다'라는 점을 충분히 전달할 필요가 있습니다.

아이가 또래에게 관심이 없다 보면 자연적으로 또래랑 놀 기회가 없어지고, 그러면 또래 관계에 필요한 기술이 늘지 않는 악순환이 지속되기 마련이잖아요. 그러니 아이에게 또래와 만나 시간을 보낼 기회가 충분했는지, 부모님과 함께 논 시간은 부족하지 않았는지도 살펴보는 것이 좋겠어요. 예를 들어 아이가 독서를 좋아할 경우, 부모와 함께 놀기보다 자연스럽게 아이가 책을 읽게 하며 시간을 보냈을 가능성도 있거든요. 현실적으로 생각해 보면 부모는 그동안 잠시 숨을 돌리거나 다른 일을 할 수 있고요.

도_ 부모님께서 사람들과의 교류를 얼마나 즐기는지도 함께 고려하면 좋을 것 같습니다. 부모님께서 사람들과의 만남을 부담스러워할 경우, 자녀들 역시 또래와 어울릴 기회가 부족해지기 마련이니까요.

어_ 그렇다고 책 읽고 자기 관심사에 대해서 얘기하는 것 자체가 나쁘다는 식으로 생각하진 않으셨으면 해요. 사실, 행동 문제가 심각하거나 굉장히 활달한 아이의 부모님 입장에서는 이 사례의 어머님을 부러워할 수 있거든요. 그러니 좀 더 개발할 점이 어떤 점인지 생각하되, 칭찬할 점은 칭찬하면 좋겠네요.

강_ 이 사례에 해당하진 않을 수 있는데, 사회성 발달 측면에서 꽤 심각한 사례도 많잖아요? 이런 점을 고려할 때, 아이가 TV에 그다지 무서운 장면이 나온 것도 아닌데 겁을 먹고 어머님께 안기거나 소파 뒤로 숨곤 한다는 점이 마음에 걸리네요. 놀이와 상상의 영역이 있고 사실의 영역이 있는 건데, 이 아이는 가끔 그런 경계를 헷갈려 하는 듯합니다. 만화의 내용을 사실인 것처럼 생생하게 경험해서 무서워하고 있을 수 있겠어요. 아이가 나이를 먹으며 이런 특성들이 어떻게 달라질지 살펴볼 필요가 있겠습니다.

부모님이 대화하며 웃는 맥락을 아이가 잘 이해하지 못한다고도 적혀 있는데, 나이가 들면 상징의 의미도 알고 행간도 읽을 수 있게 되잖아요? 융통성도 생기고요. 그런데 이 사례 속 아이의 경우 나이에 맞는 추상적 사고력이 충분히 발달하지 않아서 모든 일을 곧이곧대로, 글자 그대로 생각하는 건 아닐까 의문이 드네요. 이를 확인하기 위해 '빈 수레가 요란하다' 같은 속담이나 비유는 잘 이해하는지 살펴보는 것도 좋을 듯합니다.

도_ 아이를 잘 아는 유치원이나 어린이집 선생님과 대화할 때 이런 자세한 사항에 대해 물어봐야겠네요. 그런데 이때 주의해야 할 점도 짚고 넘어가야 할 것 같아요. 선생님은 여러 아이들을 보기 때문에 또래에 비해 아이의 문제가 어느 정도인지 보다 객관적으로 판단할 수 있습니다. 하지만 선생님 중에는 아이에게 문제가 있음에도 얘기하기 조심스러워하는 분이 있는가 하면 별다른 문제가 없는데 문제가 있다고 지각하는 분도 있잖아요. 그러니 어머님께서 선생님과 대화를 하실 때는 이 점을 감안하는 것이 중요합니다.

예를 들어 아이가 '맥락을 잘 파악하지 못한다'라는 피드백을 하는 선생님이 있다고 할 때, 그전까지 한 번도 이런 평가를 받아본 적이 없었다면, 이 평가에는 해당 선생님의 특성이 포함되어 있을 수 있겠죠. 이를 확인하기 위해서는 구체적인 상황에 대해 묻는 등 평가에 대한 선생님의 근거를 들어 봐야 합니다. 어떤 행동을 보고 그렇게 판단하는 것인지, 그렇게 판단하게 된 일화가 있는 것인지 구체적으로 물어볼 필요가 있습니다. 그러니 선생님 한 분의 평가로 덜컥 놀라지 마시고, 여러 선생님의 의견을 듣고 종합해서 생각해야 합니다.

어_ 문제를 파악할 때 종합적으로, 다양한 각도에서 살펴봐야 한다는 말인데, 이게 쉽지는 않은 것 같아요. 특히 외둥이를 키우거나 직장을 다녀 다른 어머님들과 교류가 많지 않은 경우에는 다각도로 아이를 평가하기 더욱 어려울 수 있습니다. 어떤 선생님과 얼마나 대화해야 서로 신뢰할 수 있는 관계를 형성할 수 있을지 판단하기도 힘들 듯하고요. 여러모로 막연할 것 같아요. 이때 다른 사람들의 이야기를 듣는 것도 좋지만, 동시에 어머님께서 직접 아이를 관찰할 기회를 마련해야 할 텐데, 그러려면 어머님께서 굉장히 많은 노력을 해야겠다는 생각이 드네요.

도_ 저도 일을 하는 엄마다 보니까 다른 아이 엄마들을 사귀기 쉽지 않았는데요. 우연히 한 명을 알게 되어 그 집 아이와 우리 아이가 같이 놀게 됐어요. 그 놀이 상황에서 어떤 일이 벌어지는지 보는 게 사회적 상황에서 아이의 모습을 이해하는 데 큰 도움이 됐죠. 제 아이는 가족과 함께 있을 때 종종 삐져서 풀어 줘야 할 때가 있어요. 그런데 얘가 친구와 놀 때도 그러더라고요. 작년에는 친구가 웃었다고 화가 나서 복도로 나갔다가 한참 동안 안 들어온 적도 있어요. 사람들이 그냥 즐겁고 행복해서 웃을 수도 있는데, 저희 아이는 그걸 비웃는 걸로 해석하더라고요. 다행히 시간이 지나며 아이가 삐지는 빈도나 강도도 점점 약해지고 나아지긴 했어요.

요약하자면, 어머님께서 어른들과의 상호작용만으로 아이를 평가하기보다, 친구관계에서 아이가 어떻게 행동하는지 파악하는 게 중요하다고 말씀 드리고 싶습니다. 이렇게 자세히 관찰하기 위해서는 아이의 친구를 집으로 초대하는 것도 좋겠죠.

어_ 맞아요. 도레미 선생님이 말씀하신 것처럼, 아이가 자라면서 뇌도 성장하고, 다양한 경험을 통해 사회 기술을 배우면서 기존의 문제들이 완화되는 경우가 많아요. 그러니 다양한 사회 경험을 만들어 주어 아이의 성장과 성숙을 도우면 좋겠죠. 그러기 위해서는 적극적으로 아이의 친구들을 초대하고, 그 부모님들과 네트워크를 형성해서 동성 친구들끼리 혹은 동성 친구들과 이성 친구들이 한데 섞여 어울릴 기회를 만들어 주는 노력이 필요합니다.

도_ 이런 문제를 석사 과정 지도 교수님께 상의드린 적이 있어요. 저희 은사님도 '워킹 맘'이셨거든요. 당시 교수님께서도 저에게 "다른 엄마들 사이에 끼려고 노력을 해라. 네가 아이와 함께 다른 엄마와 아이들과 어울리려는 노력을 해야 하지 않겠냐"라고 말씀하셨어요. 누구에게나 여러 제한이 있겠지만, 할 수 있는 선에서 서로 교류할 수 있는 기회를 만들고 노력할 필요가 있는 것 같아요. 최근에는 코로나 때문에 아이들이 어울려서 놀 수 있는 기회가 없었잖아요. 이런 팬데믹이 또 언제 올지 모를 일이고요. 그런데 아이들의 사회성은 시행착오를 거치고 부딪히면서 늘어나는 거지 책으로 온전히 다 배울 수 있는 건 아니죠.

강_ 관찰을 통해 아이가 또래들 사이에서 어떤 역할을 하는지 어느 정도 알게 되면 아이의 장점을 활용할 지점도 찾을 수 있지 않을까요? 책을 좋아하는 아이들의 경우 자기가 좋아하는 분야에서는 쓸 만한 정보들을 갖고 있기도 하잖아요. 이런 정보들을 친구들에게 말해 주거나, 이를 활용할 수 있는 기회가 있다면, 아이의 독특한 면이 친구들에게 인기를 얻을 수 있겠죠. "쟤는 저런 것도 알고 있네!"라는 식의 피드백이 아이에게 또래 관계에 대한 흥미를 불러일으킬 수 있고요. 이런 관점에서 볼 때 아이가 사회적 맥락에서 어떻게 행동하고, 다른 사람들과 어떤 영향을 주고받는지 파악하는 건 반드시 필요해 보이네요.

도_ 그렇죠. 저는 한 살이라도 어릴 때 사회적 상황에 노출되어 사회 기술을 연습하는 것이 사회성 발달에 좋다는 사실을 강조하고 싶어요. 여러 학원에 다니기 시작하고 학업 스트레스가 가중되기 전에 아이가 친구들과 노는 재미를 꼭 경험할 수 있게 도와주셨으면 합니다. 친구들과 노는 것이 굉장히 중요하고 즐거운 경험이라는 사실을 아이가 일찍 깨닫는다면 앞으로의 삶에서 큰 도움이 될 거예요.

어_ 학년이 올라가면 이미 아이들끼리 주로 노는 무리가 만들어져 있어서, 기존 관계에 들어가기 쉽지 않잖아요. 어머니가 그런 관계망을 만들어 줄 수 있는 나이가 지나간다면, 이미 형성된 관계를 뚫고 들어가기 더 어렵겠죠.

이 사례의 어머님께서 늦게 결혼했다고 하셔서, 저는 혹시 아들 친구 어머니들이랑 어울리기가 좀 머쓱하신가 하는 생각도 들어요. 만약 그렇다면 조금 더 용기를 내면 좋겠어요. 게다가 어머님께서 이렇게 노력하는 걸 아이가 보며 배우는 게 있을 거예요.

도_ 그렇죠. 그러니까 비슷한 아이를 키우는 어머니들이 '아이가 책 읽으니까 똑똑해져서 좋다'라고 생각하고 그냥 넘어가지 않았으면 해요. 아이가 건강하게 자라고 사회에서 적응하기 위해 가장 중요한 건 시험 성적이나 대학, 학습 능력이 아니라 사회적 능력이잖아요. 사회적 능력에 따라 삶의 질이 좌우될 수 있으니까요. 아이가 조금이라도 어릴수록 아이의 사회적 능력 향상을 더 쉽게 도와줄 수 있으니, 다소 바쁘더라도 할 수 있는 한도 내에서 최대한 노력하는 것이 중요합니다.

어_ 그렇지만 책을 많이 읽는 것 자체가 나쁜 것은 아니라는 점을 마지막으로 다시 한번 강조하고 싶네요. 오히려 아이의 이런 특성을 잘 이용한다면, 아이가 성장하며 행복한 삶을 만들어 갈 수 있을 것입니다.

CHECK CHECK!
우리 아이 사회성 발달, 괜찮은지 궁금하다면?

다음 중 대부분의 사항에 대해 '예'라고 답하신다면 전문가를 만나 아이의 사회성에 대해 종합적으로 평가를 받는 것을 진지하게 고려해 보시기 바랍니다.

✓ 아이가 이전부터 줄곧 또래들에게 관심이 없다.

✓ 아이의 사회성이 떨어진다는 증거가 되는 구체적인 상황을 제시할 수 있다.

✓ 아이의 사회성에 대한 주변 사람들의 부정적인 평가가 일관된다.

✓ 아이가 속담이나 비유, 은유 등의 속뜻을 이해하지 못한다.

✓ 아이가 다른 사람의 말이나 행동의 의미를 자주 오해한다.

✓ 아이가 드라마, 영화, 일상생활에서 직접적으로 드러나지 않은 상황을 잘 이해하지 못한다.

STEP BY STEP
한 걸음씩 천천히

Step 1 나를 알아보기

- 다음 문장의 빈칸에 들어갈 말을 빠르게 떠올려 보세요.
 - 나를 가장 열받게 하는 것은 _____
 - 내가 가장 부끄러울 때는 _____
 - 화날 때 내 몸은 _____

Step 2 생각해 보기

- 어릴 때 눈치가 빠른 아이였나요? 혹시 그때의 자신에게 해 주고 싶은 말이 있으세요?

- 누군가가 눈치 없는 자기 아이와 같이 읽고 활동하기 좋은 그림책/드라마/영화를 권해 달라고 한다면, 어떤 것을 추천해 주시겠어요? 그 이유는 무엇인가요?

- 대인 관계에서 발견되는 자신과 아이의 장점을 어떻게 칭찬해 줄 수 있을까요?

Step 3 실천해 보기

- 아이가 또래 관계에서 어려워하는 상황에 대해 역할극을 진행해 보세요.
  - 구체적인 상황을 설정합니다. (시간, 장소, 등장인물 등)
  - 아이가 듣고 힘들어했던 바로 그 말부터 대사로 만듭니다.
  - 이어지는 대사를 만들어 대본을 완성합니다.
  - 아이와 역할을 나눠 역할극을 진행합니다.
  - 역할을 바꿔 한 번 더 진행합니다.
  - 역할극을 마친 후 소감을 나눕니다.

- 아이에게 오늘/이번 주/이번 달에 가장 속상한 일은 무엇이었는지 물어보세요.
  - 어떤 기분이 들었는지 물어봅니다. (화, 슬픔, 우울 등)
  - 해당 기분이 10점 만점에 몇 점인지 물어봅니다.
  - 어떻게 하면 그 기분을 해소할 수 있을지 함께 생각해 봅니다.
  - 기분을 해소하는 행동을 한 뒤에는 그 기분이 몇 점이 되었는지 물어봅니다.
  - 부모 자신의 기분을 푸는 데도 이 방법을 적용해 봅니다.

CHAPTER 2

내재화 문제

**불안하고 우울한 아이,
생각과 행동 바꾸기**

아이가 걱정이 많고 때로 별것도 아닌 일에 울곤 하나요? 아이가 의욕이 없어 보이거나 짜증을 많이 내는 편인가요? 이런 문제들을 내재화 문제라고 하는데요, 불안과 우울이 여기에 포함되는 대표적인 문제입니다. '아이들이 무슨 걱정이 그렇게 많을까?' '아이들도 과연 우울할까?' 의문이 드시나요? 하지만 아이들에게도 불안과 우울은 상당히 흔한 문제입니다. 다만 어른들이 대수롭지 않게 생각하거나, 어른들이 생각하는 것과 다소 다른 모습으로 표현되어 금방 눈에 띄지 않는 것뿐입니다. 아이의 내현화 문제를 어떻게 이해해야 할까요? 아이에게 어떤 도움을 주어야 할까요? 여기, 임상심리학자 엄마들의 수다 속에서 답을 찾아봅시다.

"아이가 일상의 사소한 일에 걱정이 너무 많아요"

저는 초등학교 5학년 딸과 3학년 아들을 키우는 엄마입니다. 아들 문제로 문의를 드리게 되었는데요. 아이가 어릴 때는 잠도 잘 자고 순해서, 신경 쓸 일이 많지 않은 편이었죠. 그런데 초등학교에 입학할 시기쯤부터 아이가 평소에 걱정을 너무 많이 하더라고요. 학교에 지각하면 어떡하나, 오늘 잠을 제대로 못 자서 내일 늦게 일어나면 어떡하나, 숙제를 못하면 어떡하나, 준비물을 놓고 가면 어떡하나…. 매일 이렇게 걱정하느라 마음 편히 놀지도 못해요. 처음에는 시간이 지나면 나아질 거라고 생각했는데, 그럴 기미가 보이지 않아서 저도 정말 힘들어요. 아이의 누나는 털털한데 얘는 왜 이러나 모르겠어요.

강_ 아이가 걱정을 너무 많이 해서 걱정인 어머니네요. 그냥 나아지겠지 했는데 별로 나아지지 않아서 많이 힘든 것 같아요. 어머님이 아이의 누나처럼 털털한 성격이라면 아이를 정말 이해하기 힘들 것 같기는 해요.

그런데 아이들 중에는 기질적으로 예민하고 걱정이 많은 타입도 있잖아요. 이 사례의 아이가 그렇지는 않은지 궁금하네요. 반면 어머니는 평소 걱정이 많아서 매사에 미리 준비하거나 대비하는 타입은 아닐 듯합니다. 일단 아이가 정말 기질적으로 걱정이 많고 예민한 타입인지, 부모님의 기질은 어떤지 살펴보면 좋을 것 같아요.

어_ 어머니의 보고에 따르면 아이의 이런 특성이 어릴 때는 큰 문제가 되지 않다가, 학교에 입학할 때쯤 눈에 띄기 시작했네요. 아이의 걱정도 학교생활과 관련되어 있고요. 저도 걱정이 많은 사람으로서 아이를 어느 정도 이해할 수 있어요. 유치원을 다니다가 초등학교에 진학하면 조금 더 조직화된 환경으로 가게 되잖아요? 굉장히 큰 변화를 겪는 거죠. 이런 측면에서 보면 아이의 긴장이나 걱정이 깊어질 수 있을 것 같아요. 그래서 저는 아이가 걱정을 많이 한다는 사실 자체를 염려하기보다는, 이런 걱정 때문에 다른 어려움을 겪고 있는 건 아닌지 살펴봐야 한다고 생각해요. 아이가 걱정이 너무 많아서 잠을 못 자거나, 학업이나 또래 관계에 어려움을 겪거나, 밥을 먹지 못하는 등 기본적인 생활에 지장을 겪고 있을 수 있으니까요. 아이의 걱정이 생활에 어느 정도 영향을 미치는지를 우선 확인할 필요가 있겠습니다.

도_ 걱정으로 인해 일상생활에서 겪는 지장이 얼마나 심각한지를 기준으로 문제의 심각성을 판단해야 한다는 말씀이시죠?

어_ 맞아요. 이런 기준은 걱정 외에도 다양한 문제 행동이나 어려움에 적용할 수 있습니다. 예를 들어 어떤 생각을 하는데, 이게 정상인지 궁금할 수 있잖아요? 이때도 이 생각 때문에 자신이 일상생활에서 피해를 입는 정도와 해야 할 일을 못 하는 정도를 기준으로 따져 본다면, 이게 일반적인 수준에서 벗어난 문제인지, 아니면 정상 범위 안에 있는, 그래서 시간이 지나면 해결될 가능성이 높은 문제인지 판단할 수 있을 거예요.

이 사례의 아이처럼 걱정이 많고 예민한 아이들의 부모님께서는 이 점을 고려하여 아이와 많은 이야기를 나누는 게 도움이 될 것 같아요. 아이에게 어떤 걱정이 있고, 그 걱정으로 인해 어떤 어려움이 있는지 들어 보고 공감하는 한편, 지금 겪고 있는 어려움에 어떻게 대처할 수 있을지 함께 생각해 보면 좋겠어요.

강_ 불안해하는 아이와 대화를 나누는 부모님들이 주의할 점이 있는데요. 아이의 불안 증상이 심할 경우, 주의 집중력이 떨어져 대화할 때도 산만한 모습을 보일 수 있어요. 그러니 일단 아이의 감정과 생각에 초점을 두고 공감하는 태도로 아이의 이야기를 잘 들어 줘야 합니다. 이때 아이는 편안함을 느껴 자신의 마음을 솔직하고 자유롭게 말할 수 있을 거예요.

도_ 저희 아이는 평소 걱정을 많이 하지 않는 편인데요. 하루는 시험을 앞두고 심하게 걱정을 하더라고요. 공부를 열심히 안 해서 성적이 잘 안 나올 것 같았나 봐요. 그래서 제가 펜을 주며 "이 펜은 마법의 펜이야. 이 펜을 누르면 걱정하는 마음이 사라질 거야"라고 말하기도 하고,

> **얼마나 많은 아이들이 불안해하나요?**
>
> 아동·청소년 100명 중 10~20명은 과거에 불안장애를 경험한 적이 있거나 현재 경험하고 있습니다. 불안 문제는 학업 성취도를 비롯하여 전반적인 사회적 관계에 부정적인 영향을 미칩니다. 이뿐만 아니라 심각한 불안 문제를 가진 사람은 이후 다른 정신병리에도 취약해질 수 있으므로, 적절한 시기에 전문가의 도움을 받아야 합니다.

기도하자고도 하고, 걱정이 들 때 "나는 할 수 있어"라고 마음속으로 말해 보자고도 하는 등 불안 증상에 효과가 있는 방법은 다 알려 줬어요. 나중에 이야기해 보니, 그때 배운 여러 가지 방법 중 하나를 사용했고, 그게 효과가 있었다고 하더라고요.

이렇게 가정에서 아이에게 불안 증상을 완화하는 방법을 알려 줄 땐 아이마다 효과가 있는 방법이 다르다는 사실을 고려해야겠죠. 아이가 어릴수록 '마법의 지팡이'처럼 아이가 좋아하는 물건을 활용하는 게 효과가 좋은 것 같아요. 종교가 있다면 종교를 활용해도 좋고, 아이에게 힘이 될 만한 말을 알려 줄 수도 있습니다.

강_ 다시 이 사례로 돌아가면, 아이가 초등학교에 입학할 무렵부터 어머님께서 아이에게 걱정이 좀 많다고 생각하기 시작하셨고, 그 후로 아이가 3학년이 되기까지 시간이 흘렀잖아요? 그동안 어머님께서 나름대로 아이의 걱정을 덜어 주기 위해 여러 방법을 시도했을 것 같아요. 그러니 어떤 방법이 어느 정도로 효과가 있었는지 대략적으로는 알고 있을 거라고 생각합니다. 이 경험을 토대로 아이의 걱정이 전문가의 도움이 필요한 수준인지 가늠할 수 있을 것 같아요.

어_ 일단 걱정이 많은 아이에게 걱정이 다 쓸데없다고 지적한다면, 아이는 오히려 더 불안해할 수 있어요. 이 경우 걱정스러운 생각에 더 몰입하게 되거나 엄마가 자신을 이해하지 못한다고 생각해서 앞으로는 걱정이 생겨도 표현하지 않게 될 수 있습니다. 그래서 아이와 대화할 때는 '아이의 걱정이 타당하고, 그런 점은 다른 사람들이나 엄마라도 걱정할 것 같다'라고 말하며 아이의 생각과 상태에 충분히 공감해 주는 게 중요합니다. 이 사례의 어머니는 아이가 "왜 이러나 모르겠어요"라고 말하는 걸로 봐서, 아이에게 충분히 공감을 표현하지 못하고 있는 것 같습니다. 이 점을 조금 더 신경 써야겠네요.

또한 사례를 보면 아이의 걱정이 주로 학교생활과 관련되어 있다고 나와 있는데, 실제로 아이들을 만나 보면 학교생활을 넘어 다른 문제에 대해서도 꽤 큰 걱정을 품고 있는 경우가 많습니다. 그러니 이 아이에게도 학교생활 외에 다른 영역에 관한 걱정은 없는지 궁금하네요. 가령 초등학교 3학년 정도면 친구들과의 관계가 복잡해지고 공부도 어려워지면서 친구 관계나 학교 공부에 대한 걱정을 시작하기도 하죠. 심지어 가족의 건강에 대한 걱정, 뉴스를 보면서 사건·사고가 가까이에서 일어날 것에 대한 걱정, 더 나아가 미세먼지, 지구온난화, 평화와 관련한 문제 등에 대한 걱정을 하는 아이도 있어요.

강_ 아이의 걱정이 특정 주제에 집중되어 있지는 않은지 살펴볼 필요가 있다는 말씀이시죠? 개인적으로는 이 어머니의 입장을 충분히 이해해요. 저는 사실 잔걱정이 별로 없고, 다가올 일을 미리 계획하거나 준비하지 못하는 편이에요. 반면 제 딸은 걱정이 조금 있어서 자꾸 '엄마, 이러면 어떡해요, 저러면 어떡해요'라고 물어보는데, 제 입장에서는 '그냥 일이 닥쳐왔을 때 처리하면 되지 왜 벌써부터 그걸 물어보냐' 싶거든요.

그런데 사실 아이가 불안 수준이 높고 걱정이 많다면, 아이 입장에서는 어떤 일이 발생할지 예측하기 힘든 상황이 지속되니 겁이 날 수 있습니다. 그래서 예측하고 준비하여 조금이나마 불안을 해소하고자 질문을 하게 되는 거죠. 걱정이 없는 어머니 입장에서는 아이의 걱정이 불필요하고 불편한 과정으로 여겨질 수 있지만, 아이는 나름대로 자기 성향을 가지고 환경에 적응하려 노력하고 있는 거예요. 아이와 성향이 다른 어머니에게는 이런 노력이 필요하지 않더라도 아이에게는 유용할 수 있어요. 이런 경우 어머니가 앞으로 아이가 맞닥뜨리게 될 상황에 대해 미리 설명해 준다면, 아이의 마음이 조금 더 편안해질 수 있을 거예요.

어_ 강지현 선생님 말씀 들으면서 저 되게 많이 웃었어요. 저도 걱정이 많은 스타일인데 모르셨나요? (웃음) 제가 잘 감추고 살고 있군요. 저는 어떤 일을 앞두면 플랜을 A부터 최소한 C까지 세워 놔요. 일이 예측대로 진행될 경우의 계획과 중간에 변수가 생길 때의 계획, 변수의 변수가 생겼을 때의 계획까지 모두 다요. 재미있는 건, 이렇게 계획을 세우는 과정이 매우 큰 안정감을 준다는 사실이에요. 물론 아무 계획 없이 어떤 일을 마주쳐도 걱정한 만큼 큰일이 나지는 않는다는 사실을 이제는 알고 있어요. 그래도 계획이 있는 게 좋더라고요.

그런데 이런 저의 특징이 육아에도 반영된 것 같아요. 저는 평소 집을 나오면서 아이들에게 굉장히 자세하게 말해 주거든요. '오늘 엄마가 몇 시에 집을 나가서 어떤 일을 하고 몇 시쯤 돌아올 거야. 너는 오늘 이런 일을 저렇게 하면 되고, 그게 잘 안 될 때는 누구를 찾으면 돼' 같은 식으로요. 이렇게 각각에 대해 이야기하면, 아이들도 엄마가 언제쯤 돌아올지, 자신의 하루는 어떨지 예상할 수 있거든요. 아이들은 어떻게 생각할지 모르겠지만, 이 과정을 통해서 제가 좀 안심할 수 있더라고요. 걱정이 많지 않은 사람들은 이해하기 힘들 수 있지만, 걱정이 많은 사람들에게는 예측이 가능하다는 사실이 굉장히 중요한 것 같아요.

이 사례의 아이도 학교에서 무슨 일이 일어날지 예측할 수 없어서 이런저런 걱정을 하는 건 아닐까 싶어요. 그러니 아이와 함께 시나리오를 만들어 보면 어떨까요? 내일 아침에 몇 시에 일어나서 어떻게 하면 좋을지, 몇 시까지 학교에 갈지, 만약 지각하거나 학교에 안 가게 되면 어떤 일이 예상되는지, 학교에 잘 가기 위해 무엇을 미리 준비할 수 있는지 등 예상 가능한 걱정거리를 꼽아 본 다음, 미리 준비할 수 있는 건 실제로 준비해 두는 거죠. 가장 중요한 것은 그 일이 끝난 뒤 다시 이야기해 보는 것입니다. 일반적으로 계획대로 행동하지 않는 경우가 더 많거든요. 이럴 때는 예측했던 나쁜 일이 실제로 일어났는지 다시 생각하는 과정이 필요합니다. 이 과정이 없다면 아이는 다시 내일에 대한 걱정에 사로잡힐 거예요. 계획대로 일이 진행되지 않아도 생각만큼 나쁜 일이 일어나지 않았다는 사실을 확인해야 아이의 걱정이 줄어들 수 있습니다. 이러한 경험을 통해 아이는 걱정한 것만큼 나쁜 일이 실제로는 일어나지 않는다는 확신을 얻어, 이전보다 더 큰 안정감을 느낄 수 있게 될 것입니다.

강_ 생각할 수 있는 다양한 경우에 대해 계획을 세우는 과정 자체가 불확실한 상황을 예측하고 유능감을 느끼게 한다는 말은 굉장히 일리가 있네요. 확실히 걱정이 많은 사람들에겐 이런 과정이 유용할 것 같아요.

도_ 어유경 선생님의 얘기를 들으니까 저도 '예민한 우리 아이를 세심하게 보살피지 못했구나'라는 자기반성을 하게 되네요. 저도 제 아이에게 오늘은 어떤 일이 있을지 얘기해 줄 때가 있긴 한데, 아이를 안심시키기 위해 그런 이야기를 한 적은 별로 없었던 것 같아요. 그냥 애가 잊을까

불안한 사람들이 자주 하는 생각

불안한 사람들이 자신의 불안을 떨쳐 버릴 수 없는 이유는 그들의 사고방식에서 찾아볼 수 있습니다. 불안한 사람들은 주로 파국화catastrophizing라는 사고 패턴을 갖고 있습니다. 이는 어떤 단서를 현실보다 부정적으로 과장·왜곡해서 생각하는 경향을 의미합니다. 이러한 경향이 심한 사람들은 자신이 처한 부정적인 상황은 과대평가하고, 이러한 상황에서 자신이 발휘할 수 있는 능력은 과소평가합니다. 그렇기 때문에 이들의 우려가 실현될 가능성은 매우 낮더라도, 이 생각이 미치는 영향은 매우 강합니다.

봐, 기억해야 하니까, 아니면 문제가 생길까 봐 알려줬을 뿐이거든요.

강_ 집안마다 부모마다 다를 수 있죠. 도레미 선생님은 굳이 예측하고 준비하지 않아도 불안하지 않기 때문에 그랬을 거예요.

도_ 네. 그렇지만 아이가 걱정하던 일이 끝난 뒤, 아이와 이야기해 보는 건 확실히 중요한 것 같네요. 어유경 선생님께서 실제로 아이와 어떻게 대화하시는지 조금만 더 구체적으로 얘기해 줄 수 있으세요?

어_ 걱정스러운 일은 누구에게나 다양하잖아요? 일단은 구체적으로 어떤 점이 걱정되는지 얘기하는 게 중요한 것 같아요. 재미있는 점은, 사실 그 걱정 중 상당 부분은 근거가 없을 수 있다는 사실이에요. 그럼에도 아이와 대화하며 "네 걱정이 잘못된 거야"라고 말해서는 안 됩니다. 자신의 걱정이 부정당했을 때, 아이들은 상처를 받을 수도 있고, 부모가 모르는 사이 걱정을 키울 수도 있어요. 그러니 일단 아이의 걱정을 인정하고, 일어날 수 있는 최악의 상황과 최선의 상황을 생각해 봅니다. 그런 다음 이에 잘 대처할 수 있도록 실질적인 준비를 하는 거죠. 일반적인 경우라면 미리 생각해 본 상황 중에서 어떤 일이 일어날 거예요. 그리고 언제나 최악의 상황이 벌어지는 건 아니라는 사실을 확인하는 겁니다. 예를 들어 '발표할 때 실수를 했더니, 친구들이 한 번 웃을 뿐, 실수를 곱씹으며 두고두고 놀리지는 않는다. 심지어 남들은 나의 실수를 잘 기억하지도 않는다.' 같은 이야기를 나눌 수 있어요. 때로는 반대 상황을 가정해 보는 것도 도움이 됩니다. 예를 들어 친구가 실수했을 때, 그 친구의 실수가 얼마나 오랫동안 기억에 남았는지 떠올려 보게 하는 거예요. 대개 이런 기억은 오래 머무르지 않거든요.

아이와는 여러 가지 경우에 대해 이런 방식을 적용해 보며 많은 대화를 나눴어요. 그런데 정작 제 자신의 걱정은 잘 해소되지 않더라고요. 그래서 저는 제 걱정을 줄이기 위해 걱정하는 저의 모습을 받아들였어요. 걱정이 되기는 하지만, '걱정은 지나가는 거야, 사실 이제까지 그럭저럭 잘해 왔어'라고 계속 머릿속으로 되뇌는 거죠.

강_ 발표 상황을 예로 드셨는데, 실제로 아이들은 발표에 대한 걱정이 크죠. 대학생들이 조별 과제를 할 때만 봐도, 발표에 대한 부담이 큰 학생들은 사람들 앞에 서는 상황을 피하기 위해 발표 전까지의 과정 중 상당 부분을 떠맡고, 발표만은 다른 학생에게 맡기곤 하잖아요? 이런 식으로 부담스러운 일이 생기면 그 일을 회피하는 전략을 사용하는 때가 많아요. 이 경우 당장은 부담스러운 일이나 걱정되는 일을 안 해서 좋기는 한데, 그 일이 생각보다 할 만하다는 것을 학습할 기회가 없어져요. 사실 발표하다가 실수하거나 말을 더듬거나 얼굴이 빨개지는 일이 그렇게까지 큰일은 아닌데도 말이죠. 이런 측면을 고려할 때, 이 사례에서처럼 아이가 걱정이 많은 경우, 혹시나 아이가 부담되고 불안한 상황을 회피하고 있지는 않은지 살펴볼 필요가 있습니다. 아이가 불안해한다고 이를 피하게 도와주는 것만이 능사는 아니죠.

어_ 굉장히 중요한 지적이네요. 심리치료에서 불안 증상에 노출치료 기법을 자주 사용하잖아요? 노출을 통해 실제로 불안해하던 일이 발생

해도, 예상했던 것만큼 나쁘지는 않다는 사실을 경험해야 불안이 줄어드는 것이죠. 불안해서 경험 자체를 계속해서 회피하다 보면, 결국 불안을 감소시키는 것과는 점점 거리가 멀어질 수밖에 없어요.

도_ 맞아요. 아이가 불안해하는 장면을 피하도록 부모님이 도와주는 경우가 자주 있잖아요. 그런데 부모님의 이런 배려가 오히려 아이의 불안을 키우고 있을 수 있어요. 예를 들어 아이가 또래 관계에서 불안해한다는 이유로 또래와 관계를 맺지 않아도 되게끔 부모님이 의도적으로 환경을 조성해 줄 경우, 아이는 또래와 상호작용할 수 있는 기회를 잃게 돼요. 불안을 감소시키는 방법을 배우고 연습할 기회가 없어지는 거죠. 이런 점을 부모님들이 조심해야 합니다.

강_ 아이가 불안해하고 걱정하는 상황이나 장면을 피하지 않고 맞닥뜨릴 필요가 있다는 이야긴데요. 여기서 노출에는 단계가 필요하다는 점을 다시 한번 강조하고 싶습니다. 아이가 자신을 극도로 불안하게 만드는 사건에 갑자기 직면하면, 불안이 감소하기보다는 오히려 불안에 압도될 수 있어요. 그러니 노출의 단계를 잘게 쪼갤 필요가 있습니다. 덜 위협적이고 긴장을 덜 유발하는 수준부터 시작하여 점점 단계를 높이며 노출을 진행할 수 있도록 도와줘야 합니다. 체계적 둔감법(34쪽)을 활용하는 것이죠.

어_ 노출의 단계는 어머니가 임의로 정하는 것보다는 아이와 함께 의논해서 결정하는 게 좋겠죠. 또 각 단계를 반드시 끝까지 진행할 필요도 없습니다. 단계별로 노출을 시도하는 것 자체가 아이의 불안과 걱정을 다뤄 주는 과정이라고 생각하면 좋을 것 같아요.

도 _ 예를 들어 아이가 개를 무서워한다면, 처음부터 아이를 커다란 개 앞에 세울 게 아니라, 동네에서 자주 보이는 조그마한 치와와부터 바라보다가, 익숙해진 다음에는 살짝 만져 보는 식으로 연습하면 좋겠네요.

어 _ 불안 수준이 높을 경우, 매우 낮은 수준의 자극으로 노출을 시작할 수도 있습니다. 제가 예전에 벌레를 무서워하는 내담자와 노출치료를 진행한 적 있어요. 당시 처음에는 벌레 그림으로 시작했고, 이후 사진, 동영상, 모형을 활용하다가 마지막에는 실제 벌레를 이용했어요. 실제 벌레의 경우에도 처음에는 내담자가 작은 벌레를 쳐다보는 것에서 시작해서, 점점 가까이 다가가다가 나중에는 손으로 잡아보게 했죠. 이 과정에서 제가 벌레를 불안해하지 않고 만지는 모습을 보여 주기도 했어요. 물론 유쾌하지는 않았지만, 정말로 괜찮다는 것을 보여 줄 필요가 있었거든요. 가정에서도 노출의 단계를 세분화해서 점진적으로 노출을 진행한다면 분명히 효과가 있을 거예요. 그런데 노출의 단계를 결정할 때는 반드시 아이와 함께해야 한다는 점을 다시 한번 강조하고 싶어요.

도 _ 이때도 역시 아이가 용기를 내서 무언가를 시도한 것 자체에 대해 칭찬하고, 아이의 노력을 알아줄 필요가 있겠네요.

강 _ 이 사례의 어머니의 입장에서 본다면 단계를 세분화시키는 것 자체가 하나의 도전거리일 수 있어요. 어머니는 그냥 한 단계 다음에 몇 단계 위로 훌쩍 뛰어넘어 갈 수 있는 분인 것 같거든요. 그래서 아동과 함께 이 작업을 한다면 어머니 본인의 눈높이를 한참 더 낮춰야 할 거라는 조언을 드리고 싶어요.

　마지막으로 한마디만 덧붙이고 싶은데요. 불안 자체가 다소 모호한 개념이잖아요. 그래서 아무리 설명하고 안심시켜 줘도 아이는 계속 질문을 합니다. 열 번 설명해 주면 열한 번째 질문을 가져오더라고요. 이럴 때 제가 썼던 방법 중 효과가 좋았던 방법을 알려드릴게요. 아이들은 어떻게 하면 자신의 불안이 진정되는지 이미 알고 있을 수 있어요. 이전에 여러 차례 설명을 들은 적이 있기 때문이죠. 그런데도 그 방법을 굳이 한 번 더 엄마에게 듣고 싶어서 질문을 하는 경우가 많아요. 그런데 엄마가 매일 아이와 함께 있을 수는 없잖아요? 그래서 저는 아이가 자신의 불안을 가지고 왔을 때, "어떻게 하면 좋을까?"라고 오히려 아이에게 물어봤어요. 그러니까 아이가 지금껏 제게 들었던 방법들을 자기 입으로 이야기하더라고요. 그래서 아이에게 "다음에 또 마음속에서 걱정이 올라오면, 지금 엄마에게 이야기해 준 방법을 너 자신에게 이야기해 주면 되는 거야"라고 말했어요. 이런 식으로 아이가 스스로 자신을 안심시킬 수 있게 이끌어 주는 것도 좋을 것 같아요.

어_ 부모로서 아이의 문제를 없애 주는 데만 초점을 두어선 안 된다는 거죠? 아이의 삶에서 비슷한 문제가 반복될 수 있는데, 그때마다 옆에서 도와주는 부모님이나 치료사가 있을 수는 없으니까 스스로 치료사가 되는 방법을 익히게 하는 것이네요. 물고기를 잡아 주는 게 아니라, 물고기 잡는 법을 가르쳐 주는 식으로요. 심리치료를 할 때도 현재 문제를 모두 없애는 것만을 목표로 하지는 않죠. 비슷한 문제가 또 일어나도 스스로 대응할 수 있는 방법을 알려 주고, 여기에 필요한 힘을 기르도록 도와주는 게 최종 목표잖아요. 이 점과도 일맥상통하는 듯해서 조금 감동적이네요.

도_ 정리해 볼게요. 문제는 아이들이 자신의 불안을 다루지 못한다는 점이잖아요. 좀 더 정확하게 말하면 불안을 어떻게 보고 이해해야 할지 모르는 것이죠. 그렇기 때문에 이 사례의 아이처럼 불안한 아이를 키우는 부모님들이 두 가지만 기억했으면 좋겠습니다. 첫째, 우선 아이와 이야기해서 아이 스스로 자신이 경험하고 있는 감정이 무엇인지 인식하게 해야 합니다. 자신의 감정이 불안인지 우울인지 짜증인지 구분할 수 있어야 해요. 둘째, 아이에게 공감해 주는 데서 그치는 것이 아니라 이 감정을 어떻게 다뤄야 하는지 알게 해 주어야 합니다. 불이 났을 때 "아, 지금 불이 났구나" 하고 알고만 있는 게 답이 아니라, 불 끄는 법을 알아야 한다는 것이죠.

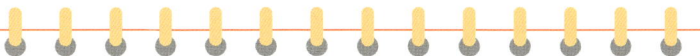

CHECK CHECK!
아이의 불안과 걱정이 지나친 것 같다면?

✓ **불안이나 걱정으로 인해 일상생활에 얼마나 큰 지장을 겪는지 확인하세요.**
잠은 잘 자는지, 공부나 친구 관계에 어려움이 있지는 않은지, 밥을 먹지 못하는지 등을 확인하여 문제의 심각성을 판단할 수 있습니다.

✓ **어떤 점이 불안한지 들어 주세요.**
아이가 마음 편히 자신의 감정에 대해 이야기할 수 있도록 편안한 분위기 속에서 아이에게 충분한 공감을 표현하는 것이 중요합니다.

✓ **불안을 완화하는 '나만의 비법'을 알려 주세요.**
불안을 줄일 수 있는 장치나 도구를 마련하게 도와주세요. 명상이나 기도를 활용하는 방법을 알려 줘도 좋습니다.

✓ **파국화를 막아 주세요.**
파국화 사고 패턴을 파악하고, 이런 생각이 합리적이지 않다는 것을 이전의 성공 경험이나 논리적인 반박 과정을 통해 깨닫게 해야 합니다.

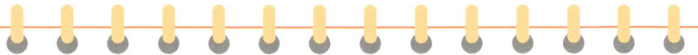

✓ 안정감이 느껴지는 환경을 만들어 주세요.

이러한 환경에서 아이는 걱정하는 일이 일어나도 적절히 대처할 수 있을 것입니다. 가장 좋은 환경은 혼날 것을 염려하지 않고 생각을 나눌 수 있는 부모님과의 관계겠죠.

✓ 아이가 불안해하는 일이 발생한 후에는 대화를 나누세요.

일이 어떻게 전개되었는지 살펴보고, 아이가 걱정한 만큼 나쁜 일은 일어나지 않았다는 점을 확인합니다. 또 이런 일이 생기면 어떻게 할지도 생각해 봅니다.

✓ 체계적 둔감법을 적용해 보세요.

불안한 상황을 여러 단계로 나눈 뒤, 가장 편안한 상황부터 단계적으로 직면합니다. 한 단계씩 올라갈 때마다 크게 칭찬합니다. 한 번에 성공하지 못하더라도, 아이를 격려하며 여러 번 시도해 보는 것이 중요합니다.

✓ 결국 불안도 지나갑니다.

감정은 흘러가는 구름과 같아서 엄청나 보이는 이 불안도 달라지고 지나갈 수 있습니다. 아이와 함께 불안한 마음을 가만히 관찰해 보세요. 불안이 점차 희미해지는 것을 느낄 수 있을 것입니다.

"아이가 짜증만 많고
매사에 관심이 없어요"

저는 중학교 1학년 여자아이의 엄마입니다. 제게 가장 힘든 건 아이의 짜증이에요. 예전에는 이 정도까지는 아니었는데 요즘 들어 정말로 심해졌어요. 기분이 안 좋으면 대화는커녕 기본적인 말조차 안 하고 자기 방문을 쾅 닫고 들어가 버려요. 아주 살얼음판이 따로 없습니다. 게다가 매사에 심드렁해요. 좋아하는 것도, 하고 싶은 것도 없는 것 같아요. 공부는 당연히 뒷전이고, 움직이는 것도 귀찮아해요. 그래도 요즘 애들이 쇼핑은 좋아하지 않나요? 얘는 쇼핑도 싫어한다니까요. 아이가 나가서 친구도 좀 만나고, 여기저기 돌아다니며 소소하게 쇼핑도 하면 좋겠는데…. 아이가 어렸을 땐 이렇게 힘들진 않았거든요. 물론 어릴 때도 걸핏하면 배 아프다, 머리 아프다 하면서 칭얼대긴 했지만, 이 정도로 진이 빠지진 않았어요. 아주 상전을 모시고 사는 기분이에요.

강_ 아이들이 사춘기가 오면 짜증도 많아지고 부모님과 대화하는 것도 별로 좋아하지 않게 되죠. 이 아이도 사춘기인 듯해요. 아마 어머님께서 말을 걸어도 "엄마는 몰라도 돼!"라고 말하거나, 단답형으로 대답할 것 같네요. 이 사례를 어떻게 보시나요?

도_ 이 사례는 청소년기 특징과 관련해서 생각해 봐야겠네요. 청소년기에 아이들이 부모님께 반항하는 것은 어느 정도 당연한 현상입니다. 그런데 아이가 단순히 청소년기라서 그러는 것인지 아니면 다른 정서적인 문제가 있는 것인지 확인할 필요가 있어요. 어쩌면 이 아이는 우울한 마음을 짜증으로 표출하고 있는지도 모르겠습니다.

흔히 '우울' 하면 기분이 가라앉거나 눈물 흘리는 모습을 생각하기 쉬운데, 어떤 경우에는 우울이 '짜증'으로 표현되기도 하거든요. 그러니 아이의 짜증이 갑자기 심해진다면 혹시 아이가 우울해하고 있나 살펴

아동기 우울과 청소년기 우울

아동기 우울은 기분이 가라앉거나 놀이 등에 대한 흥미 감소, 안절부절 못하는 태도, 신체적 불편감 등으로 나타납니다. 이러한 모습은 스트레스, 중대한 변화, 부정적인 사건 등이 있을 때 촉발되곤 합니다.

청소년기 우울은 아동기 우울보다 흔합니다. 청소년의 약 20%가 10대 시절 한 번 이상 우울을 경험한다고 합니다. 청소년기에는 신체적·심리적 변화가 많아 혼란스러운 시기이므로 정상적인 혼란과 우울을 구분하기 어려울 수 있습니다.

보는 것이 좋습니다. 부모님들이 이 사실을 꼭 알아 두었으면 합니다.

어_ 사춘기가 원래 아이와 부모 모두에게 힘든 시기잖아요. 특히 사춘기 자녀와의 관계에서 어려움을 호소하는 부모님이 상당히 많아요. 그렇지만 이 시기 아이가 보이는 모든 문제의 원인이 사춘기에 있는 건 아니라는 점을 강조하고 싶어요. 사춘기는 원래 그런 시기이니까 시간이 지나면 나아지겠거니, 생각하고 방치했다가는 아이의 문제가 더 심각해지거나 부모-자녀 간 문제로 이어질 수 있어요. 따라서 당장 아이의 반응이 좋지 않더라도 아이의 문제에 계속 관심을 보이는 것이 중요합니다.

　　이 사례처럼 아이가 자꾸 짜증을 낼 경우 부모도 화가 나기 마련이죠. 그래서 아이를 꾸짖거나 혼내기 쉽습니다. 그러나 아이가 보이는 짜증의 이면에 우울이 숨어 있을 가능성을 항상 생각해 봐야 합니다.

도_ 아이가 단순히 짜증을 내는 것인지, 우울을 짜증으로 표현하는 것인지 구분하는 것도 중요하겠네요. 이를 위해서는 이 사례의 아이처럼 평소에 좋아했던 일을 갑자기 안 하거나 매사에 의욕이 없어졌는지 확인해야 합니다. 식욕이 감소하거나 잠을 잘 못 자는 건 아닌지도 살펴봐야겠네요. 아이가 이런 모습을 보인다면 아이의 짜증이 우울에서 비롯했을 가능성을 염두에 두고 아이의 문제에 접근할 필요가 있습니다.

강_ 만약 아이의 짜증이 우울로 인한 증상이라고 생각된다면, 가정 내 중대한 변화나 또래 관계, 성적 등 최근에 아이의 기분에 영향을 미쳤을 법한 중요한 사건이 있었는지 살펴봐야겠습니다.

도_ 그런데 청소년기 자녀를 둔 많은 부모님들이 아이의 상태를 살펴보고 싶어 하지만, 정작 아이가 대화를 거부해서 상처받곤 하거든요. 대화를 시도해도 아이가 소리 지르거나 방문을 닫고 대화를 거부하니까, 도대체 어떻게 하면 좋겠냐는 문의가 많아요. 이런 부모님들에게 저는 대개 '너의 이야기를 듣기 위해 멀지 않은 곳에 언제나 우리가 있다. 네가 준비되면 언제든 대화하고 싶다'는 의사를 지속적으로 표현하라고 권유합니다. 물론 사춘기 아이에게 적극적으로 다가가면 아이는 부담스러워하겠지요. 부모님의 마음을 이해해서 "저와 대화해 주셔서 고마워요"라고 말할 리도 없고요.

설령 그렇다고 해도 청소년기 아이들은 몸만 컸지 마음은 아직 아기 같아서 부모님의 사랑과 관심을 받고 싶어 하는 경향이 강해요. 그래서 부모님이 계속 대화를 나누고 싶다는 신호를 보낸다면, 아이들은 겉으로는 표현하지 않지만 마음속으로는 부모님의 사랑과 관심을 반기고 있을 거예요. 부모님들이 이 사실을 기억하면 좋겠어요.

또한 신호를 어떻게 보내는지도 중요한 것 같아요. 자녀가 대화를 안 하려고 할 때, 편지를 쓰거나 문자를 보내는 것도 좋은 방법입니다. 그런데 갑자기 장문의 편지나 문자를 보낼 경우 아이가 부담스러워서 읽지도 않으려 할 수 있어요. 그러니 하고 싶은 말이 많아도 일단은 짧게 전달하는 것이 좋습니다. "네가 요즘 말이 없어서 조금 걱정이 되는데, 언제쯤 한번 대화를 나누면 좋겠어" 이런 식으로요.

어떤 부모님들은 아이에게 상처를 받아도, 아이의 눈치를 보느라 그냥 참아 버리는 것 같아요. 그런데 꼭 참을 필요는 없습니다. 아이에게 상처받은 이유를 전달하되, 너무 장황하게 설명하지만 않으면 괜찮겠죠. 아이가 대화를 거부한다면 짧은 문자나 쪽지를 보낸 뒤 기다려 주는 것이 좋습니다. 그래도 아이가 대화하지 않으려 한다면 그 전 단계로 가야 해요. 아이가 좋아하는 음식을 먹으러 가거나 공연을 보자고 제안하는 거죠. 아이가 이마저도 거부한다면 그냥 따뜻한 눈빛을 보내고 다정히 안부를 묻는 것부터 시작해야 할 것 같아요. 이렇게 단계별로 노력하되, 아이의 반응이 금방 나타나지 않더라도 너무 상처받지 않기를 바랍니다.

아_ 도레미 선생님께서 제 마음속에 들어왔다 나가신 것 같아요. 제가 하고 싶던 말을 많이 해 주셨네요. 아이들은 자기 이야기를 잘 들어 주는 어른이 가장 좋다고 하더라고요. 반면 자기 얘기만 하는 어른을 가장 싫어하고요. 그래서 도레미 선생님께서 길게 이야기하는 것에 대해 주의를 주신 부분에 동의합니다.

　　아이와 계속 대화하고 싶다는 신호를 보내는 것도 굉장히 중요한 것 같아요. 그런데 아이에게 평소 아무것도 물어보지 않다가 갑자기 고민을 얘기하라고 하면 아이도 당황하지 않겠어요? 그러니 매일 오늘은 어땠는지 물어보면 좋을 것 같아요. 물론 아이가 "좋았어요"라든가 "괜찮았어요"라고 짧게 대답하고 가 버릴 수도 있지만, 아이가 기분 내킬 때 혹은 조금 안정적인 상태에 있을 때는 조금 더 많은 이야기를 할 수도 있으니까요. 그러면 아이에게 조금 더 다가가서 어떤 점이 힘들었고 어떤 점이 좋았는지 물어보며 아이가 나쁜 점뿐만 아니라 좋은 점에 대해서도 생각해 보고 이야기할 수 있도록 판을 깔아 줄 수 있어요. 이런 과정을 통해 아이가 '내가 이야기하고 싶은 게 있을 때 언제든지 엄마나 아빠를 찾아갈 수 있다'라고 생각하게 된다면, 정말 어려운 일을 겪을 때 부모님께 이야기하는 것을 어색해하거나 부적절하다고 느끼지 않을 거예요.

도_ 아주 좋은 방법이네요. 어유경 선생님도 아이들에게 "오늘 어땠니?"라고 질문하시나요?

어_ 네. 거의 매일 물어보려고 하고 있어요. 물론 단순히 아이가 무엇을 하면서 하루를 보냈는지 궁금해서 물어보는 건 아니고요. "오늘 어땠니?"라고 물어보며 '엄마가 네 이야기를 들을 준비가 되어 있다'라고 신호를 주는 거죠. 저는 완전히 각 잡고 자리에 앉아서 물어보기보다는, 그냥 집에 들어가면서 혹은 들어오는 아이에게 "오늘 학교에선 어땠어?"라든가 "학원에서는 어땠어?"라고 넌지시 말해요. 이렇게 '엄마는 너와 이야기 하고 싶어, 네 생활에 관심이 많아'라는 마음을 표현하는 거죠. 사실 이렇게 물어보면 아이는 대개 "괜찮았어요, 좋아요"라고 대답해요.

그런데 가끔 "괜찮아요"라고 말하고는 "근데 엄마…" 하고 이야기를 시작할 때가 있더라고요. 매일 "오늘 어땠니?"라고 질문하지 않았다면 "근데 엄마…"라는 말이 나오긴 힘들었을 거예요. 그래서 아이가 반응이 없고 별로 대화하고 싶지 않아 보여도 "오늘 학교에서 어땠어?"

"학원에서 어땠어?" "요즘 친구들하고 사이는 괜찮아?" "선생님은 어떠셔?" 하고 짧게나마 물어보는 게 굉장히 중요한 것 같아요.

도_ 저도 제 아이와 대화하기 위해 노력하긴 하는데요. 애가 나이에 비해 말을 굉장히 잘하는 편임에도 오늘은 어땠는지 물어보면 별다른 이야기를 안 하더라고요. 그래서 사실 매일 아이와 대화하려는 노력이 끊길 때가 있었는데, 어유경 선생님 말씀을 듣고 반성을 했어요. 아이가 이야기를 안 하면 안 하는 대로, 못하면 못하는 대로 가족끼리 밥 먹을 때라도 오늘은 어땠는지 대화해 봐야겠어요. 이런 시간이 쌓여야 청소년기에도 아이와 대화할 수 있지, 이런 대화를 한 번도 안 나누다가 청소년기에 애가 힘들어한다고 갑자기 "우리 대화 나누자"라고 하면 당연히 대화가 안 될 것 같아요.

어_ 부모님들이 가정에서 이렇게 아이와 대화를 시도할 경우, 언제나 아이의 이야기를 먼저 들어 줘야 한다는 사실을 명심해야 합니다. 아이가 대화를 시작했다고 부모님이 본인이 하고 싶은 말만 계속 하면, 아이들 입장에서는 말문이 막혀 버릴 수도 있고요. '부모님이 내 말을 경청할 준비가 안 되어 있구나'라고 생각하며 실망할지도 몰라요.

이 사례의 아이는 부모님과 대화하고 싶지 않아 하고 매사에 의욕이 없어 보이지만, 사실은 하고 싶은 말이 많을 수 있어요. 그런데 어떻게 이야기하면 좋을지, 상대방이 자신의 말을 들을 준비가 되어 있는지 몰라 방황하는 것 같아요.

강_ 처음 아이와 대화하기 시작할 땐, 부모님도 아이의 이야기에 경청

할 거라고 생각해요. 그런데 어느 순간부터 점점 자신의 말이 길어져서 아이의 이야기를 듣지 못하게 되는 것 같아요. 내 아이를 너무 사랑하고 아끼는 마음에 아이의 생활에 과도하게 침투하게 되는 거죠. 이럴 때 적정 수준을 유지하기 위해 아이를 남의 집 아이처럼 대하는 것도 하나의 방법이라고 생각합니다. 아이의 친구에게 말한다고 생각하면, 좋은 게 있어도 한두 번 권유할 뿐, 그걸 억지로 강요하지 못하잖아요. 이런 식으로 마음가짐을 새롭게 한다면 내 아이와의 관계에서 예의를 지킬 수 있고 아이를 내 소유가 아닌, 주체적인 사람으로 대할 수 있어요. 아이와 사람 대 사람으로 관계 맺게 되는 거죠. 부모의 이러한 마음과 노력이 아이에게 전달된다면 시간이 지남에 따라 조금씩 더 깊은 대화를 할 수 있지 않을까요?

어_ 강지현 선생님께서 방금 하신 말씀대로 아이와 대화할 때 예의를 갖추는 것이 굉장히 중요합니다. 아이가 청소년기에 접어들면서 대화하기 힘들어진다는 부모님들이 많아요. 그래서 대화하는 빈도가 줄어들다가 결국 대화가 끊겨 버리곤 하죠. 그런데 청소년은 사실 주체적인 예비 성인이잖아요? 그러니 아동이 아니라 성인과 대화한다고 생각하고 기본적인 예의를 갖출 필요가 있을 것 같습니다. 사실 아이들도 이걸 원하는 것 같아요.

도_ 아이가 청소년기에 접어들었다고 해서 더 이상 대화를 못 할 거라고 생각하면 안 되겠죠. 청소년기에 더 많은 대화가 필요할 수 있습니다. 아이의 짜증이나 반항은 사실 도와 달라는 신호일 수 있어요. 제가 상담 시간에 만난 청소년기 아이들을 생각해 보면, 안 그런 척하면서 사실은 누군가가 자신에게 관심을 기울여 주는 것을 좋아하더라고요. 그러니 부모님들이 아이들의 반응 자체에만 몰두해 상처받지 않고, 지속적으로 대화를 시도하면 좋겠어요. 물론 아이를 계속 붙들고 대화를 강요하면 안 되겠죠. 조금씩 서서히, 예의를 갖출 필요가 있겠습니다.

여_ 지금까지는 일반적인 청소년기 아이나 가벼운 우울감을 겪는 아이를 대할 때 주의할 점에 대해 이야기했습니다. 그런데 우울한 면이 더 짙은 아이를 돕기 위해서는 다른 방법이 필요하잖아요? 따라서 우울이 어떤 형태로 드러나는지 좀 더 정확히 알아 둘 필요가 있을 것 같아요.

우울이라는 감정이 언제나 슬픔이나 좌절감, 가벼운 짜증으로 표현되는 것은 아니에요. 우울증을 앓고 있는 아동·청소년 중 일부는 지나치게 예민한 기분을 드러내거나 신체적 증상 혹은 통증을 호소하곤 합니다. 이 사례의 아이는 어릴 때 그렇게 예민한 편은 아니었다고 하지만, 이유 없이 배가 아프다고 호소했다는 걸 보면 우울증을 앓고 있을 수 있겠어요.

강_ 많은 부모님들이 청소년기에 우울증을 앓는 아이를 어떻게 도와줘야 하는지 잘 모르기도 하고, 우울 증상을 일반적인 사춘기 증상과 혼동해서 정작 아이에게 도움이 필요한 시기를 놓치는 경우가 잦은 것 같아요.

아이의 기분이 저조하다면, 아이와 함께 기분을 낫게 할 만한 활동을 적극적으로 찾아볼 필요가 있습니다. 스마트폰이나 게임같이 가만히 앉아서 하는 활동보다는 가급적 몸을 조금이라도 움직일 수 있는 활동이 좋습니다. 그럴 기분이 아니라며 친구도 만나지 않고 방에만 있을 경우, 조금이나마 기분이 좋아질 수 있는 기회를 놓치는 거잖아요? 그러니 아이가 약간이라도 관심을 보이는 활동이 있다면, 부모님이 적극적으로 지원해 주는 게 좋습니다. 아이가 부모님에게 이끌려 마지못해 움직이더라도, 어떤 활동을 하고 나면 기분이 전환될 수 있으니까요. 그러니 다소 비용이 들어간다고 해도, 아이에게 도움이 된다는 사실을 생각하고 도와주는 것이 중요합니다.

어_ 청소년사이버상담센터나 지자체 정신건강복지센터 홈페이지 등에 무료로 공개된 우울 검사를 통해 아이의 우울감이 어느 정도인지 가늠하는 것도 좋을 듯해요. 아이의 우울감이 심하다면 전문적인 치료가 필요할 수 있으니까요.

도_ 강지현 선생님이 말씀해 주신 것을 포함해서 우울한 증상을 개선시키는 방법에는 크게 두 가지가 있잖아요. 하나는 행동을 바꾸는 방법이고 다른 하나는 생각을 바꾸는 방법이죠. 여기에 대해 이야기할 필요가 있어 보이네요.

강_ 좋은 생각이네요. 그러면 우선 행동을 바꾸는 방법에 대해 이야기해 볼까요?

도_ 최근 연구 결과를 보면 행동을 바꾸는 방법이 특히 아이들에게 더

인터넷을 통한 우울 검사

인터넷에는 다양한 우울 검사가 무료로 공개되어 있으므로, 필요한 경우 아이와 의논하여 간이 심리검사를 실시한 후 함께 결과를 살펴볼 수 있습니다. 이때 중요한 것은 공신력이 있는 기관의 홈페이지에서 제공하는 검사지를 사용하는 것입니다(274쪽). 이러한 간이 심리검사 결과가 매우 정확하지는 않지만, 아이의 문제가 어느 정도 수준인지 대략적인 판단을 하는 데 도움을 받을 수 있습니다.

그러나 인터넷에서 우울 검사를 실시하기 어려운 상황이라면, 아이의 평소 모습을 관찰하여 우울감의 정도를 가늠할 수 있습니다. 이전에는 관심을 가졌던 것에 흥미를 잃고 수면이나 식사에 어려움을 겪고 짜증이 많아지며 의욕이 없는 모습을 2주 이상 보인다면, 이는 아이가 우울해하고 있다는 증거일 수 있습니다. 그러므로 이 점을 고려하여 좀 더 적극적으로 대화를 시도해 볼 것을 권합니다.

효과가 좋다고 해요. 그런데 우울 증상이 심한 아이를 움직이게 하는 건 정말 힘들잖아요? 그렇기 때문에 아이의 우울한 감정이 심화되기 전에 예방하는 게 중요합니다. 아이가 짜증이 잦아지고, 조금 우울해한다 싶을 때 미리 운동을 시키거나 신체 활동을 할 수 있게 도와주면 좋을 것 같아요.

어_ 구체적으로 어떤 신체 활동이 있을까요? 특히 여자아이들은 움직이기 너무 싫어하거든요. 운동은 고사하고 집 밖에도 안 나가려 하는 경우도 많고요.

강_ 저희 집에 있는 사춘기 여학생도 운동을 별로 안 좋아해요. 그런데 동네 친구가 있는데, 그 친구랑은 산책도 곧잘 하더라고요. 이렇게 친구랑 엮어 보는 것도 효과적인 방법일 수 있죠. 혼자 걷는 건 싫어해도, 친구와 이야기하며 조금 빠르게 걷는 것 정도는 해 볼 만하잖아요? 요즘에는 잠깐 빌려서 탈 수 있는 공공 자전거도 많으니, 기분이 내키는 날에는 친구와 자전거를 타고 조금 멀리 다녀올 수도 있고요.

아이와의 관계가 좋다면 부모님이 직접 친구의 역할을 해 줄 수 있겠죠. 아이가 좋아하는 노래를 같이 듣거나 동네를 구경하며 걷고 대화하는 시간이 아이에게 큰 도움이 될 거예요.

도_ 운동만 규칙적으로 해도 우울증이 상당 부분 완화될 수 있어요. 그런데 특히 여자아이들은 나이가 들수록 운동과 멀어지잖아요? 이런 아이들에게 다양한 운동을 접할 기회를 제공하고, 운동을 즐겨 할 수 있는 환경을 만들어 줄 필요가 있다고 생각해요. 개인적으로는 교육부나 보건복지부에서 이런 정책을 추진하면 좋겠습니다. 아이들이 유아 시절부터 초등학교 입학 전까지 집중적으로 운동을 할 수 있게 하고, 학교와 구청, 시 차원에서 초중고 학생들을 대상으로 배드민턴이나 웨이트 트레이닝 등 다양한 운동 프로그램을 제공하여 학생들이 지속적으로 운동할 수 있는 환경을 만들어 주는 거예요. 고3이 되어도 운동을 계속 할 수 있게 방과 후 활동을 마련하면 좋겠네요. 아이들이 한 살이라도 어릴 때 이런 활동을 찾아서 해야 하지 않을까 싶어요. 가족이 다 같이 할 수 있는 운동을 찾아봐도 좋고요.

강_ 이쯤에서 우울을 다루는 두 번째 방법인 생각 바꾸기에 대해 이야기해 볼까요? 예를 들어 복도에서 웃으며 얘기하는 친구 두 명이 지나갔을 때, 이 친구들이 나를 비웃었다고 생각하면 기분이 나빠지잖아요? 그런데 그저 '자기들끼리 즐거운 일이 있나 보다'라고 생각하면 기분이 나쁘다기보다는 오히려 무슨 일일까 궁금해지기 마련이죠. 이렇게 모호한 상황을 부정적으로 해석한다면 기분이 나빠질 수밖에 없어요. 따라서 자신이 마주한 사건이나 상황을 지금까지와는 다른 관점에서 해석할 필요가 있습니다.

어_ 그렇죠. 또 다른 예로, 전학을 가는 경우를 생각해 볼까요? 정든 친구들과 헤어지는 것은 슬픈 일이죠. 새로운 학교에서 적응을 잘 하지 못해 친구들을 사귀지 못할 수도 있고요. 그렇지만 이미 일어난 일에서 안 좋은 부분에만 초점을 맞춰 생각하면 자신만 더 불행해질 뿐이잖아요? 전학을 갈 수밖에 없는 상황이라면 전학이라는 상황이 줄 수 있는 좋은 점에 대해 생각해 보는 것이 도움이 될 것입니다. 실제로 모든 일에는 좋은 점과 안 좋은 점이 공존하기 마련이니까요. 전학을 감으로써 새로운 사람들을 만나고, 더 다양한 경험을 할 수 있지요. 이렇게 이미 일어난 일이나 피할 수 없는 상황에 새로운 의미를 부여함으로써, 상황을 현실보다 훨씬 부정적으로 받아들이는 사고방식에서 벗어날 수 있습니다.

도_ 강지현 선생님과 어유경 선생님이 말씀하신 방법들을 '다른 관점에서 해석하기'와 '새로운 의미 부여하기'라고 기억해 두면 좋겠네요. 바라보는 관점이나 해석의 틀을 바꾸면 모든 일이 정말 새롭게 다가오는 것 같아요. 매우 치료적이네요!

강_ 이제 이 사례의 아이가 어린 시절 특별한 이유 없이 복통과 두통을 호소했던 것에 대해 이야기를 나누고 싶은데요. 어쩌면 아이의 증상이 신체화 증상일 수 있을 것 같아요. 어떻게 생각하세요?

도_ 저는 초등학교 고학년 무렵부터 중학교 때까지 신경성 위염을 앓았어요. 속이 자주 쓰렸는데, 희한하게도 누우면 통증이 없어지는 거예요. 그러다가도 앉으면 다시 속이 쓰리기 시작하고…. 병원에 가서 의사 선생님께 이야기할 때도 앉으면 속이 쓰리고 누우면 괜찮아지는 게 참

신체화 증상

심리적 문제가 신체적 증상으로 나타나는 것을 의미합니다. 자신의 정서적 문제를 잘 알아채지 못할 때 경험하기 쉽기 때문에, 많은 아동·청소년이 신체화 관련 문제를 호소합니다. 신체화 증상을 앓고 있는 아이는 뚜렷한 이유 없이 배, 머리, 등, 어깨 등이 아프다고 하거나, 심지어 이러한 증상 때문에 학교에 가지 못하겠다고 말할 수 있습니다. 이 경우 섣불리 꾀병으로 판단하고 야단치거나 별일 아닌 것으로 치부하기보다, 아이가 호소하는 문제에 대해 수용적인 자세를 유지하면서 혹시 아이 본인도 미처 파악하지 못한 마음의 불편함은 없는지 함께 생각해 볼 필요가 있습니다.

그러나 아이가 지속적으로 신체적 통증을 호소할 경우, 정말로 신체적 문제에서 비롯된 통증일 수 있으므로 전문의의 진찰을 받아 봐야 합니다.

신기하더라고요. 그런데 지금 생각해 보니, 누우면 이완이 되는 거였어요. 이완되어 호흡이 편안해지면 아프지 않았던 거죠. 앉으면 다시 긴장이 돼서 아픈 거였고요.

저처럼 예민한 아이들은 신경을 많이 쓸 일이 있으면 자주 배나 머리가 아프다고 할 수 있거든요. 그런 아이들에게 이완하는 방법, 그러니까 어떻게 하면 긴장이 완화되고 마음이 편안해지는지 알려 주면 좋을 것 같아요.

어_ 그렇다면 구체적으로 어떤 활동이 이완에 도움이 되는지 살펴봐야겠네요. 이완법은 상담에도 굉장히 빈번하게 활용됩니다. 일반적으로 호흡법을 많이 사용하는데요. 방법은 간단합니다. 숨을 깊게 들이마신 다음 잠시 참았다가 숨을 내쉬는 거예요. 이때 마음을 편하게 해 주는 음악을 틀어 놓는 것도 도움이 됩니다. 호흡법 외에 명상, 요가, 기도 등도 이완에 도움이 되지요. 이러한 여러 이완법은 긴장이나 불안뿐 아니라 스트레스를 감소하는 데도 효과가 좋습니다.

도_ 아이가 이유 없이 자꾸 어디가 아프다고 한다면 두 가지 경우를 생각해 봐야겠네요. 우선 아이들 중에는 스트레스 받는다고 말하는 대신 머리나 배 등이 아프다고 호소하는 아이들이 있어요. 그러니 아이가 아프다고 하면, 몸이 아픈 건지 마음이 아픈 건지 잘 살펴봐야 합니다.

그런데 자기가 아플 때 부모님이 많은 편의를 봐준다는 것을 아이가 알게 되면, 아이는 이를 이용해 꾀병을 부릴 수 있어요. 처음부터 그러려고 한 것은 아니었는데 어쩌다보니 생각지도 않은 부수적인 이익이

> **아이의 거짓말**
>
> 심각한 거짓말은 문제가 될 수 있지만, 아이가 가벼운 거짓말은 하는 것은 크게 이상한 일이 아닙니다. 따라서 단순히 꾀병을 부린다는 사실만으로 너무 걱정할 필요는 없습니다.
>
> 거짓말은 인지적 발달이 어느 정도 이뤄진 후에 가능한 일입니다. 즉, 아이가 상대방의 반응을 예측하고 결과를 생각할 수 있어야 자신에게 유리한 쪽으로 거짓말을 할 수 있게 됩니다. 그러나 당장의 불편한 상황을 거짓말로 모면한다 해도, 결국에는 거짓말로 인해 더 큰 불편함을 겪을 수 있다는 사실을 아이가 이해하도록 자세히 설명해 주는 것이 필요합니다. 또한 거짓말을 했다고 심하게 꾸중하기보다는, 거짓말하지 않고 솔직하게 말했을 때나 거짓말로 회피하고 싶었던 일에 도전했을 때 크게 칭찬하는 것이 아이의 거짓말을 줄이는 데 더 효과적일 것입니다.

생긴 것이죠. 그러니 아이가 하기 힘들어하면서도 자꾸 무언가 해 보려 할 때 칭찬하고 격려하여, 원하는 일을 계속 하고 싶어 하게끔 용기를 북돋아 주는 것도 중요하겠습니다.

강_ 청소년기, 그러니까 사춘기 우울에 대해 조금 더 이야기해 볼까요? 일반적으로 일이 잘 안 풀리고 어떤 일을 해도 성과가 없을 때 우울해지잖아요? 그런데 한국 사회에서 사춘기는 학업적 부담이 심해지는 시기와 겹치거든요. 이 시기에 공부를 잘 하는 아이들은 성취감을 느끼고 칭찬받을 일도 많은데, 공부를 못하는 아이들은 그렇지 않아요. 공부 외에 다른 재능은 그다지 인정해 주지 않는 사회 분위기가 형성되어 있으니까요.

그래서 성적이 나쁜 아이들은 자신이 사회가 요구하는 기준에 미치지 못한다고 생각하게 되죠. 그런데 어떤 분야에 몰두하여 성과를 낼 때 경험할 수 있는 자신감은 아이에게 장기적으로 굉장히 귀한 자산입니다. 그러니 아이의 성적이 나쁠 경우 부모님이 나서서 아이를 야단치기보다는, 아이가 공부 외에 다른 영역에서 성취감을 맛볼 수 있도록 배려하고 지원해 주는 것이 좋아요. 많은 부모님들이 '입시'라는 기준에 맞춰 아이를 평가하는 경향이 있어요. '이게 입시에 도움이 돼, 이건 도움이 안 돼' 하는 식으로요. 그런데 우리 아이가 잘하는 것, 좋아하는 것을 오직 입시와 연관 지어 근시안적으로만 생각하지 않았으면 좋겠어요.

도_ 아주 중요한 지적이네요. 성적이 중위권 혹은 하위권인 아이가 공부 외에 다른 것에 흥미를 보일 때, 부모님이 이를 적극적으로 지원해 주는 경우가 흔치 않은 것 같아요. 그런데 아이가 '나도 무언가를 해낼 수 있다'는 자신감을 가져야 공부든 뭐든 할 수 있잖아요? 그러니 아이가 성취감을 느껴 자신감을 갖게 도와주는 것이 공부를 위해 학원에 보내는 것보다 나을 수 있지요. 어차피 자신감이 없다면 공부를 잘하기도 힘들 뿐더러 '나는 해 봤자 소용이 없다'라고 생각하며 공부에 흥미를 잃고 결국에는 완전히 공부에서 멀어질 거예요. 따라서 아이가 사춘기 때, 가능하면 더 어린 시절부터 스스로의 능력에 대해 자신감을 가질 수 있게 도와줘야겠죠.

강_ 한 가지 더 말씀드리고 싶은 게 있는데, 우울한 아이들이 약간 삐딱하고 비관적인 관점으로 세상을 바라보잖아요? 이런 관점은 은연중에 가족 내 분위기, 정확히 말하자면 부모님의 말에 영향을 받은 것일 수 있어요. "세상이 다 썩었어"라든가 "이놈의 세상" 같은 말을 자주 하는 부모님의 관점을 아이가 학습하는 거죠. 그러므로 어떤 상황이나 사건을 해석하는 부모님의 시각이 어떤지, 그것이 아이에게 어떻게 전달되고 있는지 점검할 필요가 있어요.

또한 똑같은 사안이라도 아이들이 자기 입장에서 비관적으로 평가할 수 있어요. 앞에서 살펴본 '생각 바꾸기'를 다시 한번 강조하고 싶어요. 아이가 상황을 비관적으로만 바라본다면, 대안적인 해석을 전달함으로써 아이에게 상황에 대한 새로운 해석 방식을 소개해 주는 것이죠. 이때는 설교하거나 교훈을 전달하는 식이 아니라 자연스럽게, '그럴 수 있지만, 한편으로는 이럴 수도 있을 것 같은데…'라는 식으로 말하는 게 좋겠습니다.

도_ 우울하고 예민한 아이에 대해서 마지막으로 하고 싶은 말이 있어요. 어떤 사람들은 우울한 사람이 상황을 객관적으로 보는 것이고, 긍정적·낙천적인 사람이 상황을 긍정 왜곡하는 것이라고 말하더라고요. 그만큼 현실이 어렵기 때문에 현실의 부정적인 측면을 알아차리는 것이 도움이 될 수 있다는 의미겠죠. 이렇게 생각하면 우울에 부정적인 면만 있다고 할 수는 없을 것 같아요. 제가 만났던 우울한 아이들 중에도 좋은 아이들이 참 많았거든요.

우울한 사람들의 독특한 관점

우울한 사람들의 생각에는 독특한 특성이 있습니다. 대표적인 것은 인지삼제 cognitive triad로, 자신, 자신이 처한 환경, 자신이 경험할 미래에 대해 부정적인 관점을 가지는 경향을 의미합니다. 예를 들어 우울한 사람들은 "내가 하는 게 다 이렇지 뭐", "세상이 다 썩었어", "열심히 하면 뭐해, 미래에도 가망이 없는 걸"이라는 생각을 합니다. 이런 생각은 일면 이해가 되기도 하지만, 정확한 생각은 아닙니다. 따라서 이런 생각을 약간 비틀어 볼 필요가 있습니다. 인지삼제를 극복하기 위해서는 자신, 환경, 미래에 대한 자신의 부정적인 관점과 반대되는 이전의 경험을 탐색하고, 대안적인 관점을 생각하는 한편, 이전과는 다르게 행동해 보는 일을 반복하는 것이 좋습니다.

　우울을 세상을 더 예민하고 섬세하게 봄으로써 객관적인 사실을 포착하는 데 필요한 기술적인 특성이자 장점이라 볼 수도 있겠죠. 따라서 아이가 자신의 우울의 여러 측면을 잘 받아들일 수 있도록 도와주면 좋겠네요.

어_ 도레미 선생님이 지적해 주신 것처럼 모든 감정에는 기능이 있어서 그 자체로 나쁘다고 할 수는 없습니다. 다만 그 감정이 일상생활에 지장을 준다면, 그 정도를 평가하여 적절한 개입 방법을 찾아봐야겠지요.

　청소년기에는 아이들이 많은 혼란을 경험하잖아요? 그러니 무엇보다 자신을 도와줄 수 있는 어른들이 근처에 많다는 사실을 아이들이 알 수 있도록 평상시에 아이들을 향한 문을 열어 두어야겠어요.

강_ 저도 마지막으로 강조하고 싶은 부분이 있어요. 우울이 깊어지면 치료가 정말 힘들어져요. 아이가 극심한 우울로 인해 학교도 치료도 거부한다면 해 줄 수 있는 게 없으니까요. 그러니 아이의 우울이 심해지기 전에 조치를 취해야 해요. 아이가 약간 우울한 것 같다거나 조금 힘든 것 같다 싶으면 먼저 대화를 시도하고, 이후 앞에서 살펴본 것처럼 운동 등 다른 활동을 하게끔 도와줘야 합니다. 이런 방법으로도 아이의 우울이 완화되지 않을 경우, 증상이 더 진행되기 전에 전문가를 찾아가는 것을 권합니다.

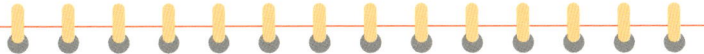

CHECK CHECK!
우리 아이 우울,
괜찮은지 궁금하다면?

다음 중 대부분의 사항에 대해 '예'라고 답하신다면, 전문가를 만나 아이의 우울에 대해 종합적으로 평가를 받는 것을 진지하게 고려해 보시기 바랍니다.

✓ 즐겨 하던 활동에 더 이상 흥미를 보이지 않는다.

✓ 이전보다 예민하고 짜증을 잘 낸다.

✓ 특별한 이유 없이 몸무게/식욕이 변했다.

✓ 특별한 의학적 소견 없이 자주 복통, 두통, 메스꺼움 등을 호소한다.

✓ 이전에 비해 잠을 잘 못자거나 잠을 너무 많이 잔다.

✓ 자주 피곤해하고 활력이 없어진 모습을 보인다.

✓ 자책하거나 죽고 싶다고 말한다.

아이가 짜증만 많고 매사에 관심이 없어요

STEP BY STEP
한 걸음씩 천천히

Step 1 나를 알아보기

- 다음 문장의 빈칸에 들어갈 말을 빠르게 떠올려 보세요.
 - 내가 불안해지는 상황은 _____
 - 내가 우울해지는 상황은 _____
 - 나는 우울하면 _____ 행동을 한다.
 - 나는 불안하면 _____ 행동을 한다.
 - 아이의 기분을 살펴보는 데 가장 방해되는 일은 _____
 - 아이의 기분이 나빠지면 나는 _____

Step 2 생각해 보기

- 아이가 배가 아프다고 말하거나 집중을 잘 못할 때, 혹시 요령을 피운다고 생각한 적 있나요?

- 아이는 전혀 우울하거나 불안하지 않을 거라고 생각하지 않았나요?

- 아이의 정서 건강을 위해 우리 가족이 어떻게 힘써야 할까요?

Step 3 실천해 보기

- 기분이 좋아지는 생각을 해 보세요.
- 편안한 자세를 취하고 뭐가 보이는지, 무슨 소리가 나는지, 어떤 냄새가 나고, 어떤 촉감이 느껴지는지 생생하게 생각해 봅시다.

- 자신을 진정시킬 수 있는 말을 찾아보세요.
- 예: "화내면 지는 거야." "내 감정은 소중해." "귀여운 내가 참자."

- 아이와 감정을 나타내는 단어로 빙고 게임을 해 보세요. 감정을 표현하는 단어가 떠오르지 않을 경우 다음의 감정 단어 목록을 참고해 주세요.

즐거운	긴장되는	울적한	화나는	들뜬
불안한	우울한	짜증 나는	흥겨운	민망한
침울한	분노한	유쾌한	창피한	따분한
적대적인	흥분된	수치스러운	죄책감을 느끼는	격앙된
설레는	치욕스러운	무서운	울분의	당당한
떨리는	두려운	슬픈	뿌듯한	외로운

당황스러운　억울한　기쁜　쓸쓸한　황당한

공포스러운　행복한　조마조마한　난감한　막막한

덤덤한　역겨운　치사한　약 오르는　가소로운

- 자신과 아이가 주로 어떤 감정 단어를 적었는지 살펴보세요.
- 하나의 감정 단어를 골라 어떤 때 그런 감정을 느꼈는지 아이와 대화해 보세요.

CHAPTER 3 ─────────────

외현화 문제

화가 많고 반항적인 아이,
자기 행동 조절하기

아이들은 싸우면서 크는 거라지만 어떤 경우는 이건 좀 심한 게 아닌가 싶을 때도 있지요. 게다가 들킬 게 뻔한 거짓말을 하기도 하고요. 어떤 경우는 남의 물건을 슬쩍하기도 하죠. 이렇게 겉으로 드러나는 문제 행동을 일컬어 외현화 문제라고 합니다. 아이가 이런 문제를 보일 때 부모는 속상하고 화도 나죠. 나중에 어떻게 되려고 이러는지, 도대체 뭐가 문제인지 머리를 쥐어짜 보아도 답이 떠오르기는커녕 아이의 미래가 불안하기만 합니다. 아이의 외현화 문제를 어떻게 이해해야 할까요? 아이에게 어떤 도움을 주어야 할까요? 여기, 임상심리학자 엄마들의 수다 속에서 답을 찾아봅시다.

"아이가 화가 많고
또래와 싸움이 잦아요"

저는 초등학교 5학년 외아들을 키우고 있습니다. 제 고민을 어떻게 말씀드려야 할지 모르겠는데요. 아이가 말썽을 너무 자주 일으켜서 감당하기 힘이 듭니다.

아이는 초등학교 3학년 때까지 시어머니와 함께 살았습니다. 당시 제가 직장에 다녀서 시어머니가 아이를 돌봐 주는 시간이 많았어요. 저희 아이는 어릴 때부터 워낙 짓궂어서 제가 스트레스를 많이 받았습니다. 그런데 시어머니는 아이 아빠도 그랬으니 그냥 두면 된다고 말씀하시고는, 오히려 제가 훈육을 하려고 할 때마다 아이 기죽인다고 저를 나무라곤 하셨죠. 문제는 아이가 크면서 점점 더 버릇이 없어지고 말썽이 심해진다는 점이에요. 특히 다른 아이들과 치고받고 싸우는 일이 너무 잦아요. 한번 싸우기 시작하면 주먹질을 하며 달려드는데, 주변에서 억지로 떼어 놓기 전까지는 그만두지 않아요. 그래서 다른 학부모들에게 사과하고 치료비를 물어낸 게 몇 번인지 모르겠어요. 아이의 학교 선생님도 손을 놓은 것 같아요. 아이가 걸핏하면 씩씩대며 싸우니, 선생님도 힘드시겠죠. 저는 어떡하면 좋을까요?

강_ 요즘 맞벌이하는 가정 중에는 이런 가정이 많을 것 같아요. 저도 주변에서 비슷한 고민을 많이 들었어요. 어머니와 할머니의 양육 방식이 다르면 여러 갈등이 생기잖아요? 특히 며느리 입장에서는 시어머님께서 아이를 키워 주시는데, 거기에 대고 이렇게 저렇게 해 달라고 이야기하기 힘들고, 아이는 아이대로 어머니나 할머니로부터 서로 다른 메시지를 전달받아 혼란스러워한다고 해요. 그래서 이 사례에서는 우선 어머니와 할머니의 양육 방식의 차이점을 정리하고 검토한 다음, 부부 간에는 양육에 대한 시각차가 얼마나 큰지 살펴봐야 할 듯합니다. 그래야 아이에게 일관된 목소리가 전달될 수 있으니까요.

어_ 강지현 선생님 말씀에 동의합니다. 특히 이 '일관된 목소리'는 매우 중요합니다. 아마 이 아이는 엄마와 할머니의 말이 서로 다르다는 사실을 어렸을 때부터 깨달았을 거예요. 게다가 할머니가 "아이 아빠도 그랬으니 그냥 두면 된다"라고 말한 것을 고려하면, 아이의 응석을 다 받아 주어 오히려 아이의 짓궂은 행동을 부추겼을 수 있어요. 그런데 어머니는 할머니의 양육 태도가 옳지 않다고 생각하면서도 상대가 시어머니이기 때문에 불편한 마음만 품은 채 별다른 말은 못했을 것 같아요. 시간이 지날수록 불편한 마음은 커져 갔겠지요. 이윽고 적절히 해소되지 못한 불편한 마음이 어떤 방법으로든 아이에게 전해졌을 수 있습니다. 그러는 사이 아이는 자신의 행동이 부적절하다는 교육을 제대로 받지 못해 더 공격적으로 행동하게 되었을 것 같아요.

그래서 주양육자인 어머니와 할머니가 양육 노선을 한쪽으로 맞출 필요가 있습니다. 게다가 아버지의 입장도 중요하겠죠. 물론 쉬운 일이 아니지만, 양육 노선이 통일되어야 아이도 자신이 어떻게 행동하면 좋을지 알 수 있어요.

강_ 목소리가 크거나 물리적인 힘을 사용하여 문제를 해결하는 것이 이 집안에서는 어떻게 받아들여지는지 조금 더 깊이 들여다봐야겠어요. 아이가 물리적인 힘이나 큰 목소리를 통해 자신의 의견을 효과적으로 전달할 수 있다는 사실을 가정에서 학습해 왔다면, 그런 사고방식이 근본적으로 바뀌지 않는 한 아이의 문제를 개선하기 어려울 것 같아요.

일관된 양육의 효과

일관된 양육 태도는 자녀의 사회성 발달에 긍정적인 영향을 미칩니다. 주양육자가 한 명일 때도 일관된 양육은 중요합니다. 양육자가 일관된 태도로 양육할 때, 자녀는 안정감을 느끼고, 예상 가능하고 믿을 수 있는 대인 관계를 경험합니다. 양육자와의 이런 안정적인 상호작용을 통해 자녀는 자연스럽게 사회 기술을 익혀 다른 사람과도 안정적인 관계를 유지할 수 있습니다. 그 결과 자기유능감이 향상되고, 이는 자녀의 적응과 심리건강에 긍정적으로 작용합니다. 일관된 양육 태도는 이렇게나 중요합니다.

물론 처음부터 시어머니와 이런 대화를 하는 건 어려울 수 있겠죠. 그러나 최소한 어머니와 아버지는 이 관점에서 아이의 행동과 집안의 분위기를 점검하고 살펴봐야 합니다.

어_ 아주 좋은 방법이네요. 만약 가정에서 이런 시간을 가지려 할 때, 싸움이나 갈등이 예상된다면 어머님과 아버님이 함께 전문적인 상담을 받는 것도 고려하면 좋을 것 같아요.

도_ 다시 이 아이의 문제 행동을 살펴볼게요. 아이가 평소에 화를 내거나 강한 언사나 격한 행동으로 의사를 표현할 때 어떤 결과가 있었는지 확인할 필요가 있습니다. 지금까지는 아이가 강하게 의사를 표현할 때 아이의 요구를 모두 들어주었거나, 심지어 아이가 요구하기도 전에 아이가 원하는 것을 허락해 왔을 가능성이 높아요. 그 결과 아마도 아이는 강하게 표현하고 거칠게 행동하면 원하는 것을 더 빠르게 얻을 수 있다는 것을 배워서 이를 친구 관계나 학교생활에서 사용했을 거예요.

따라서 친구나 교사와의 관계를 개선하는 데만 초점을 맞춘다면, 아이의 문제를 근본적으로 해결할 수 없을 것입니다. 그보다는 가정에서 어떤 일이 일어나고 있는지 살펴보고, 문제가 있다면 이를 바꿀 수 있는 방법을 찾아보는 게 좋겠네요. 필요하다면 가족 상담을 받는 것도 좋을 듯해요.

강_ 어머니의 말씀을 들어 보면 아이가 더 이상 할머니와 함께 생활하지는 않는다고 해요. 그렇지만 초등학교 3학년 때까지는 같이 살았다고 하니, 아이의 행동 습관이나 행동 양식이 상당 부분 형성될 때까지는 할머니와 함께 생활했던 것이고, 이때 익혔던 행동 방식이나 태도는 여전히 가지고 있겠죠.

도_ 이 아이는 우선 원하는 바를 부드럽게 이야기하는 방법과 화를 조절하는 방법을 배워야겠네요. 아이에게 이를 어떻게 알려 주면 좋을지 어머님과 아버님이 많은 대화를 나누며 해결책을 생각해 봐야 할 것 같아요. 그런 다음 작은 일이라도 시도해 보고, 정 안 되면 전문가를 찾아가는 게 좋겠지요.

중요한 건, 이 과정에 어머니만 참여할 경우 효과가 덜하다는 사실이에요. 특히나 남자아이인 만큼 아버지가 참여해야 제대로 된 효과를 기대할 수 있어요. 다만, 아이가 아빠를 너무 싫어한다면, 어머니가 이 과정을 주도하는 편이 더 나을 거예요.

강_ 아이가 하루아침에 이런 방법을 익힐 수는 없잖아요? 그래서 가정에서 아이에게 이런 방법을 알려 줄 때는 쉬운 것부터 단계적으로 연습할 수 있게 도와줘야 합니다. 계단을 올라가는 것과 같다고 생각할 수 있겠죠. 아랫단을 밟지 않고서는 위로 올라갈 수 없어요. 따라서 처음부터 너무 큰 목표에 도전하기보다는, 작은 것부터 차근차근 시도해 가는 것이 좋습니다. 아이는 이런 작은 목표들을 하나하나 성취해 나가며, 새로운 것을 배울 수 있다는 자신감을 갖게 될 거예요.

어_ 부모님이 가정에서 화를 어떻게 표현하는지도 생각해 봐야 합니다. 아이들은 부모님을 자기와 동일시하는 경향이 있어서 부모님의 행동을 더욱 쉽게 모델링해요. 따라서 부모님 스스로 건설적으로 화를 표현하고 해소하는 모습을 보여 주는 것도 매우 중요합니다. 부모님이 아이에게 바라는 모습이 있다면, 먼저 스스로 그 모습을 갖춰야 해요.

도_ 맞아요. 부부가 아이 앞에서 부득이 싸우게 되는 경우가 있죠. 단순한 의견 대립을 보일 수도 있고, 그것보다는 조금 심하게 갈등할 수도 있어요. 그렇지만 정도가 심하지 않다면 부모의 대립이나 갈등 장면 자체는 크게 위협적인 문제가 아닙니다. 진짜 문제는 이 갈등을 풀어 나가는 과정을 아이에게 보여 주지 않고 넘어가는 경우예요. 싸우는 모습을 보여 주지 않는 것보다 갈등을 현명하게 풀어 나가는 모습을 보여 주는 게 더 중요하다고 생각하거든요. 상반된 의견을 나누고 이를 조율해 나가는 과정을 아이가 모델링할 수 있게요. 다만 이렇게 하기 위해서는 부모님 모두 화를 폭발시키지 않고 잘 조절해서, 안전하게 표현해야겠죠.

어_ 어떻게 하면 화를 잘 표출할 수 있을까요?

강_ 우선 자신이 화가 나고 있다는 사실을 인식하지 못할 경우 화에 휘둘리게 될 가능성이 높아요. 화라는 감정은 굉장히 즉각적이고 자동적으로 발생하니까요. 그래서 화가 나고 있음을 알아차리는 것이 중요합니다. 그런 다음 이 화를 구체적인 말로 표현하면 감정을 조절하는 데 도움이 될 거예요. '화가 난다고 마음대로 행동해서는 안 되지만, 지금 이런 것 때문에 조금 속상하고 화가 난다.' 이런 식으로요. 일단 감정을 말로 표현하는 순간부터 감정과 어느 정도 거리를 둘 수 있으니까요.

어_ 많은 부모님들이 아이가 화를 내려 할 때, "왜 화를 내?"라든가 "이거 화낼 일 아니야"라고 말하며 아이가 화내지 못하게 말리는 경향이 있는 것 같아요. 하지만 아이가 자신이 화가 나려 한다는 사실을 인식했을 때, 아이의 감정 자체에 공감해 줘야 해요.

강_ 아이의 감정에 공감해 주고 나아가 누구나 그런 상황에서는 그런 감정을 느낄 수 있다고 인정해 준다면, 아이는 자신의 감정을 신뢰하고 받아들일 수 있을 거예요. 이렇게 아이의 기분을 인정하고 수용해 주는 과정을 '타당화'라고 합니다. 부모님이 자신의 감정을 타당화해 준다면, 아이들은 비로소 자신의 감정을 자기 것으로 받아들인 후 이를 어떻게 다루면 좋을지 생각하게 될 거예요.

도_ 특히 화 같은 감정은 지나치게 공격적이거나 타인에게 상처를 주는 방식으로 처리하기 쉬운 것 같아요. 그래서 이런 감정일수록 조금 더 상황에 맞고 덜 공격적인 방식으로 표현하는 것이 중요합니다.

그런데 대개 화는 나쁜 것이므로 무조건 참는 게 좋다고 여기는 경우가 많은데요. 문제는 화를 참다 보면 결국 화가 폭발하게 된다는 사실이에요. 이렇게 되면 갈등이 더 커지거나 남에게 큰 상처를 줄 수 있죠. 물론 아이가 처음부터 감정을 상황에 맞게 잘 표현할 수 있다면 좋겠지만, 아이가 어릴 경우 그렇게 세련되게 감정을 표현하기는 힘들 거예요. 그러니 아이가 어렸을 때부터 감정을 무조건 참지 않고, 덜 공격적인 방법으로 표현하도록 지도해 주는 것이 정말 중요합니다.

어_ 특히 아이의 문제 행동이 나타나기 시작할 때, 침착하면서도 단호하고 일관되게 그 행동을 하면 안 되는 이유를 설명해 줘야 합니다. 이 경우 문제 행동이 수정될 가능성이 높아요. 하지만 이 시기를 놓쳐 문제 행동이 반복되어 굳어지면 수정이 어렵지요. 이 사례에서 아이가 보이는 화도 마찬가지입니다. 화를 공격적으로 표현하는 것이 왜 나쁜지 설명하고, 이를 적절하게 표현하는 연습을 시킬 필요가 있어요. 말로 화를 표현하거나 안전한 놀이로 감정을 해소하는 방법을 시도해 본다면 효과가 있을 거예요. 처음에는 잘 안 되더라도 주변에서 조금씩 도와주면 아이의 문제 행동이 점차 개선될 수 있고, 어쩌면 이런 시도를 통해서 아이 스스로 자신만의 적절한 방법을 찾게 될 수 있어요. 무조건 화를 참게 하는 것보다는 아이의 연령과 상황에 맞게 좀 더 좋은, 좀 더 적절한 방법으로 화를 조절할 수 있게 도와줘야 합니다.

강_ 자신의 감정을 말로 잘 표현하는 아이도 있지만, 모든 아이가 그런 건 아니잖아요? 어떤 아이들은 불편함을 느끼면서도 그게 정확하게 어떤 마음인지 모를 수 있어요. 또한 느끼는 것과 전혀 다르게 행동하기도 하고요. 예를 들어 툴툴대거나 반항적인 행동을 하는 아이의 속마음을 들어 보면, 사실은 민망하거나 부끄러워하고 있는 경우가 많아요. 이 사례의 아이는 5학년이니 그렇지 않을 수 있지만, 의외로 그렇게 어리지 않고 공부를 잘하는 아이들 중에도 자신의 감정에 대해서는 잘 모르는 아이들이 꽤 있더라고요.

도_ 아이들뿐 아니라 어른들 중에도 자신의 감정을 잘 모르는 사람이 많은 것 같아요. 그러니까 지금 자신의 감정이 좋은지 나쁜지만 판단할 뿐, 구체적으로 어떻게 좋은지, 어떻게 나쁜지 인식하지 못하는 거죠.

강_ 자신이 어떤 감정을 느끼고 있는지 구체적으로 알아야 그것을 어떻게 표현하고 어떻게 조절할지 알 수 있잖아요? 이런 의미에서 감정 인식은 감정과 관련한 모든 기능 중 가장 기본적인 일이라고 할 수 있겠죠. 대개 성장하며 자연스럽게 자신의 감정을 인식하고 표현하고 조절하는 방법을 익히게 되지만, 어떤 아이들의 경우 이를 위해 연습과 훈련이 필요할 수 있어요.

어_ 훈련을 한다면 아이가 감정을 더 잘 인식할 수 있을까요?

강_ 그럼요. 가정에서도 충분히 감정 인식 능력이 부족한 아이를 도와줄 수 있습니다. 아이에게 "지금 네가 느끼는 감정이 뭐야?"라고 물어보면 잘 말하지 못하잖아요? 이때 정황상 아이가 느꼈을 법한 기분을 먼저 말로 표현해 준다면 도움이 될 수 있습니다. 그러니까 아이가 특정한 상황에서 자기의 감정에 정확한 이름을 붙이지 못할 경우, 주변에서 대신 이름표를 붙여 주는 것이죠. "지금 ○○가 부끄러웠구나", "그런 일이 있었다니 좀 억울했겠다", "엄마가 말 못 알아들어서 ○○가 속상하구나" 같은 식으로요. 그런 다음 왜 그런 상황에 그런 감정을 느꼈는지 이야기를 들어 보고, 아이의 감정을 타당화해 줍니다. 마지막으로 그 감정을 어떻게 다뤘는지에 대해서도 대화하면 좋겠네요. 이런 과정을 통해 아이는 자기 안에 있는 부정적인 감정을 인식하고 다루어 나갈 수 있을 거예요.

어_ 흔히 많은 사람들이 감정은 느낌이나 생각과 관련되어 있다고 믿는데, 이렇게 얘기해 보니 언어와도 매우 밀접한 관계가 있다는 생각이 들어요. 그래서 아이들이 평소에 무엇이든 자신과 관련된 것을 부모님이나 선생님 등 주변 어른들에게 솔직하게 털어 놓을 수 있는 분위기를 만들어 주는 것도 굉장히 중요해 보여요.

 이 사례의 아이는 5학년이나 되었는데도 감정에 대응하는 방식은 그보다 어린 아이 같아요. 대체로 남자아이들이 아주 어릴 때는 친구들과 자주 싸우고 구르긴 하지만, 이 나이쯤 되면 갈등이 있어도 더 좋은 방법으로 해결할 수 있다는 사실을 알게 되잖아요? 그런데 아직도 그렇게 하지 못한다는 점이 더 큰 문제로 보입니다. 이런 아이들은 또래에 비해 자신의 상황에 대해 좀처럼 이야기하지 않으려 할 수 있어요. 그래서 부모님이 아이의 상황을 알기 어렵고, 문제가 발견돼도 해결하기 힘들어할 수 있는 거죠.

 앞에서 우리가 계속 이야기 나누었던 것처럼, 아이가 자기 감정을 언어화하는 능력이 부족하다면, 일단 이를 연습할 수 있게 도와주는 것이 필요해요. 정서를 말로 표현하는 연습을 반복하다 보면 아이도 점차 자기 정서를 더 잘 인식할 수 있을 것이고, 그렇게 된다면 격한 정서를 불러일으키는 상황에서 어떻게 대응할지 생각해 볼 수 있겠죠. 다만 여기서 기억해야 할 점은 이 과정이 한두 번에 끝나지 않는다는 점입니다. 물론 평소 별다른 문제를 보이지 않는 아이들에게는 즉각적으로 이루어지는 과정이지만, 이미 문제 행동이 심각한 아이들의 경우, 새로운 행동 방식을 익히고 기존의 행동 방식을 수정하는 과정에 상당한 시간이 소요된다는 점을 부모님은 물론, 학교 선생님도 알아 두어야 합니다. 어른들이 먼저 지치면 훈련이 효과를 보기 전에 포기하기 쉬우니까요.

도_ 그런데 아이가 항상 말썽만 피우는 건 아니잖아요? 어쩌다 한 번쯤은 자신의 행동을 참기도 하고, 행동하기 전에 원하는 바를 말로 표현할 때가 분명히 있을 거예요. 이런 예외적인 순간을 놓치지 않고 꼭 칭찬해 주면 좋겠어요. 칭찬받는 경험을 통해 아이는 '이런 행동을 이렇게 바꾸었을 때 결국 나에게 득이 되는구나'라고 생각하게 됩니다. 이런 경험이 쌓여야 아이가 힘이 아닌 말로 자신의 의사를 표현하고, 평화롭게 갈등을 해결하는 방법을 익힐 수 있습니다.

또한 칭찬이나 격려를 할 때도 단순히 "잘했어" "잘 참았어"라고 말하는 것보다는, 아이가 잘한 순간을 포착해서 구체적으로 칭찬하고 격려하는 것이 중요합니다. 예를 들어 "지금 굉장히 화가 날 수 있는 상황인데, 스스로를 다스리고 말로 표현했구나. 정말 잘했어." 같은 식으로 말할 수 있겠죠. 이렇게 구체적인 칭찬을 통해 아이도 자신이 어떻게 행동하면 좋을지 더 잘 이해하고 앞으로도 칭찬받을 행동을 더 자주 할 수 있습니다.

어_ 칭찬은 많이 할수록 좋죠. 물론 아이의 모든 모습을 칭찬할 필요는 없지만, 아이가 잘한 모습을 보이면 즉시 칭찬하시는 것이 좋습니다. 도레미 선생님이 말한 것처럼 구체적으로 칭찬하는 것도 중요하고요. 적절한 칭찬은 아이가 해당 행동을 다시 하게 만들고, 나아가 아이의 자신감과 자존감을 향상시킬 수 있습니다. 하지만 칭찬을 즉시 하지 않으면 칭찬의 효과가 떨어지고 구체적이지 않다면 아이가 칭찬 자체를 의심할 수 있어요.

강_ 한 가지만 덧붙이고 싶은데요. 부모님이 아이에게 '상황에 맞게 화를 조절하는 것이 강한 것이다'라는 메시지를 전달해 주면 좋겠어요. 그래야 아이가 진정한 힘에 대해 생각해 볼 수 있을 것 같아요. 특히 남자 아이들의 경우 소리 지르고 화내고 때리는 등 폭력성을 발휘하는 게 힘이라고 생각하기 쉬운데, 그런 것보다는 자신의 화를 잘 다스리는 것이 진정한 힘이라는 사실을 알 수 있도록 부모님이 이끌어 주면 좋겠네요.

어_ 이 사례에서 아이가 친구들에게 화내고 주먹질한 건 분명히 잘못된 일이잖아요. 아이가 처음 이런 문제 행동을 보였을 때 어머니가 어떻게 반응했을까요? 그냥 "너 화가 많이 났겠구나"라고 말하고 넘어갔을지, 아니면 "이놈의 자식, 어디 친구를 때려!"라고 말하며 화를 내고 혹시 아이를 때리지는 않았을지… 그런 점이 궁금하네요. 어머니의 반응 패턴이 아이의 반복되는 문제 행동에 영향을 미쳤을 수 있잖아요?

도_ 확실히 부모님의 반응이 중요한 것 같아요. 이런 문제를 보이는 아이에게는 따끔한 훈육이 필요하죠.

어_ 아이가 잘못했을 때, 적절하게 활용할 수 있는 훈육 팁이 있을까요? 저에게도 훈육이라는 게 참 어렵거든요.

강_ 구체적인 훈육 팁이라고 할 수 있을지는 모르겠지만, 일단 '이런 문제 행동을 다루는 과정에서 이런 요소는 꼭 필요하다'라는 관점에서 생각해 볼 수는 있겠네요.

제 생각에는 아이가 잘못을 저질렀을 때, 아이에게 행동의 이유나 그 상황에 대해 설명할 기회를 줘야 할 것 같아요. 예를 들어 아이가 왜 화가 났는지, 왜 이렇게 행동했는지 이야기를 들어 보고, 아이의 감정에 공감해야겠죠. 또한 이 사례에서는 어머님께서 사과하고 치료비도 물어 주셨잖아요? 물론 아이가 치료비를 지불하게 할 수는 없죠. 그래도 아이가 자신이 만든 상황을 이해하고 납득한 후, 이를 직접 수습하는 과정이 필요하다고 생각해요. 우선 아이가 잘못한 부분을 짚어 주고, 잘못에 대한 대가로 아이가 가능한 선에서 책임을 지거나 사과를 하거나 합당한 벌을 받게 하는 것이죠. 행동의 결과를 스스로 수용하고 책임지는 과정이라고 할 수 있어요.

어_ 아이에게 행동의 이유를 들어 본다는 게 굉장히 좋은 것 같아요. 부모님께 설명하며 아이는 '내가 정말 나쁜 행동을 했지만 우리 부모님이 나를 이해하려고 노력하는구나'라고 생각할 수 있겠죠. 이 경우 아이의 말을 끊지 않고 잘 들어 주는 게 중요하겠다는 생각이 드네요. 다만 이게 쉽지는 않을 것 같아요. 아이가 잘못된 행동으로 다른 친구에게 피해를 끼쳤다면 부모님 기분도 정말 안 좋을 테니까요.

그렇지만 일단 아이의 말을 들어 보는 것은 의미 있는 일이라고 생각해요. 하지만 아이의 말을 듣고 나서는 단호한 태도로 아이와 함께 아이가 무엇을 잘못했는지, 상대방은 어떻게 느꼈을지, 함께 이 일을 수습하는 선생님과 이를 지켜보는 다른 친구들은 어떻게 느꼈을지 생각해 보는 것도 중요하겠네요. 그리고 이때 아이에게 부모님의 기분도 말해 주면 좋겠습니다. 이런 과정을 통해 아이는 자기 행동의 결과를 여러 관점에서 볼 수 있을 거예요. 그런 다음 아이 스스로 어떤 점을 고쳐야 할지, 이를 위해서 우선 무엇을 할 수 있을지, 부모님은 아이를 어떻게 도와줄 수 있을지 생각해 보면 좋겠네요.

도_ 아주 중요한 과정이네요. 그러니까 아이의 행동이 어떤 영향을 미치는지 뭉뚱그려 생각해 보고 마는 것이 아니라, 아이, 부모님, 선생님, 친구 각각에게 어떤 영향을 미치고, 어떤 점에서 다른 사람들을 힘들게 하는지 아이가 구체적으로 파악하게 하는 것이죠. 부모님이 화를 내거나 야단치는 것보다, 아이가 이렇게 자기 행동의 결과를 탐색할 수 있게 이야기해야 해요. 그러기 위해서는 아이든 어머니든 마음이 어느 정도 가라앉고, 편안한 상태에서 이야기하며 문제를 다룰 필요가 있겠습니다. 이런 과정 없이 "너는 잘못했으니까 일주일 동안 밖에 나가지 마!"라고 한다든가, "일주일 동안 핸드폰 못 쓸 줄 알아!"라는 식의 처벌만 준다면, 아이가 어떤 것도 배우지 못합니다.

어_ 대안 행동을 알려 주는 것도 중요합니다. 아이가 자기 잘못을 인식하고, 그 행동이 어떤 결과를 가지고 왔는지 이해하는 것만으로는 부족해요. 이후에 비슷한 상황에 처했을 때 아이가 어떻게 하면 좋을지 반드시 생각해 보아야 한다는 점을 강조하고 싶습니다. 사실 하지 말라고 말하는 건 쉬운데요, 그 대신 어떻게 행동해야 할지, 즉 대안 행동을 알려 주지 않는다면 문제 행동은 계속 반복되기 쉽거든요.

강_ 그렇죠. 그런데 어떤 대안 행동이 좋을지도 아이와 부모님이 함께 생각해야겠죠. 아이가 계속 시도할 만한 대안 행동이 필요하니까요. 적절한 대안 행동에 대해 함께 생각하고, 이를 시도하다 보면, 언젠가 아이도 스스로 재발 방지 계획을 세울 수 있을 거예요.

이 사례를 보면 아이의 문제 행동이 반복되어 왔기 때문에 어머님이 많이 힘들어 하고 있잖아요. 그래서 비슷한 고민을 가진 부모님들께 한 가지 말씀드리고 싶은데요. 아이의 행동이 단번에 변화되지는 않을 수 있어요. 그러나 부모의 수고와 노력은 조금씩 천천히, 그러나 반드시 아이의 행동에 변화를 가지고 올 것입니다. 이렇게 애쓰고 있는 엄마와 아빠의 진심은 당장은 아니더라도 언젠가 아이에게 전달되기 마련이니까요. 그러니 아이를 양육하며 힘이 빠질 때는, 이런 믿음을 계속 상기하길 바랍니다.

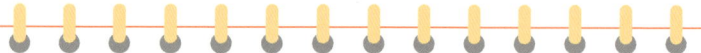

CHECK CHECK!
아이가 공격적인 행동을 자주 보인다면?

✓ 일관성 있는 양육 방침을 정하세요.

주양육자가 여러 명일 경우, 양육자 간 의견을 조율하고 통일해야 합니다. 또한 주양육자가 한 명이라도, 양육 방침이 상황에 따라 변하는 건 아닌지 살펴볼 필요가 있습니다.

✓ 아이가 원하는 것을 말로 잘 표현할 수 있도록 격려하세요.

감정을 행동이 아니라 말로 표현함으로써 감정과 거리를 두고 안정감을 찾을 수 있습니다. 부모님 스스로가 좋은 본보기가 되어 준다면 가장 좋은 효과를 낼 수 있습니다.

✓ 아이의 성공 경험을 칭찬하세요.

아이가 작은 일에서라도 성공했다면, 이를 놓치지 말아야 합니다.

✓ 작은 일에서 시작하여 점차로 큰 일로 옮겨 가세요.

작은 성공에서 큰 성공으로 이어가며 성공 경험을 확장할 수 있다는 점을 기억하세요.

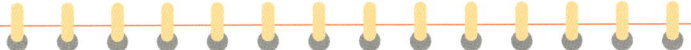

✔ **아이의 감정에 이름을 붙여 주세요.**

감정 인식 자체가 어려운 아이들에게는 부모님이 감정을 읽어 주는 경험이 중요합니다.

✔ **정서를 잘 조절하는 것이 진짜 강한 것임을 알려 주세요.**

강렬한 감정을 무조건 표출하는 것이 강한 것이 아니라는 사실을 알려 주세요.

✔ **아이가 문제 행동을 보일 때, 그렇게 행동한 이유를 들어 주세요.**

부모님이 자신을 이해하려고 노력하고 있음을 느낄 수 있습니다.

✔ **자신의 행동에 책임질 기회를 주세요.**

잘못에 합당한 벌을 받거나, 피해를 받은 친구에게 사과하는 한편, 자신이 한 행동의 결과를 여러 관점에서 살펴 대안 행동을 생각해 볼 필요가 있습니다.

✔ **필요한 경우 전문가를 찾아가세요.**

아이의 행동 문제를 다룸에 있어 가족 구성원의 의견을 조율하기 힘들다면 전문가의 도움을 받는 것도 좋습니다.

"아이가 거짓말을 밥 먹듯 하고, 들킬 것 같으면 오히려 화를 내요"

저는 여자아이를 키우고 있는 30대 여성입니다. 저희 아이는 아직 초등학교 2학년밖에 안 되었는데 거짓말을 너무 많이 해서 고민이에요. 아이가 처음 거짓말을 한 건 유치원 때였어요. 못 보던 물건이 자꾸 생겨서 물어보니 친구가 줬다고 하더라고요. 이런 일이 반복되니 아이가 물건을 훔쳐 온 게 아닐까 의심이 들었어요. 그래서 알아봤더니, 훔친 물건이 맞더군요. 그때는 저도 정말 놀라서 눈물이 쏙 빠지게 아이를 혼냈어요. 이제 다시는 안 그럴 거라고 생각했는데, 계속 은근슬쩍 거짓말을 해요. 하도 교묘해서 제가 속아 넘어갈 때도 종종 있어요. 게다가 2학년이 된 다음부터는 거짓말을 들킬 것 같으면 오히려 자기가 막 화를 내더라고요. 심지어 제가 말하고 있는 중에도 갑자기 일어나 나가 버리거나 소리를 지르고 발을 동동 구르며 울어요. 자기 감정을 주체하지 못하는 거 있죠. 정말 이웃 보기 부끄럽기도 하고, 제가 아이를 잘못 키우고 있는 것 같고… 어떻게 하면 좋을지 모르겠어요.

강_ 아이가 거짓말을 조금 많이 하나 봐요. 유치원 때 처음 거짓말을 했다고 하니까, 거짓말한 이력이 2~3년 정도 되네요. 이 사례의 아이와 어머니에게 어떻게 도움을 주면 좋을지 선생님들이 지혜를 좀 빌려줘야 할 것 같아요.

도_ 어머니가 참 난감하고 힘들겠어요. 거짓말이 처음 시작되는 과정을 살펴볼 필요가 있겠네요. 먼저 집안의 분위기가 지나치게 엄격하지는 않은지 확인해야 합니다. 집안에서 아이에게 어느 정도 허용해 줘도 될 만한 것들조차 허용해 주지 않을 경우, 아이는 원하는 것을 빠르게 얻기 위해 거짓말을 하기도 합니다. 이때의 거짓말은 심각한 문제라기보다, 아이가 원하는 바를 쉽게 이루기 위한 수단이라고 볼 수 있습니다.

　　이처럼 아이는 아주 단순한 이유로 거짓말을 하는 것일 수 있어요. 그러니 아이가 거짓말을 한다고 해서 무조건 걱정하지는 않아도 됩니다. 물론 부모님 입장에서는 놀랄 수 있으나, 놀란 마음을 조금 가라앉히고 아이가 거짓말을 한 상황, 즉 거짓말을 하게 된 이유를 파악해야 해요. 일단 아이가 자신의 요구 사항을 편안하게 드러낼 수 있는 분위기가 집안에 조성되어 있는지 확인하는 것이 좋겠네요.

어_ 혼나지 않기 위해서 하는 거짓말도 자주 볼 수 있어요. 아이 입장에서는 이미 벌어진 잘못은 돌이킬 수 없고, 따라서 혼날 것이 예상되니까 거짓말을 하는 거죠. '내가 이런 걸 했다고 얘기할 때 엄마가 받아들이지 않을 거야'라고 생각한다면 그걸 감추려고 거짓말을 하고, 거짓말을 했다는 것을 들키면 혼나니까 혼나지 않기 위해 또 거짓말을 하

아이가 거짓말을 밥 먹듯 하고, 들킬 것 같으면 오히려 화를 내요

고… 이렇게 계속 반복되는 거죠.

강_ 이렇게 이유가 있어서, 즉 원하는 것을 얻기 위해서 혹은 숨기고 싶은 것이 있어서 거짓말을 하는 경우도 있겠지요. 그런데 어른들이 아이들과 어떻게 대화하는지도 생각해 볼 필요가 있는 것 같아요. 아이들이 거짓말을 할 수밖에 없게 만드는 경우도 많잖아요. 예를 들어 아이가 컵을 깨뜨렸다는 사실을 이미 다 알고 있으면서, 아이에게 확인하기 위해 "이거 누가 그랬어!"라고 물어보는 거죠. 그러면 아이 입장에서는 그 분위기가 무서워서 자연스럽게 거짓말을 하게 될 수 있어요. 즉 아이들이 거짓말을 하기 쉽게 만드는 대화 방향이나 방법이 있고, 이런 분위기 속에서 아이들은 상당히 자연스럽게, 반복적으로 거짓말을 하게 되는

거짓말은 어떤 의미가 있나요?

거짓말을 하기 위해서는 상황의 맥락을 파악하고 상대방의 입장과 반응을 예상해야 합니다. 그런 의미에서 거짓말을 할 수 있다는 것은 아이가 발달하고 있다는 것을 의미하기도 합니다. 따라서 아이의 거짓말이 다른 사람에게 피해를 입히거나 이기적인 마음에서 비롯된 경우가 아니라면, 아이의 거짓말을 너무 심각하고 부정적으로만 볼 필요는 없습니다. 물론 부모가 행동의 기준을 세워 줘야 하나, 그 이상은 불필요할 수 있습니다. 세상을 살다 보면 적절히 하얀 거짓말이 필요할 때도 있으니, 아이가 그런 사회 기술을 발달시키는 여정을 시작했다고 생각해 보면 어떨까요?

것 같아요. 그러므로 아이가 거짓말하지 않기를 바란다면 사소한 잘못은 터놓고 말할 수 있는 분위기를 만들어 줘야 해요.

어_ 남자아이들은 주로 주먹질하며 싸워서 말썽을 피우는 반면, 여자아이들은 사소한 말다툼이나 거짓말로 말썽을 피우는 경우가 상대적으로 흔하죠. 특히 이 사례에서처럼 학령기에 접어들면서 거짓말을 하게 되는 여자아이들에 대한 보고가 잦은 것 같아요. 그런데 이럴 때 많은 부모님들이 당황하고, 심지어 깜빡 속았다는 사실에 화나고 슬프고 배신감이 든다고 해요. 자신이 딸을 잘못 키우고 있다는 좌절감도 들고요. 이럴 때는 먼저 부모님이 아이가 이럴 수 있는 나이가 됐다는 사실을 받아들일 필요가 있습니다. 그런 다음 왜 그랬냐며 아이를 추궁하기보다, 부모님의 감정과 생각을 아이에게 진술하게 이야기하게 하고, 거짓말을 한 상황에 대해 물어보는 것도 좋은 것 같아요. '이러저러한 것을 사실로 알고 있는데, 네가 이렇게 말을 하니까 당황스럽고 속상하다', '솔직하게 말해 주지 않는 것 같아서 화가 난다' 이렇게 솔직하게 마음을 표현하시는 것이 이 문제를 해결하기 위한 첫 번째 단계라고 생각합니다.

도_ 가정 내 허용적인 분위기가 정말 중요합니다. 아이의 사소한 바람은 잘 들어주고, 작은 잘못은 쉽게 이해하고 용서해 주는 분위기요. 예를 들어 어른도 너무 힘들면 약속을 미루거나 취소하는 경우가 있잖아요? 아이도 상황에 따라 어떤 일이 정말로 피하고 싶은 날이 있을 수 있어요. 이런 점을 부모님이나 선생님 등 주변 어른에게 말했을 때, 어른들이 이해하고 아이가 원하는 바를 들어준다면 아이가 거짓말을 덜 하게 되겠죠. 따라서 아이에게 어떤 일이 너무 싫다면 이야기해 달라고, 그러면 가능한 한 들어주겠다고 말해 둘 필요가 있어요. 거짓말하지 않고 자신의 의견을 솔직하게 적극적으로 피력하여 원하는 것을 얻을 수 있다는 사실을 알려 주는 거죠.

어떤 일이든 반복해서 한다면 습관이 될 수 있잖아요? 거짓말도 마찬가지입니다. 거짓말을 했을 때 더 편해지는 것을 여러 차례 경험할 경우, 거짓말은 습관으로 굳어질 수 있습니다. 이 경우 정말 고치기 힘들어요. 그렇기 때문에 초기에 아이와 충분한 이야기를 나누고 계속 지켜봐야 합니다. 이를 통해 아이와 부모님이 서로의 상황을 이해할 수도 있으니 일석이조라고 할 수 있겠네요. 무엇보다 거짓말을 안 하고 다른 방법을 사용할 경우 원하는 것을 얻기 더 수월하다는 점을 아이가 경험하도록 이끌어 줘야 합니다.

강_ 같은 맥락에서 말하자면, 부모님이 아이의 생활에 관심을 갖고 일정 부분 에너지를 쏟을 필요가 있는 것 같아요. 물론 아이의 일거수일투족을 감시해선 안 되겠죠. 그렇지만 아이의 생활이 어떻게 이루어지는지, 아이가 요즘 무엇에 관심이 있고, 어떤 고민이나 불만을 갖고 있는지 등에 대해 어느 정도는 알고 있어야 한다는 점을 강조하고 싶어요. 아이가 '엄마가 나를 잘 알고 있다'라고 느낄 수 있게 하는 것이 중요합니다. 물론 이런 점이 지나치다면 아이가 속박당한다고 느낄 수 있지만, 특히 어린아이들의 경우 부모님이 적절한 수준을 지킨다면 오히려 안정감을 줄 수 있거든요.

이렇게 생각하면, 아이의 거짓말이 드러난 것이 오히려 잘된 일이죠. 앞으로 아이가 거짓말이 아닌 다른 방법으로 원하는 것을 얻을 수 있게 도와줄 수 있으니까요. 처음 거짓말을 할 때는 들키지 않을까 조마조마한데, 거짓말이 발각되지 않고 자신이 원하던 것을 얻게 된 다음부터는 이 단맛을 포기하기 어려워지거든요. 그래서 부모님이 조금 꼼꼼하게 아이의 말을 확인할 필요가 있어요. 실은 제가 아이들을 키울 때 이 부분에서 조금 부족했거든요. 아이들의 생활을 조금 더 주의 깊게 살펴보고 챙겼으면 좋았을 것 같아요.

어_ 아이가 거짓말을 하고 나서 솔직하게 털어 놓을 수 있잖아요. "사실은 그때 혼날까 봐 무서워서 거짓말했어요"라고 말이죠. 또한 아이의 생활을 모니터링을 하다가 아이에게 이상을 발견하게 될 수도 있고요. 이런 상황에서 충분한 대화를 나누기 위해서는 앞에서 말한 허용적인 분위기가 정말 중요하겠네요.

그런데 많은 가정의 부모님들이 맞벌이를 하잖아요. 아이를 여럿 키우는 경우 더욱 힘이 부치죠. 그렇지 않더라도 여러 가지 신경 써야 할 일이 많고요. 결국 에너지가 모자란 게 문제인 것 같아요.

도_ 예전에 제 아이가 태권도 학원에 가기 싫어서 거짓말을 한 적이 있어요. 생각해 보니 태권도 하기 싫다는 얘기를 1년 동안 여러 번 했는데, 당시 제가 워낙 바빴던 데다 다른 아이들도 다 다니니까 대수롭지 않게 여겼던 것 같아요. 지금 돌이켜 보면 태권도에 가기 싫은 마음이 어느 정도인지, 왜 가기 싫은지, 어떨 때 특히 가기 싫은지, 태권도를 안

하면 어떤 운동을 할 수 있는지 아이와 진지하게 대화했어야 해요. 그런 다음 예를 들어 평소에는 태권도에 가되, 특별히 가기 싫은 날에는 안 가도 되게 허락해 줬다면 좋았을 것 같아요.

어_ 이 사례의 어머니는 놀라서 "눈물이 쏙 빠지게" 아이를 혼냈다고 해요. 물론 거짓말은 좋지 않은 행동이고, 작은 거짓말이 나중에 더 큰 잘못으로 이어질 수 있으니 그냥 넘어가서는 안 되겠죠. 그렇지만 방금 도레미 선생님이 말한 것처럼 거짓말을 한 이유를 먼저 살펴보고, 어떤 대안이 있을지 한 번 더 생각해 보는 게 중요하겠네요.

어_ 그런데 사실 이 아이의 경우 거짓말만이 문제는 아니에요. "거짓말을 들킬 것 같으면 오히려 자기가 막 화를" 내고, "소리를 지르고 발을 동동 구르며" 운다고 하잖아요. 아이가 2학년이 되면서 본격적으로 문제 행동을 보이기 시작해서, 어머니가 감당하기 어려운 상황이 된 것 같아요.

도_ 아이의 충동적이고 공격적인 행동을 어머니가 제재하지 못한 결과, 문제 행동이 반복되고 점점 심해졌을 가능성이 있습니다. 이 경우 어떻게 하면 좋을지 이야기해 보고 싶네요.

우선 아이가 자신의 거짓말이 드러날까 봐 불안하고 흥분한 상태라면, 아이와 원활히 대화하기 힘들 것 같아요. 부모님 입장에서도 아이의 잘못 때문에 놀라고 화가 날 수 있죠. 거짓말을 하는 행동을 포함해서 걱정되는 아이의 행동에 대해 부모님과 아이가 이야기를 나눌 때는 부모님과 아이 모두 상태가 좋을 때, 기분 좋게 대화하는 게 좋을 듯해요.

어_ 감정이 끓어오를 때는 서로 떨어진 채로 시간을 가질 필요가 있겠죠. 이때 "우리 둘 다 화가 많이 났으니까, 일단 화가 식을 때까지 기다리자"라고 말하며 여러 가지 방법을 제안하면 좋더라고요. 예를 들어, 일단 화가 나는 상황에서 벗어나서 다른 활동을 하게 하는 거죠. 주의를 분산시키는 거예요. 심호흡을 하게 하거나 마음속으로 숫자를 세게 하는 것도 좋고요. 세수를 하거나 다른 곳에 있다고 상상해 보게 하는 방법도 있어요. 각자 방에 들어가서 조금 기다렸다가 화가 식으면 다시 만나는 것도 좋아요. 저도 이런 방법을 자주 사용합니다.

강_ 그런 방법도 좋지요. 그런데 아이들마다 조금 다를 수 있어요. 서로 떨어져 있는 시간 동안 화를 식히는 아이들이 있는 반면, 화를 점점 증폭시키는 아이들도 있잖아요? 아이의 성향이 이렇다면 아이가 자신의 화를 느끼고 표현하기 전부터 아이의 상태를 잘 살펴보다가, 아이의 화가 점점 증폭될 것 같은 조짐이 보일 때 즉시 개입하는 것을 권합니다. 아이의 화가 극에 달해 폭발하기 전에 "○○야, 지금 너도 화가 나려고 하는구나", "○○도 속상하지?"라고 말하며 손을 잡거나 아이를 안아주는 거예요. 아이가 겉으로는 거칠게 행동하지만 속으로는 떨고 있을 수 있거든요. 아이 입장에서도 화가 계속 증폭되는 과정은 힘들 거예요. 그러니 아이가 자신의 화를 인식하지 못한다고 해도, 부모님이 먼저 아이를 진정시켜 주면 좋을 것 같아요.

어_ 그러려면 부모님이 아이가 화가 나기 전에 나타나는 단서를 눈치챌 수 있어야겠네요. 이제 막 1단계 시동을 거는 건지, 수습을 못 할 단계로 넘어가고 있는 건지 구분할 수 있어야 적절히 개입할 수 있을 테니까요. 더불어 아동의 감정 변화에 대한 부모님 자신의 판단에 자신감도 있어야 할 것 같아요. 그런 지식과 마음은 어디서 얻을 수 있을까요?

강_ 일단 부모님이 화, 속상함, 자존심 상함, 부끄러움 등 자신의 부정적인 감정을 다뤄 본 경험이 있어야겠죠. 이 경험에 기반하여 다른 사람의 부정적인 감정을 다룰 수 있을 것 같아요.

그런데 지금 우리가 부모님들에게 너무 많은 일을 요구하는 건 아닌지 모르겠어요. 자신의 감정도 다루라고 하고, 아이 감정도 제때에 파악해서 진정시키라고 하고…

어_ 조금씩 할 수 있는 만큼만 하면 되죠. 부모라고 완벽한 인간은 아니잖아요. 그렇기 때문에 이런 계기를 통해서 자신의 감정을 들여다보고 감정을 인식하고 이걸 어떻게 해소하면 좋을지 생각해 보는 것 자체가 아이를 키우는 데도, 부모 자신에게도 의미 있는 과정일 수 있어요.

보통 아이를 상담할 때 부모 상담도 병행하게 되는데, 부모 상담이 결국 이런 방향으로 진행되는 경우가 많습니다. 아이의 문제를 잘 해결하려면 부모님 역시 자신의 특성을 더욱 잘 파악할 필요가 있어요. 그래야 아이와 조화롭게 살아가는 방법을 찾아낼 수 있으니까요. 그래서 상담 과정에서 부모-자녀 간 관계만 개선되는 것이 아니라, 부모님 스스로도 안정감을 찾게 되는 경우가 의외로 많아요. 이런 측면에서 생각해 보면, 부모님이 아이의 문제를 해결하며 할 일이 많아지긴 하지만, 결국 그 작업을 통해 부모님 본인도 더욱 행복해질 수 있습니다.

도_ 이 사례에서는 아이의 화를 조절하는 게 문제인데요. 화라는 게 사실 가장 다루기 힘든 감정 중 하나잖아요. 그러니 이런 경우 우선 어머니 본인의 작은 좌절감이나 화 같은 감정을 들여다보고, 이를 다루는 연습을 해 보면 좋겠습니다. 이렇게 연습을 통해 자신감을 얻은 다음, 아이의 좌절감이나 화를 다루는 것이죠.

어_ 어머니가 이웃 보기 부끄럽다는 표현까지 쓴 걸 보니, 이 아이는 화를 정말 크게 소리 지르며 폭발시키듯이 표현하나 봐요. 이럴 때는 일단 아까 말씀드린 것처럼 손을 잡아 주거나 안아 주는 방법이 아이를 진정시키는 데 유효하겠죠. 특히 2학년밖에 안 되었으니까 엄마가 몸으로 진정시킬 수 있지 않을까 싶어요. 그런데 아이가 좀 더 자란 뒤에도 이 방법이 가능할까요?

도_ 저희 애를 생각해 보면, 어릴 때에는 안아 주는 방법을 썼지만, 아이가 크니 화가 날 때 난리를 치는 아이의 힘을 못 이기겠더라고요. 그러니 아이가 조금 자란 다음부터는 베개나 큰 인형을 갖다 주고, 이걸 화가 나는 감정이라고 생각하며 풀게 하면 좋습니다.

저희 애는 화가 나면 이불이나 베개를 때리고 와요. 이때 마음을 좀 풀었냐고 물어보면 "괜찮아, 잘 풀었어"라고 대답하더라고요. 그런 다음 아이와 이야기를 나누죠.

강_ 도레미 선생님의 가정은 화가 일정 수준 이상으로 격해지면 어떤 행동을 하기로 사전에 암묵적인 합의가 되어 있는 거네요.

어_ 화가 날 때 할 수 있는 일과 해서는 안 되는 일이 무엇인지 미리 아이에게 알려 주신 건가요?

도_ 사실 암묵적으로는 합의되어 있는데, 명확하게 이야기한 적은 없는 것 같습니다. 이 기회에 정말 화가 나더라도 해서는 안 되는 일에 대해 대화해 봐야겠네요.

강_ 사례를 보면 아이의 거짓말이 점점 교묘해져서, 어머니가 "속아 넘어갈 때도 종종" 있다고 하잖아요? 만약 아이의 거짓말을 나중에 알게 된다면, 엄마로서 어떤 감정이 들까요?

어_ 속상함? 배신감? 아이가 나에게 거짓말을 하고 그동안 숨겨 왔다는 사실에 대해 충격을 받지 않을까요?

도_ 그럴 수도 있겠네요. 그런데 일단은 거짓말에 대해 아이와 대화를 나눠야 하지 않을까요?

어_ 맞아요. 만약 거짓말은 무조건 안 좋다고 생각한다면 화가 날 수 있겠죠. 물론 이 사례에서처럼 도벽과 관련한 거짓말이나 남에게 피해를 주는 거짓말은 나쁜 거죠. 그런데 살다 보면 거짓말을 할 수도 있고, 심지어 거짓말이 필요한 상황도 있잖아요. 아이들은 아직 잘 모를 수 있지만, 나이를 먹고 살아가면서 어떤 것이 적응적인 거짓말이고 어떤 것이 적응적이지 않은 거짓말인지 배워 나가겠죠.

따라서 아이가 거짓말을 했다는 사실을 알게 되었을 때는 일단 상황을 객관적으로 받아들일 필요가 있습니다. 그런 다음 '우리 아이가 왜 거짓말을 했을까?'라는 의문에 초점을 맞춘다면, 부모님도 무조건 화가 나지는 않을 수 있어요. 단, 남에게 피해를 주는 거짓말이나 법적인 문제가 유발되는 거짓말처럼 아이의 잘못이 명백한 경우, 즉시 아이에게 경고해야겠죠. 잘못된 거짓말의 결과로 일어날 수 있는 일들을 알려 주고, 이에 대해 함께 반성한 다음 앞으로는 절대 이런 거짓말을 하지 않도록 단호하게 지도해야 합니다.

도_ 좋은 지적이네요. 그런데 이 사례에 나온 도벽에 대해서도 조금 더 이야기 나누고 싶어요. 아이들이 부모님들의 생각보다 많이 보이는 문제 행동이 도둑질인 것 같아요. 그런데 거짓말을 하는 것과 마찬가지로 도벽을 보인다는 것 자체가 아주 비정상적인 행동인 건 아니잖아요? 사실 정말 많은 아이들이 물건을 훔치곤 하죠. 특히 어린 나이에는 별다른 생각 없이 할 수도 있는 일이니까요.

어_ 아이가 도벽을 보인다면 그 맥락이 매우 중요한 것 같아요. 아이들은 아직 자제력이 충분히 발달하지 못해서, 충동적으로 남의 것을 훔치게 될 수 있거든요. 예를 들어 순간적으로 판단을 잘못해서 친구의 물건을 몰래 자기 주머니에 넣었을 경우, 아이가 뒤늦게 후회한다고 해도 물건을 다시 돌려주기 힘들 거예요. "앗, 나도 모르게 가져갔네. 이거 네 거야"라고 말하는 게 아이 입장에서 얼마나 어렵겠어요. 이 경우 아이는 결과적으로 도둑질을 하게 되는 거예요. 이런 일이 쌓여 아이에게 도벽이 생길 수 있죠.

어떤 학교에서는 학생들에게 특정 캐릭터나 브랜드의 소품이나 비싼 물건을 가급적 학교에 가져오지 말라고 권유하잖아요? 이렇게 아직은 자제력이 부족한 아이들을 위해 어른들이 어느 정도 개입할 필요도 있을 것 같아요.

도_ 맞아요. 그렇다면 가정에서는 아이를 어떻게 도우면 좋을까요?

강_ 우선 '소유'의 개념을 정확하게 알려 줄 필요가 있지요. 특히 학령기 이전의 아이들에게는 이런 교육이 더욱 중요합니다. 예를 들어 "이건 ○○ 것이 아니라 친구인 ◇◇이 것이야"라고 말하며 대화를 시작할 수 있겠죠. 중요한 점은 꾸준히, 일관되게 알려 주는 것입니다. 어떤 날은 눈물이 쏙 빠지도록 혼을 내고 어떤 날은 잘못을 눈감아 주면 아이가 더 혼란스러워 할 수 있습니다. 조금 더 큰 아이라면 갖고 싶은 물건이 생겼을 때 어떻게 해야 하는지 알려 주세요. "○○가 이게 가지고 싶었구나. 갖고 싶은 물건이 있을 때는 그것을 파는 곳으로 가서 돈을 주고 사야 해. 갖고 싶다고 친구 물건을 몰래 가지고 오는 것은 옳지 못해"라고 말할 수 있겠죠.

이렇게 아이와 대화를 나누며 행동의 결과에 대해서도 심도 있게 생각해 보면 좋을 것 같아요. 그리고 아이 스스로 잘못을 깨달았다면 어디까지 책임을 져야 할지 상의한 다음 결정한 방식을 실천해 보는 거죠. 예를 들어 사과하는 방법이나 배상하거나 물건을 돌려주는 방법을 결정하고, 앞으로 이런 일이 반복되지 않도록 어떻게 대비할지 생각한 후 아이가 결정한 방법을 실천하게 할 수 있어요.

그렇지만 도벽 문제가 반복적으로 나타난다면, 여기에는 심리적 문제가 내재되어 있을 수 있습니다. 이 경우 부모님의 개입만으로는 충분하지 않을 수 있으므로, 더 심각한 문제로 발전하기 전에 정신건강전문가의 평가와 개입을 받아야 합니다.

도_ 강지현 선생님께서 말씀하신 습관적 도벽에 내재된 심리적 문제와 관련해서 떠오르는 친구가 있어요. 이 친구도 어렸을 때 도벽이 있었거든요. 하루는 물건을 훔치다가 어머니에게 들켜서 굉장히 심하게 혼이 났고, 그 후로 물건을 훔치는 버릇은 고쳐졌다고 해요. 하지만 어쩐지 자신이 악의 세계에 빠져 있다는 생각이 자꾸 들더래요.

어_ 어린 나이에 그런 생각을 했다면 상당히 괴로웠을 텐데, 친구분은 그 후로 어떻게 됐나요?

도_ 성인이 되어 해외로 여행을 갔는데, 거기서 다시 도벽이 도져 여행 책자 등 사소한 물건들을 훔치던 중 문득 깨달았대요. 도벽은 돈이 없기 때문이 아니라, 일종의 결핍감 때문에 생긴다는 사실을요.

이 친구의 어머니는 친구가 갖고 싶어 하는 것을 사 주는 경우가 거의 없었다고 해요. 허용된 건 별로 없고, 금지 사항에 대해서는 지나치게 엄격하셨던 거죠. 이런 가정 분위기가 그 친구에게 결핍감을 심어 준 게 아닐까 합니다.

강_ 친구분의 어머님 입장에서는 아이를 바르게 키우고 싶은 마음에 그렇게 훈육하셨을 텐데, 정말 안타깝네요. 훈육이라는 게 참 어렵죠. 여기서 잠깐 의견을 나누어 보고 싶은 문제가 있는데요. 청소년 범죄의 경우 초범에 대해 강한 징벌을 내리는 게 효과가 더 좋다는 이야기가 있어요. 그래서 부모님들이 자녀가 물건을 처음 훔쳤을 때 단호하게 대처하고 강하게 야단칠 필요가 있지 않을까 싶은데요. 이 점에 대해서는 어떻게 생각하세요?

어_ 어떻게 야단치는지가 중요한 것 같아요. 한 번의 도둑질로 아이의 인생이 망한 것처럼 요란하게 혼낼 수 있고, '네가 이렇게 다른 친구 물건을 허락 없이 가지고 온 것은 정말 옳지 못한 행동이다. 그렇기 때문에 엄마가 많이 걱정되고 지금 기분도 좋지 않다. 친구 물건에 손을 대면서 너의 기분도 좋지는 않았을 것이다.' 이렇게 사실 위주로 단호하게 야단칠 수도 있겠죠.

그런데 아무리 자기 통제가 안 되는 아이라도 친구 물건을 훔칠 때 굉장히 떨리지 않았을까요? 그 마음을 돌아볼 필요가 있어요. 그리고 이런 행동이 어떤 의미를 가지는지 아이와 이야기 나눠야겠죠. 이때는 다정하기보다는 아주 엄하고 단호해야 해요. 그런 다음 앞으로 이런 일이 있으면 부모님이 어떻게 할 것인지 이야기하는 거죠.

야단을 치는 것은 우선 이 정도가 적당하지 않을까요? 아직 다 자라지 않은 아이가 설령 잘못을 했다고 해도 아이의 본질적인 면이나 부모-자녀 간 관계를 흔들 만큼 크게 혼내선 안 된다고 생각해요.

도_ 지금까지의 이야기를 종합하면, 거짓말과 도벽 모두 기본적으로 집안 분위기와 관련되어 있다고 볼 수 있겠네요. 그러므로 아이가 이런 문제를 보인다면 가정에서 평소에 어디까지 허용해 주었는지, 어떤 수준의 대화를 나눌 수 있었는지, 잘못을 깨우쳐 주고 훈육하는 과정이 아이에게 어떤 메시지를 전달했는지 확인해야겠어요.

강_ 부모님 입장에서는 아이가 거짓말을 하거나 물건을 훔치는 등 문제 행동을 보일 때, 어떻게 대응해야 할지 걱정이 많으실 것 같아요. 그래서 마지막으로 조언을 드리고 싶어요. 아이가 미운 행동을 하면, 부모에게도 아이를 미워하는 마음이 생길 수 있잖아요? 이런 앙금을 빨리 해소하는 것이 좋습니다. 그런 다음 이렇게 해소된 마음을 직접적으로 표현하는 것이 중요해요. 아이를 혼낸 다음에는 '아이'가 미워서 혼을 낸 것이 아니라, 아이의 '잘못된 행동'에 대해 혼을 낸 것임을 아이가 이해할 수 있게 설명해 주세요. 그런 다음 아이에게 '나는 여전히 너를 사랑하고, 너의 편이다'라는 마음을 전달해야 합니다. 아이를 안아 주고, 아이가 좋아하는 요리를 만들어 주고, 아이가 좋아하는 활동을 하며 함께 시간을 보낸다면 좋겠지요. 이렇게 아이가 혼난 뒤에도 부모의 사랑과 관심이 여전하다는 것을 직접적으로 느낄 수 있다면, 부모의 훈육이 온전한 효과를 발휘할 수 있을 거예요.

도_ 정말 중요한 지적이네요. 관계의 근본을 해치면서까지 훈육을 해서는 안 된다는 말씀이잖아요? 관계의 근본이 그 아이의 근본이니까요. 부모와의 관계가 흔들리면 아이는 자신의 근본이 부정당한다고 느껴요. 반면 부모에게 사랑을 받으면 자신이 귀하고 사랑스러운 존재라고 생각하게 되죠. 아이가 잘못을 해서 혼을 낸다고 해도, 아이가 이 점을 잊게 해서는 안 되겠네요.

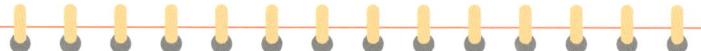

CHECK CHECK!
아이가 친구 물건에 손을 대거나 거짓말을 한다면?

✓ **아이가 도둑질이나 거짓말을 했을 때의 상황적 맥락을 살펴보세요.**
구체적인 원인이 무엇인지에 따라 아이에게 해 줄 말이 다를 수 있습니다.

✓ **도둑질이나 거짓말을 할 때 어떤 느낌이 드는지, 무슨 생각을 하는지 묻고 대화해 보세요.**
부모님 역시 자신의 생각과 감정, 걱정되는 부분에 대해 아이에게 말해 주세요.

✓ **아이와 대화할 때는 아이가 또 거짓말을 할 수밖에 없는 상황을 만들지 않도록 주의하세요.**
아이의 이야기를 끝까지 차근차근 들으시고, 야단치거나 윽박지르지 마세요.

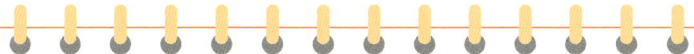

✓ **아이와 부모 모두의 감정이 격해질 때는 잠시 떨어져 서로의 감정이 식기를 기다리세요.**
경우에 따라 아이의 감정이 격해지기 전에 아이를 진정시키는 전략도 필요합니다.

✓ **훈육을 할 때는 아이의 문제 행동에 국한하여 단호하고 일관된 자세를 유지하세요.**
아이가 어떤 행동을 했으며 그 행동은 어떤 의미가 있고 결과는 어떤지 등을 상세히 생각해 보고 의견을 나누어 봅니다.

✓ **아이를 혼낸 뒤에도 부모의 사랑과 관심이 여전하다는 것을 느낄 수 있게 해 주세요.**
엄격함이 지나쳐 부모-자녀 관계의 근본적인 신뢰에 상처를 입혀서는 안 됩니다.

✓ **평소 따뜻하고 허용적인 분위기를 만들어 주세요.**
아이가 자신의 잘못을 부모에게 이야기해도 거부당하지 않고 용서받을 수 있다는 확신을 갖게 해 주어야 합니다.

아이가 거짓말을 밥 먹듯 하고, 들킬 것 같으면 오히려 화를 내요

STEP BY STEP
한 걸음씩 천천히

Step 1 나를 알아보기

- 다음 문장의 빈칸에 들어갈 말을 빠르게 떠올려 보세요.
- 아이가 나에게 거짓말을 하면 나는 ＿＿＿＿＿＿＿＿
- 아이를 키운다는 것은 ＿＿＿＿＿＿＿＿＿＿＿＿
- 아이가 혼날 일을 했다는 것을 알게 되면 나는 ＿＿＿＿
- 내가 화가 났음을 가장 먼저 알 수 있는 단서는 ＿＿＿
- 버릇없는 아이는 부모에게 ＿＿＿＿＿＿＿＿＿＿

Step 2 생각해 보기

- 아이와의 관계에서 주로 어떤 때 일관성을 지킬 수 없나요?

- 아이가 무언가를 잘했을 때 어떻게 해 주나요? 표정과 말, 행동은 어떠한가요?

- 아이의 잘못된 행동을 보았을 때 어떤 생각이 드나요?

- 아이가 자신의 상황에 대해서 설명할 때, 아이에게 어떤 태도를 보이나요?

- 화가 날 때 어떻게 하나요?

- 아이를 훈육할 때 자주 보이는 습관이나 특징이 있나요?

Step 3 실천해 보기

- 아이들이 혼날 일을 해도 여전히 나의 소중한 아이라는 것을 매일 아침 말해 봅니다.

- 화는 내는 방법에 대해 아이와 이야기해 보고, 화가 났을 때 해도 되는 일과 절대 해서는 안 되는 일을 구분해 봅니다.

- 친구와의 사이에서 화가 날 때를 가정하여 역할극을 합니다(76쪽). 갈등을 해소하는 상황을 연기한 뒤, 이때 들었던 생각이나 감정에 대해서 이야기해 봅니다.

CHAPTER 4 ─────────────

주의력과 학습 문제

**산만한 아이,
집중력과 학습 능력 키우기**

'도대체 누굴 닮아 이렇게 산만한 걸까?' 잠시 책상 앞에 앉아 있는가 싶었는데 금방 다시 일어나 냉장고 문을 여는 아이를 보면서 이런 생각을 해 보셨나요? 누구네 아이는 선행 학습을 어디까지 했다느니, 단원 평가를 몇 점을 맞았다느니 하는 이야기를 들을 때, 우리 아이만 뒤처지는 것 같은 기분에 우울하신가요? 요즘 산만한 아이들이 많다던데, 우리 아이도 산만해서 공부에 마음을 못 붙이는 게 아닌지 걱정하시나요? 주의력 문제와 학습 문제는 많은 부모님들이 호소하고 있는 문제로, 아이가 초등학교에 입학하는 시기부터 두드러지게 나타납니다. 그렇다면 아이의 주의력 문제를 어떻게 이해해야 할까요? 아이에게 어떤 도움을 주어야 할까요? 여기, 임상심리학자 엄마들의 수다 속에서 답을 찾아봅시다.

"아이가 공부에 집중을 못해요"

저희 아이는 초등학교 3학년입니다. 조금 산만하고 집중을 못하는 편이에요. 남편도 어렸을 때 많이 산만했지만, 현재 직장 생활에는 큰 어려움이 없는 것 같아요. 그럼에도 남편은 아이가 차분하게 공부하지 못한다고 걱정이 많아요. 공부를 하라고 해도 잠깐 공부하는 척하다가 이내 딴짓하거나 멍하게 있거든요. 다른 애들은 선행 학습이다 뭐다 하는 동안 저희 아이의 경우 제가 학교 숙제만 겨우 봐주고 있습니다. 사실 애가 한글은 빨리 익혀서 공부도 잘할 줄 알았거든요…. 아이가 어린이집에 다닐 때도 선생님께 집중력이 부족하다는 이야기를 종종 들었어요. 남편은 아이가 ADHD인 것 같으니 병원에 가보자고 해요. 이럴 경우 ADHD 약을 먹으면 나아진다고도 하던데, 정말 그럴까요? 아이의 영어 과외 선생님은 공부를 더 많이 시켜야 주의력이 는다고 하더라고요. 어떻게 하면 좋을지 고민입니다.

강_ 아이들이 원래 산만하긴 하잖아요? 부모 입장에서는 아이가 아직 어려서 산만한 건지, 아니면 주의력에 문제가 있는 건지 고민이 될 것 같기는 해요. 이런 경우 어떤 것부터 점검해야 할까요?

어_ 산만함에도 여러 종류가 있습니다. 이 아이가 아버지의 의견처럼 ADHD일 수도 있지만, 딱 보통 초등학교 3학년 남자아이 정도로만 산만한 것일 수 있어요. 만약 아이가 특정한 상황에서만 산만하다면 그 상황과 관련된 문제가 있을 수도 있죠. 지능 문제일 가능성도 있고요. 이처럼 산만함에는 여러 이유가 있기 때문에, 그 이유에 따라 대책을 생각해 봐야 합니다.

일단, ADHD는 유전될 가능성이 있으니, 아버지도 어렸을 때 산만했다는 부분에서 아이의 집중력 문제에 대한 단서를 찾아볼 수 있겠어요. 현재 아버지의 일상생활은 어떤지, 주의력 관련 문제가 있는지, 예전 학업 성취나 집중 수준은 어땠는지 등을 좀 더 알아보면 좋겠네요.

도_ 한글을 빠르게 뗀 걸로 봐서 이 아이의 기본적인 인지 능력은 괜찮은 것 같아요. 어린이집 선생님은 아이의 집중력이 떨어진다고 말하긴 했지만, 이것만으로는 충분하지 않아요. 아이가 현재 초등학교 3학년이니까, 1, 2, 3학년 담임 선생님은 어떻게 판단하는지 들어 보면 좋겠네요. 초등학교 들어서 한 번도 산만하다는 얘기를 듣지 못했다면, 사실 주의력 문제가 경미한 수준일 수 있어요. 그러나 초등학교 선생님들 역시 아이가 산만하다고 말한다면, 주의력 문제가 조금 심각하다고 생각하고 문제에 접근할 필요가 있습니다. 이 경우 전문가를 찾아가서 검사를 받아 보는 것이 좋을 거예요.

어_ 요즘 특히 ADHD에 대한 관심이 많아져서 그런지, 아이가 집중을 잘 못한다고 생각하면 아이의 ADHD 여부를 알아보는 부모님이 많더라고요. 부모님이 판단하기에 아이가 집중하는 데 어려움을 겪고 있고, 주변에서도 아이의 주의력이 부족하다고 이야기한다면, 주저하지 말고 평가를 받아 보는 것이 좋습니다. 다만 정확한 평가를 받을 수 있는 기관을 찾아가는 것이 매우 중요하다는 점을 강조하고 싶어요. 안타깝게도 공인되지 않은 평가를 받아 오거나 엉뚱한 것을 하고 오는 분들이 종종 있거든요.

도_ 인터넷에 출처가 분명하지 않은 검사가 유행하기도 하고 지문이나 머리카락으로 심리적·정신적 상태를 파악해 준다는 곳도 있어요. 그렇지만 대부분 과학적인 근거가 없는 검사들로, 정확하지 않습니다. 아이의 ADHD 여부를 평가할 때는 임상심리전문가와 같이 공인된 경력과 자격을 갖춘, 주의력과 관련된 종합적인 심리평가를 진행할 수 있는 전문가를 찾아가야 합니다.

임상심리전문가

한국심리학회 산하 한국임상심리학회는 정해진 수련 경험을 완수하고 엄격한 심사를 거쳐 자격이 검증된 전문가들에게 임상심리전문가 자격증을 수여합니다. 임상심리전문가가 되기 위해서는 일반적으로 대학원에서 임상심리학*을 전공하고, 학회가 인정하는 임상심리전문가 수련감독자의 감독하에 3년(박사는 2년)

> 간의 수련을 마친 후, 필기 및 면접 시험과 자격위원회에서 실시하는 자격 심사를 치러야 합니다. 이 과정에서 임상심리전문가는 심리적 문제를 과학적으로 진단하고 개인의 다양한 측면을 고려하여 치료를 계획·실시하는 훈련을 받게 됩니다. 즉 과학적으로 효과가 입증된 질 높은 정신 건강 서비스를 제공할 수 있는 인력이 되는 것입니다. 구체적으로, 임상심리전문가는 대형 병원이나 동네의 정신건강의학과, 심리상담센터에서 심리평가와 심리치료를 수행할 수 있으며, 임상심리전문가 수련생을 지도·감독할 수 있습니다.

* 임상심리학은 인간의 심리적 고통 및 심리적 건강과 관련된 심리치료 및 심리평가, 연구, 교육, 자문, 예방, 재활 등을 담당하는 심리학의 전문 영역입니다.

강_ 아이의 주의력 문제가 ADHD 진단을 받을 만큼 심각하다면 공부 전략, 그러니까 주의 집중 전략이 중요합니다. 주의력에 문제가 있다고 공부를 못할 수밖에 없는 건 아니에요. 주의력에 문제가 있어도 다른 능력은 괜찮을 수 있으니까요. 다만 주의력이 떨어지면 잠재 능력을 발휘하기 어려울 수 있지요.

도_ 자동차에 비유할 수 있겠네요. 좋은 자동차일수록 엔진이 훌륭하잖아요? 그런데 엔진이 좋은 차라고 해도, 타이어에 구멍이 났다면 잘 달릴 수 없을 거예요. 그렇다고 그 차의 성능이 나쁘다고 할 수는 없죠. 타이어만 갈아 끼우면 다시 달리는 데 문제가 없을 테니까요. 이 경우 언제 타이어에 구멍이 잘 나는지 알아보고, 타이어를 효과적으로 갈아 끼우는 방법을 배워 둘 필요가 있을 거예요.

어_ 그렇다면 여기서 타이어에 구멍이 났는지 확인하고 필요시 타이어를 갈아 끼우는 방법을 배우는 건 학습 전략을 배우는 것과 같겠네요. 주의력에 문제가 있을 경우, 어떤 것부터 공부할지 우선순위를 정하는 방법이나 자신이 집중하지 못하고 있을 때를 알아차리고 다시 집중하는 방법 등을 배울 필요가 있어요.

강_ 산만한 아이들은 오랫동안 공부하는 걸 특히 힘들어해요. 그러니까 시간을 짧게 끊어서 지도하는 게 좋아요. 물론 아이에 따라 그 간격은 다르겠죠. 30분 정도 공부하면 쉬게 할 수도 있고, 10~15분 정도 공부하고 쉬게 할 수도 있어요. ADHD인 사람은 오래 집중할 수 없기 때문에 공부나 일도 전혀 할 수 없다고 생각하기 쉬운데, 방법을 달리한다면 충분히 좋은 결과를 낼 수 있습니다.

어_ 맞아요. 그런 오해가 정말 많은데, 꼭 짚고 넘어갈 필요가 있겠습니다. ADHD는 뇌의 문제잖아요? 그래서 자녀가 정식으로 ADHD 진단을 받을 경우, 많은 부모님들이 자신이 해 줄 수 있는 게 별로 없다고 생각해서 좌절감을 느끼더라고요. 물론 말 한마디로 아이의 생활 습관이나 뇌 구조가 근본적으로 바뀌진 않겠죠. 하지만 부모는 아이가 생활에 잘 적응하고 ADHD의 좋은 점이 부각되도록 아이에게 도움을 줄 수 있어요. 그러니 ADHD 아이를 키우는 부모님들이 좌절하지 않았으면 합니다.

도_ ADHD는 뇌의 문제이기 때문에 장기전이 될 수밖에 없다는 입장에서 이 문제에 접근할 필요가 있다는 말씀을 드리고 싶습니다. ADHD

> **ADHD와 뇌**
>
> 주의력 문제는 일차적으로 뇌의 문제입니다. 정보를 조직화하고 행동을 계획하고 정서를 관리하는 여러 뇌 영역(전전두엽피질, 전대상피질, 선조체, 전두엽 등)이 원활하게 기능하지 못하고, 신경전달물질인 도파민의 활동이 비정상적일 때 주의력 문제가 두드러지게 됩니다.
>
> ADHD 아동은 보호자를 무시하거나 반항하려는 의도로 부주의한 모습과 과잉행동, 충동성을 보이는 것이 아닙니다. 이들이 이렇게 행동하는 이유는 단지 주의력과 관련된 뇌 영역이 다른 아이들에 비해 덜 활성화되어 있기 때문입니다. 즉 ADHD는 의지의 문제가 아닌 뇌의 문제입니다.

증상이 심하면 약물치료를 우선적으로 고려하게 되는데, 많은 부모님들이 약물치료를 시작하며 '딱 일주일만, 한 달만, 일 년만 벼르고 약물치료를 하면 우리 아이가 좋아지겠지'라고 생각하시거든요. 물론 그렇게 될 수도 있죠. 하지만 그렇지 않을 가능성이 더 높아요. 그러니 여유를 갖고 아이가 꾸준히 치료를 받게 해야 합니다.

강_ 아이의 집중력과 관련하여 많은 부모님들이 걱정하는 부분은 약물치료 시 상당 부분 해결될 수 있습니다. 그러니 너무 걱정에 몰입하기보다는, 전문가와 면밀히 상의하여 약물치료를 진행하는 것이 좋을 수 있어요. 그런데 약물치료만으로 주의 집중력이 크게 개선되는 아동도 있지만, 대개의 경우 심리치료나 상담을 통해 주의 집중 방법이나 자기조절 방법을 알려 주면서 약물치료를 진행해야 효과가 더 크다는 점을 강조하고 싶습니다. 기본적으로 약물은 주의 집중과 관련한 증상을 완화시켜 줄 뿐, 어떻게 집중해야 하는지 가르쳐 주지는 않으니까요.

도_ 그렇죠. 약물치료와 심리치료를 병행한다면, 자신을 좀 더 쉽게 통제하며 주의 집중 기술을 익힐 수 있습니다. 이렇게 함으로써 장기적으로 일상생활과 학습에도 자신감을 갖고 통재력과 잠재능력을 발휘할 수 있지요.

어_ 자녀가 ADHD로 진단을 받으면 대부분의 부모님들이 굉장히 낙담하십니다. 약물치료를 해야 할지 상담을 받아야 할지 걱정하시는 분도 많아요. 하지만 분명한 건, ADHD임에도 훌륭한 사람이 많다는 사실이에요. ADHD 아이들이 다루기 힘들 수는 있어도 은근히 귀엽고 재기 발랄한 면도 있으니까요. 지금은 약물치료가 필요하지만, 아이의 미래가 어떻게 될지 아무도 몰라요.

도_ 맞아요. ADHD로 진단 받은 아이들은 다른 아이들에 비해 호기심이 많거나 활기차거나 재치 있거나 창의적인 경우가 많아요. 그래서 아이가 자신의 장점을 발견하고 개발해 나갈 수 있도록 지원해 주는 것도 매우 중요합니다.

어_ 주의력에 문제가 있는 아이들은 초등학교 3학년쯤부터 자존감이 떨어지는 경향이 있어요. 학교 공부를 따라가기 점점 힘들어하고, 친구 관계에서도 어려움을 겪죠. 그래서 학교에서도 집에서도 문제아 취급을 받기 쉽거든요. 이렇게 되면 자신감이 없어져서 아무것도 시도하지 않으려 하게 될 수 있습니다. 그러니 이런 문제를 중심으로 아이를 대하기보다 칭찬과 격려로 아이의 용기를 북돋아 줘야 해요.

강_ 이 사례의 아이가 ADHD가 맞다면 그 증상 때문에 여러모로 힘들어질 시기네요. 어머니도 학교 숙제 시키는 것조차 어렵다고 말하고 있고요. 우선 아이의 학교생활과 일상생활을 개선하기 위한 전략이 필요할 것 같아요. 아이가 이 정도 나이면 이것저것 해야 한다고 주변에서 많이 얘기할 텐데, 아이가 소화할 수 없는 일정을 무리하게 짜서 아이를 힘들게 하지 않았으면 해요.

도_ 저도 친구를 만났다가 선행 학습이 정말 중요하다는 얘기를 귀가 아프도록 들었어요. 그 친구가 학구열이 높은 동네에 살거든요. 물론 그 말이 맞을 수도 있죠. 그런데 천편일률적으로 좋다는 걸 다 따라 하기보다 아이에게 맞는 전략을 발견하는 게 더 중요하지 않을까요?

어_ 이 사례의 아이가 현재 초등학교 3학년이잖아요. 이 시기가 굉장히 중요해요. 중학교만 들어가도 아이에게 학습 전략이나 생활 전략을 알려 주고 함께 연습하기 쉽지 않을 수 있거든요. 아이가 언제까지 내 품 안에만 있으려 하지 않을 거예요. 그러니 지금 이 시기를 놓치지 말고 아이에게 적합한 전략을 찾아 연습할 필요가 있어요.

강_ 그러면 주의력이 부족한 아이에게 어떤 학습 전략이나 생활 전략이 유용할까요?

도_ 저는 제 아이 학습을 지도할 때 타이머를 활용해요. 인터넷에 '타이머'라고 검색하면 저렴하고 구입하기 쉬운 타이머가 많이 나올 거예요. 이 중 시간이 줄어드는 게 보이는 타이머가 좋아요. 스마트폰에도 타이머가 있지만, 아무래도 스마트폰은 딴짓을 하기에도 좋잖아요? 반면 타이머로는 그럴 수 없죠. 게다가 시간이 줄어드는 게 보인다면 아이도 자신이 얼마나 더 집중하면 목표를 달성할 수 있는지 알 수 있어요. 처음에는 10분 정도로 짧은 시간 동안 집중하는 것을 연습하고, 이후 조금씩 집중하는 시간을 늘려 가며 지도해 주면 좋습니다.

어_ 아이가 스스로 뭔가를 계획할 수 있게 도와주는 것도 좋겠죠. 주의력이 부족한 아이들은 과제나 문제를 해결하기 위해 계획을 세우는 것을 어려워해요. 학교 갈 준비하는 순서나 잠자리에 드는 순서 등 가벼운 것부터 계획하고 연습하는 게 도움이 될 수 있어요.

도_ 저는 일을 주로 밤에 하다 보니, 지치고 컨디션이 안 좋은 상태에서 일하는 경우가 많거든요. 이럴 때 제가 쓰는 전략인데요. 저는 2~3시간 연달아 일하지 않고, 30분에서 1시간 정도 일하고 유튜브를 봐요. 이게 제가 저에게 주는 선물이에요. 강화를 주는 거죠.

어_ 강지현 선생님이 말한 "시간을 짧게 끊어서" 전략이네요. 많은 부모님들이 "3학년쯤 되면 1시간은 공부해야죠"라고 말씀하실 텐데, 주의력이 부족할수록 이런 식으로 30분 공부하고 잠깐 좋아하는 활동을 하고, 다시 30분 공부하는 식의 기법을 활용하면 좋을 것 같아요.

강_ 부모님에게 어렸을 때 주의력 문제가 있었다면, 그 시기를 거쳐 오며 본인이 터득한 비법을 알려 줄 수도 있겠죠. 이 사례의 아버님도 어렸을 때 많이 산만했다고 하잖아요? 이런 경우 아이를 이해하기가 훨씬 쉬울 거예요. 아이가 무엇을 어려워하고, 어떨 때 특히 집중이 안 되고, 어떨 때는 더 집중이 잘 되는지 대화해 보는 거죠.

어_ 뚜렷한 주의력 문제가 없었던 부모님들도 있을 거예요. 그런데 사실 아주 심한 정도는 아니었다고 해도 어렸을 때는 누구나 어느 정도 산만한 행동을 하잖아요? 이런 경험을 아이와 나누는 것도 좋습니다. 그러면 아이는 실질적인 조언도 얻고, 부모님이 '내 편'이라는 생각에 정서적으로 안정감을 느끼게 될 거예요.

도_ 두 분이 아주 중요한 점을 짚어 주셨네요. 사실 학습 기술이나 전략은 많이 있거든요. 이것들을 모아 둔 책도 많고요. 그런데 내 아이에게 꼭 맞는 황금 전략이나 완벽한 해결책이 있는 건 아니잖아요. 그러니 우선 아이와 대화하고, 아이의 어려움에 공감하는 데서 출발하여 아이에게 맞는 방법을 찾아볼 필요가 있습니다.

어_ 아이가 주의 집중 전략을 잘 활용하거나 부모님과의 약속을 잘 지키거나 조금 어려운 과제를 해낼 때는 크게 칭찬하는 게 좋겠죠. 주의력이 부족한 아이는 부정적인 피드백을 받는 경우가 많아요. 그런데 칭찬을 통해 아이가 성취감을 느낀다면, 지금 갖고 있는 자신의 능력만으로 해야 할 것을 스스로 해 나갈 수 있고 자신의 능력과 수행 정도를 조금씩 늘려 볼 수도 있겠다고 생각하게 될 거예요. 이렇게 아이가 자신에게 만족하는 경험을 쌓게 할 필요가 있습니다.

강_ 이 사례에서는 아이의 문제에 대한 어머니와 아버지의 시각이 서로 다르잖아요? 아무래도 어머니들이 대체로 좀 더 가까이에서 아이를 키우다 보니 아이 문제를 크게 생각하고, 아버지들은 대수롭지 않게 생각하는 경우가 많은데, 이 가정은 반대인 것이 인상적이네요. 아버지가 아이의 문제를 심각하게 여기는 건 아버지 본인 문제랑 겹쳐서이기도 하겠죠. 이렇게 부부간 의견 차이가 있을 때는 대화를 통해 서로를 좀 더 깊이 이해해야 합니다. 그래야 아이를 위한 협동 전략을 짤 수 있을 테니까요.

어_ 약물치료에 대해 좀 더 이야기하고 싶어요. 이 아이가 ADHD라면 약물치료가 필요할 수 있습니다. 학년이 올라갈수록 그 필요성이 더 커질 수 있고요. 앞에서도 말했듯 ADHD는 뇌의 문제니까요. 약물을 사용해서 뇌의 기능을 향상시키면 ADHD로 인한 문제를 더 원활히 개선할 수 있어요.

도_ 모든 치료가 그렇지만, ADHD 약물치료도 치료를 받고자 하는 동기가 중요합니다. 더 강한 동기 부여를 위해서는 부모님이 약물치료의 중요성을 이해해야 합니다. 실제로 ADHD 아동의 경우 주의력이 또래에 비해 느리게 발달합니다. 물론 대개 시간이 지나면서 어느 정도 나아지긴 해요. 그렇지만 아동에게는 6개월, 1년이 매우 소중하죠. 주의력 문제 때문에 학습이나 사회적인 관계에서 필요한 것들을 제때 배우지 못하면 아이에게는 손해가 훨씬 더 큰 셈입니다.

강_ 그렇죠. 하지만 그럼에도 약물치료를 꺼리는 부모님들이 많아요. 물론 그 심정도 이해합니다. 하지만 약물치료만으로도 아이가 학습이나 자존감, 친구 관계와 관련하여 겪는 어려움이 크게 나아질 수 있지요. 반면 부모님의 거부감으로 약물치료 시기를 놓칠 경우, 아이의 주의력 문제가 더 심화될 수 있습니다. 그러니 막연히 불안하거나 아이에게 불이익이 생길 수 있다고 지레짐작해서 무조건 약물치료를 거부하지는 않았으면 해요. 특히 주의력 문제에 있어 약물치료는 가장 널리 사용되는 치료법으로, 오랫동안 안정성이 입증되어 왔거든요. 그러니 정신건강의학과, 상담센터, 지역 위^{Wee}센터 등 정신 건강 전문 인력이 근무하는, 신뢰할 수 있는 기관에서 아이의 약물치료를 권할 경우, 걱정이 되더라도 전문의와 상의하여 꼭 약물치료를 시도해 보았으면 합니다.

도_ 이 지점에서 약물치료에 사용하는 향정신성 약물에 대해 이야기하는 게 좋겠네요. 약물치료에는 향정신성 약물의 일종인 각성제stimulant가 널리 사용됩니다. 각성제는 뇌 신경세포를 활성화시키기 위해 신경전달물질과 교감신경계를 자극하여 집중력을 증가시키는 역할을 합니다.

향정신성 약물은 감기약과 달리 약의 종류와 복용량을 결정하기에 복잡한 면이 있어서 주의가 필요합니다. 그래서 약물치료 시 아이의 반응을 보고 약물의 종류와 양을 조절하죠. 부작용은 최소화하고 주의력 개선 효과는 극대화하는 약과 용량을 찾아가는 과정이 약물치료의 관건이라 할 수 있어요.

강_ 약물치료를 시작한 뒤 아이의 주의력은 얼마나 향상되었는지, 부작용은 어떤 모습으로 나타나는지, 부작용이 심각하지는 않은지 등을 주의 깊게 관찰할 필요가 있겠네요. 이런 점을 잘 기록해 두었다가, 의사 선생님과 상의하면 큰 도움이 될 거예요.

어_ 앞에서 학습 전략으로 시간을 짧게 쪼개서 공부하는 전략에 대해 이야기했잖아요? 그런데 학교 수업 시간은 5분이나 10분 단위로 쪼개져 있지 않아요. 그래서 성공적으로 학교생활에 적응하기 위해서는 약물치료가 더욱 필요할 수 있습니다.

도_ 약물치료 시에는 부모님과 학교 선생님의 상호작용도 중요합니다. 선생님과 대화하여 아이가 학교에서 얼마나 집중하는지, 어떤 시간에 집중력이 저하되는지 파악할 수 있어요. 이런 정보를 바탕으로 아이가 약을 먹는 시간을 결정할 수 있겠죠. 만약 학교에서 보이는 부작용이 있다면, 의사 선생님과 이에 대해서도 상의해야 합니다.

강_ 학교 선생님의 협조를 구하기 위해서는 먼저 아이가 ADHD로 진단을 받아서 치료 중이라는 사실을 알려야겠죠. 그런데 ADHD 아이를 키우는 부모님들과 대화해 보면, 아이가 정신과 약을 복용한다는 사실을 지나치게 부정적으로 받아들이는 경우가 많아요. 그래서 누군가 이 사실을 알게 되는 것도 두려워하고요.

어_ 부모님이 그렇게 생각할 일이 아니라는 점을 강조하고 싶어요. 어떤 사람은 위장이 안 좋고 어떤 사람은 혈압이 높은 것처럼, 우리 아이는 주의를 집중하고 조절하는 기능이 약한 거라고 생각하면 어떨까 싶어요. 해당 발달이 조금 느린 거죠. 하지만 다행히 여러 도움을 통해 아이가 좀 더 행복하게 생활할 수 있게 된다고 생각한다면, 이 모든 과정이 좀 더 편안해지지 않을까요?

도_ 아직도 한국에서는 정신장애가 있다는 사실을 숨기려 하는 경향이 강한 것 같아요. 그래서 정신건강의학과를 다니거나 향정신성 약물을 복용하는 것을 꺼리고, 충분히 개선할 수 있는 문제임에도 도움을 받지 않는 경우가 많아요.

사실 약물치료가 꼭 아이만의 문제라고 볼 순 없잖아요? 아이에게 주의력 문제가 있으면, 부모님이 정말 많이 힘들어지니까요. 제가 아는 분의 아이도 ADHD인데, 그 집을 보면 아이도 아이지만, 어머니가 너무 힘들어서 최근 들어 우울증 약을 복용하게 되었다고 해요. 그동안 너무 힘들었는데, 전문가를 찾아가고 나서 확실히 많이 나아졌다고 하더라고요.

어_ 다행이네요. 아이의 주의력 문제 때문에 부모님도 힘들어지는 경우가 정말 많죠. 꼭 주의력 문제가 아니라도, 아이의 행동 문제로 인해 부모님이 어려움을 겪을 수 있잖아요. 이럴 때는 망설이지 말고 전문가를 찾아가 약물치료나 심리치료 등 필요한 도움을 받았으면 합니다.

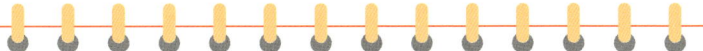

CHECK CHECK!

우리 아이 주의력, 괜찮은지 궁금하다면?

다음 중 대부분의 사항에 대해 '예'라고 답하신다면, 전문가를 만나 아이의 주의력에 대해 종합적으로 평가를 받는 것을 진지하게 고려해 보시기 바랍니다.

- ✔ 공부할 때나 일상에서 부주의로 실수를 자주 한다.

- ✔ 숙제나 놀이 등을 계획하거나 계획대로 수행하기 어려워한다.

- ✔ 물건을 자주 잃어버린다.

- ✔ 쉽게 다른 곳으로 주의를 돌린다.

- ✔ 일상적인 일을 자주 깜빡한다.

- ✔ 가만히 있어야 하는 상황에서도 꼼지락거리거나 돌아다닌다.

- ✔ 다른 사람의 말을 끝까지 듣거나 자기 순서를 기다리지 못한다.

"아이가 공부를 잘하는데, 시험만 보면 실력 발휘를 못해요"

제 아이는 고등학교 1학년이에요. 아이가 공부를 꽤 잘하는데, 매번 모의고사를 보면 성적 변동이 심해서 대학 진학이 걱정돼요. 왜 이렇게 성적이 들쭉날쭉한지 모르겠어요. 이런 일이 반복되니 아이도 힘들어하고요…. 아이가 어렸을 때부터 알아서 열심히 공부를 했다 보니, 집에서는 아이에게 공부를 강요하지 않아요. 그런데도 아이가 성적에 대한 욕심이 많아서 스트레스를 많이 받아요. 다른 면에서는 털털한데 유독 성적에 대해서만 그러네요. 어떻게 하면 좋을까요?

강_ 이렇게 성적이 잘 나왔다 안 나왔다 하면, 본인도 스트레스를 받고 주변에서도 많이 안타깝겠어요. 왜 이런 일이 일어나는 걸까요?

도_ 저도 고등학교 때 이랬어요. 성적이 참 오르락내리락해서 결국 수

능 점수도 평소보다 낮게 나왔죠. 그래서 재수를 했는데, 이때도 첫 모의고사는 잘 봐서 엄청 기대했건만 최종 결과는 기대에 못 미치더라고요. 그런데 생각해 보면, 사람의 능력이 그렇게까지 심하게 들쭉날쭉할 수는 없는 거잖아요? 그래서 이 경우 능력 외의 다른 요인이 작용했다고 볼 수 있을 것 같아요.

어_ 어떤 요인이 작용했다고 생각하시나요?

도_ 상황에 따라 고려할 요인이 많겠지만, 저나 이 사례의 학생 같은 경우 불안이 아닐까 해요. 기분 상태가 학업에 영향을 미치는 거죠. 저는 평소 그렇게까지 예민하고 불안한 성격은 아닌데, 공부나 업무 등에 관해서는 조금 예민하고 불안해하는 면이 있어요. 이런 불안 때문에 공부를 더 하고 일을 꼼꼼히 하게 된다는 장점도 있긴 하지만, 중요한 때 실력 발휘를 못하는 경우도 있는 거죠. 어렸을 때 불안감을 조절하는 방법을 알았다면 제 능력을 좀 더 자유자재로 발휘할 수 있지 않았을까 싶어요.

강_ 도레미 선생님이 학교 다닐 때 아쉬운 게 많았나 봐요. 이 사례의 부모님도 아이를 지켜보며 어떻게 도와줄지 몰라 안타까워하고 있잖아요? 선생님이나 이 아이처럼 학창 시절에 불안으로 힘들어하는 학생들을 가정에서 어떻게 도와줄 수 있을까요?

도_ 일단 아이의 불안에 대해 아이와 이야기해 보면 좋을 것 같아요. 비교적 간단한 방법이지만, 효과는 크거든요. 그러기 위해서는 아이가 어떤 상황에서 불안하고 예민해지는지 부모님이 살펴보고, 아이도 나름대로 자신을 관찰해야 합니다. 그런 다음 이런 불안감을 줄이는 데 어떤 활동이 도움이 되는지 함께 생각해 볼 수 있겠습니다.

어_ 그런 작업이 익숙해지면 실질적으로 학업 성취에 크게 도움이 될 것 같네요. 사람마다 마음이 편해지는 활동이 다르잖아요. 예를 들어 음악을 들으며 안정감을 느끼는 사람은 공부할 때 음악을 듣고 시험 보기 전에 마음속으로 그 음악을 재생하는 거죠. 본인이 편안함을 느끼는 활동이 무엇인지 미리 생각해 본다면 도움이 되겠네요.

도_ 저는 너무 불안하거나 밤에 잠이 안 올 경우 명상을 하거든요. 명상을 영적이거나 종교적인 행위로만 생각하는 사람이 많은데, 최근에는 명상이 통증 치료나 수면, 주의력 향상에 도움이 된다는 연구 결과가 전 세계 과학계와 정신의학계에서 보고되고 있습니다. 제가 상담하며 만나는 청소년들에게도 명상을 지도하곤 하는데, 확실히 도움이 된다는 반응이 많더라고요. 명상뿐 아니라 호흡법과 이완법도 불안감을 완화하는 데 도움이 되니, 이런 것들을 아이와 함께 연습하는 것도 좋겠죠.

강_ 최근에는 우울이나 불안, 불면, 통증 치료 기법으로 마음챙김 mindfulness 명상이 각광받고 있잖아요? 요즘에는 유튜브 같은 플랫폼에 '마음챙김'만 검색해도, 마음챙김 명상을 자세히 안내해 주는 채널이 많더라고요. 이런 영상을 통해 아이와 함께 명상을 연습해도 좋을 것 같아요.

어_ 이 사례의 아이처럼 어느 정도 큰 아이들은 부모님과 함께 명상하는 것을 어색해할 수 있어요. 이 경우 각자 영상을 보며 명상한 뒤 소감을 나눌 수 있겠죠. 여건이 된다면 명상을 함께 연습할 수 있는 기관을 방문해서 배워 보는 것도 좋겠습니다. 집중이 안 되거나 스트레스를 받을 때, 혹은 자기 직전에 마음챙김 명상을 한다면 아이의 수면과 학습에 상당한 도움이 될 거예요.

도_ 꼭 영상을 보며 명상을 할 필요는 없겠지요. 조용히 음악에 집중하고 느끼는 것도 마음챙김 훈련이니까요. 중요한 건 어느 정도 기간 동안 꾸준히 연습하는 것입니다. 그래야 효과가 나타나니까요. 매일 하는 게 가장 좋지만, 상황이 여의찮다면 일주일에 두세 번 정도, 적어도 2~3주 이상 연습할 것을 권해드립니다.

강_ 명상 자체도 좋지만, 그렇다고 마음챙김을 위해 반드시 명상을 해야 하는 건 아니라는 점도 짚고 넘어가고 싶네요. 마음챙김은 과거나 미래에 대한 불안을 내려놓고 지금에 집중하여 내 안의 감정과 생각을 알아차리는 것을 의미합니다. 예를 들어 '시험을 망칠까 봐 불안해'라고 생각하는 대신, '내 안에 시험에 대한 불안이 있구나'라고 생각하는 것이죠.

이렇게 온전히 현재에 집중한다면, 어떤 활동이든 마음챙김 활동이 될 수 있지요. 차를 마시면서 차의 향과 온도를 느끼는 것도, 소리나 냄새 등 자연의 감각에 주목하며 천천히 산책하는 것도 마음챙김 연습이라고 말할 수 있겠네요.

어_ 지금까지 이야기한 것처럼 음악을 듣거나 명상을 하는 것 모두 좋은 방법이네요. 산책이나 취미 활동, 운동을 하는 것도 효과가 있겠죠.

이런 방법들을 시도하며 일지를 쓰면 더욱 도움이 될 것 같아요. 일지를 쓰다 보면 어떤 방법이 불안을 얼마나 완화시키는지, 그러니까 어느 것이 더 자신에게 맞는 방법인지 객관적으로 볼 수 있고요. 이 과정에서 본인의 문제를 스스로 해결해 나가는 방법을 학습할 수 있게 되기도 합니다.

강_ 좋은 방법이네요. 자신이 어떤 상태인지 먼저 파악해 보는 것이 중요하니까요. 그런 의미에서 아이가 자신과 유사한 고민을 갖고 있는 친구를 격려한다면 어떻게 말하고 싶은지, 어떤 해결책을 권하고 싶은지 상상해 보게 하는 것도 도움이 될 거예요. 이 과정에서 자신을 위한 격려의 말이나, 직접 적용할 수 있는 해결책을 찾을 수도 있죠. 실제 상담 현장에서도 이런 방법을 자주 사용합니다.

도_ 하지만 아이를 관찰하여 시험 불안에 대해 이야기를 나누고, 저희가 제안한 방법을 사용한 뒤에도 뾰족한 변화가 없을 때는 전문가를 찾아가는 것이 좋을 수 있음을 짚고 넘어가야겠어요. 아이의 불안 문제가 매우 심각하거나, 아이와 대화하기 어렵거나, 불안을 완화하기 위한 방법들이 아이에게 도움이 안 된다면, 아동청소년 정신건강의학과 전문의가 있는 병원이나 자격을 갖춘 전문가가 있는 상담센터에 방문하는 것이 좋습니다. 물론 이때는 전문가의 도움을 받는 것에 대해 아이와 충분히 대화를 나눠야겠지요.

어_ 다시 사례로 돌아와서 이야기해 볼까요? 아이들이 겪는 불안에는

> **정신건강의학과나 상담센터 방문 전 유의 사항**
>
> 치료 기관을 고를 때는 우선 해당 기관 홈페이지에서 전문가의 자격과 경력*을 확인해야 합니다. 적당한 치료 기관을 찾았다면 먼저 치료 기관에 전화하여 궁금한 점을 물어본 뒤, 부모님이 먼저 치료 기관을 방문하여 전문가와 만나 봅니다. 한 곳만 방문하기보다는 두세 곳 정도 방문하여 비교해 보는 것이 좋습니다. 이때 아이가 치료자에게 마음의 문을 열고 상담/치료를 받을 수 있을지 고려해야 합니다.
>
> 　적절한 치료 기관을 찾았다면, 이제는 아이와 함께 방문합니다. 아이와 함께 갈 때는 아이에게 비밀로 하거나 막연히 "재미있는 거 하러 갈 거야"라고 말하기보다, 무슨 이유로 치료 기관에 가는지 솔직하게 설명하고, 이에 대해 아이와 대화를 나눠 봐야 합니다. 상담/치료를 받게 된 이후에도 지속적으로 자녀와 치료자 간의 관계를 살펴볼 필요가 있습니다.

* 심리 관련 전문 자격증으로는 임상심리전문가, 정신건강임상심리사 1급, 상담심리사 1급, 전문상담사 1급 등이 있습니다. 전문가를 찾을 때는 관련 학회 및 국가 공인 최상위 자격증을 갖추었는지를 확인해야 합니다.

시험이 차지하는 비중이 상당할 겁니다. 여기에는 특히 학생이 공부를 잘하는 것을 굉장히 중요하게 여기는 사회 분위기가 큰 영향을 미치는 듯해요. 이 사례의 아이는 부모님이 강요하지 않았음에도 혼자 열심히 공부하면서 스트레스를 받고 있어서 좀 더 안타까워요. 이 아이가 열심히 하고 싶어 하는 마음을 충분히 인정받았으면 좋겠다는 생각이 드네요.

　열심히 하고 싶어 하는 마음 안에는 사랑받고 싶은 마음과 인정받고 싶은 마음이 있잖아요. 이 마음을 부모님이 알아줘야 해요. 물론 시험 결과도 중요하지요. 하지만 과정 속에서도 기쁨을 찾을 수 있게 격려해 주는 한편, 시험이 자신을 판단하는 시험대가 아니라 학습 내용을 확인하는 하나의 도구라고 생각하게 한다면 아이가 덜 불안해할 수 있겠죠.

강_ 그렇죠. 자신의 실력을 다 풀어내지 못했어도, 그 시험 결과가 내 인생을 결정하는 것은 아니라는 생각도 어느 정도 필요하지 않을까 싶어요.

어_ 고등학생에게 시험은 중요하죠. 하지만 시험을 못 본다고 아이의 삶이 의미 없어지는 건 아니잖아요? 그러니 아이에게 '너는 있는 그대로 의미 있고 사랑스러운 아이다'라는 마음을 표현할 필요가 있는 것 같아요. 물론 부모님이 정말 그렇게 생각해야겠지요. 그렇지 않다면 아이는 부모님의 표현이 진심이 아니라는 것을 금방 알아차릴 테니까요.

강_ 부모님들이 학습과 심리 상태가 굉장히 밀접하게 연결되어 있다는 사실을 꼭 알았으면 해요. 약간의 불안감은 무언가를 해내는 데 도움이 되지만, 지나치게 불안할 경우 오히려 수행 수준이 떨어집니다. 우울한 경우 주의력과 기억력이 저하되고요.

도_ 공부를 잘하고 싶다면 당연히 학습 능력이 중요하지요. 선행 학습을 하는 것도 도움이 될 수 있어요. 하지만 아이가 스스로 포기하지 않는 것이 가장 중요하다고 생각합니다. 그래서 제 아이에게도 포기하지 말라는 말을 가장 많이 해요. 학창 시절은 길기 때문에 도중에 지쳐서

| 긴장과 학습 능력의 상관관계

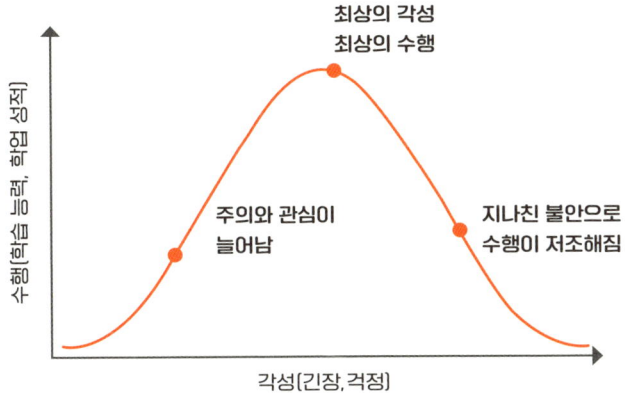

Yerkes, R. M., & Dodson J. D. (1908). The relation of strength of stimulus to rapidity of habit-formation. *Journal of Comparative Neurology and Psychology*, 18(5), 459-482.

포기하기 쉽잖아요? 아이들이 우울과 좌절감을 잘 다뤄서 건강한 정신을 유지할 때, 자신의 잠재 능력을 최대한 발휘할 수 있어요.

그렇기 때문에 아이가 지나치게 우울해하거나 불안해한다면 학원에 보내는 것보다 우울이나 불안을 다루는 방법을 가르쳐 주는 것이 좋습니다. 필요하다면 심리치료를 받아야겠지요. 아이가 자신감을 갖고 자신의 우울이나 불안을 다룰 수 있게 도와주는 것이 성적 향상에도 훨씬 도움이 될 수 있다는 사실을 부모님들이 명심했으면 합니다.

어_ 아이의 정신 건강이 삶뿐 아니라 성적에도 중요하다는 사실은 부모님들도 잘 알고 있을 거예요. 그런데 부모님 입장에서 생각해 보면, 주변 아이들이 모두 선행 학습이나 학원 등에 시간을 쏟는데, 우리 아이만 이런 것들을 하지 않을 경우 불안할 수 있습니다. 또한 오히려 아이와 부모의 불안감을 덜기 위해 선행 학습을 시키는 경우도 있고요.

도_ 제 친구도 비슷한 이야기를 하더라고요. 아이가 고등학교에 가기 전에 수학 선행 학습을 마쳐야 한다고요. 아이가 선행 학습을 하면 여유가 생겨 마음이 편안해질 수 있을 것 같다고 해요. 그렇지만 선행 학습에는 엄청난 돈과 시간이 드는 반면, 아이가 스트레스나 압박감을 견디지 못한다면 그마저도 큰 효과가 없을 거예요. 따라서 아이가 스트레스를 받거나 압박감을 느끼는 상황을 견딜 수 있도록 내면의 힘을 키워 주는 것이 중요합니다.

강_ 맞아요. 이렇게 내면의 힘을 키우려면 시험이나 발표 같은 스트레스 상황을 그저 모면하거나 좋은 성과를 냈다고 만족하기보다, 그 상황에서 경험한 불안을 적절히 다루었는지 점검할 필요가 있습니다. 불안을 다루기 위한 별도의 활동 목표를 설정하고 이를 어느 정도 달성했는지 확인하는 거죠.

예를 들어 공부 시작 전에 스트레칭을 통해 몸을 이완시키거나 명상을 하기로 했다면, 이런 활동들을 잘 하고 있는지, 효과는 어떤지 확인하면서 성취감을 느낄 수 있습니다. 자신에게 힘을 주는 말을 포스트잇에 적어 책상 앞에 붙여 두는 것도 좋아요. 학습 목표를 세울 때도 친구와 비교하여 상대적인 목표를 세우기보다 자신만의 목표를 세워 이를 달성해 나가는 자신을 칭찬해 줄 수 있겠죠. 이러한 과정을 통해 이후 스트레스가 심한 상황이 닥쳐와도 잘 대처할 수 있다는 자신감을 쌓아야 합니다.

어_ 굉장히 좋은 방법들이네요. 공부만 한다고 좋은 성적이 보장되지는 않아요. 한 번 성적이 잘 나왔다고 그 다음 시험 스트레스에 대해 저절로 면역이 생기는 것도 아니죠. 그보다는 불안을 어떻게 다루었느냐, 그러니까 불안을 다루기 위해 어떤 것을 시도했는지가 중요한 것 같아요. 어느 정도 실력을 갖춘 학생들에게는 어쩌면 이런 지식 외의 심리적인 면, 소위 말하는 멘탈 관리가 수행에 훨씬 지대한 영향을 주기도 합니다.

도_ 저희 어머니 친구 자제분 중 정말 공부를 잘하는 분이 있었는데, 이분이 불안 증상이 조금 심했거든요. 결국 입시 시험 당일 시험장에서 쓰러졌다고 해요. 시험 불안 때문에 재수 때도 성적이 잘 안 나와서 삼수쯤 해서 원하는 대학에 갔을 거예요. 이런 걸 보면 학생의 진짜 실력을 발휘하기 위해서는 자신의 불안을 잘 다루는 능력이 정말로 중요하다고 생각합니다.

만약 제가 다시 학창 시절로 돌아간다면, 저의 불안을 다루는 데 조금 더 신경을 쓸 거예요. 제가 재수하던 시절에 쓴 일기를 보면, '무슨 대학을 못 가면 나는 죽을 거다' 같은 식의 굉장히 자학적인 내용이 많거든요. 그렇게 저 자신을 채찍질하면서 공부했더라고요. 어느 정도 스스로 마음을 다잡을 필요는 있지만, 그렇게 자학적으로 하지는 않아도 되잖아요? 그래서 다시 학창 시절로 돌아가면 조금 더 그 순간을 즐기고 싶어요. 당시 그렇게 하지 못한 게 많이 아쉬워요. 우리 아이들은 자신에게 그렇게 가혹하지 않았으면 합니다.

어_ 어른들이 아이들에게 너무 큰 잘못을 했다는 생각이 드네요. 배움이란 그 자체로 좋은 건데, 배움의 즐거움보다는 결과로만 인정받을 수 있다는 압박감 때문에 아이들의 불안이 갈수록 심해지는 것 같아요.

도_ 많은 부모님들이 아이들이 당장 좋은 성적을 받는 데 신경을 많이 쓰잖아요? 그런데 당장의 성적보다는 아이가 공부를 대하는 태도가 더 중요하다고 생각해요. 공부 자체가 아이에게 즐거움을 줘서 아이가 배우는 것에 호기심을 갖게 되어야 하는데, 부모님이 아이에게 오직 성적만이 중요하다는 메시지를 줄 경우, 아이들은 압박감을 느껴 오히려 자신의 잠재 능력을 발휘하지 못할 수 있어요. 그러니 아이가 자신의 마음을 들여다보고 다스리는 기법을 시도하게 하고, 효과가 좋은 방법은 지속할 수 있도록 도와줄 필요가 있습니다.

어_ 태도에 대해 말씀하신 게 크게 공감이 되네요. 제가 초중고 시절과 입시를 겪으면서 배웠던 것들 중 가장 중요한 것은 문제를 대하는 태도라고 생각합니다. 만약 공부를 하는 목적이 오직 시험 성적뿐이라면, 대학에 가지 않거나 예체능을 전공하는 경우 수학을 공부할 이유가 없지요. 그런데 어떤 전공을 선택하든지 수학이라는 과목을 통해 문제를 해결하기 위해 논리적으로 사고하는 과정을 경험하는 것은 의미 있을 수 있어요. 이렇게 어떤 문제의 의미를 찾기 위해서는 그 문제를 대하는 태도가 중요하다고 생각합니다.

강_ 두 분의 이야기를 들어 보니, 공부나 문제를 대하는 태도는 아이와 부모 모두에게 중요하겠네요. 부모님의 경우 태도의 중요성을 이해하고 자신의 태도를 바꾸려고 노력하는 게 상대적으로 쉽겠지요. 그런데 아이는 아직 이를 진정으로 이해하고 받아들이기 힘들 수 있잖아요? 이 경우 가정에서 아이에게 어떤 도움을 줄 수 있을까요?

어_ 일단은 가정에서 아이에게 성적과 관련한 압박을 주지 않는 것이 중요하겠습니다. 하지만 이것만으로는 충분하지 않아요. 이 사례의 경우 어머니가 아이에게 공부를 강요하지 않음에도, 아이가 시험에 대해 심각한 불안감을 느끼잖아요? 여기에는 학교나 학원에서 선생님 혹은 친구들과 하는 대화나 미디어에서 성적에 대해 말하는 방식 등 수많은 요인이 영향을 미친다고 생각해요. 다소 예민한 아이들이 이 영향에 특히 많이 휘둘릴 수 있어요. 그러니 아이가 이런 외부의 메시지에 휘말려 너무 고통스러워하지 않도록 도와주는 한편, 그럼에도 공부에서 어떤 의미를 찾아야 할지 함께 대화하며 생각해 보는 것이 중요합니다.

강_ 어유경 선생님 이야기를 들으니 김연아 선수가 떠올랐어요. 저는 예전에 김연아 선수의 피겨 스케이팅 경기를 즐겨 봤는데요. 김연아 선수가 세계 최고 수준임에도 빙판에서 넘어지곤 하잖아요. 그런데 김연아 선수는 넘어진 다음에도 아무 일도 없었다는 듯 툴툴 털고 다시 일어나서 남은 시간 동안 최선을 다해요. 그 모습이 정말 감동적이더라고요. 우리 아이들에게도 이런 태도를 가르쳐 주고 싶어요. 누구나 실패할 수 있지만, 실패나 잘못에 너무 연연해서는 안 되잖아요. 다음을 향해서 툴툴 털고 일어나야죠.

어_ 그렇죠. 아이뿐 아니라 어른도 마찬가지입니다. 어른들도 사회생활을 하며 항상 스트레스를 받잖아요? 그렇게 스트레스를 받으며 일도 해야 하고요. 사실상 압박감 속에서 여러 가지 일이 쏟아지는 와중에 자신의 실력을 발휘할 수 있어야 사회생활이 가능하거든요. 이런 건 저절로 되지 않아요. 반드시 훈련이 필요하죠. 사실 아이들에게는 단지 시험을 잘 풀 수 있는 기술만이 필요한 게 아니에요. 이런 스트레스와 압박감을 견뎌 낼 수 있게 내면의 힘을 키워야 합니다.

도_ 내면의 힘이야말로 공부와 입시 과정뿐 아니라, 사회생활에도 필수적인 것입니다. 그러니 아이의 내면의 힘을 키우는 데 특히 세심한 주의를 기울일 필요가 있겠어요. 아이와 대화하면서 스트레스나 압박감을 견뎌 낼 수 있는 방법을 찾아보고 함께 연습해 보면 좋을 것 같아요.

부모님들은 종종 당장의 성적만을 우선시하여 이 부분을 간과하는 경우가 있어요. 하지만 아무리 좋은 자동차라도 연료가 없으면 나아갈 수 없는 것처럼, 아이들에게도 생명력, 의지, 동기 같은 요소가 필요합니다. 우리가 인생에서 항상 편안한 길로만 갈 수는 없잖아요? 가끔씩 포장되지 않은 길로 가야 할 때도 있어요. 아이들이 앞으로 이런 비포장도로에서도 잘 나아갈 수 있도록 훈련과 연습이 필요합니다.

어_ 도레미 선생님이 차를 되게 좋아하시나 봐요. (모두 웃음) 요즘에는 비포장도로가 많지 않지만, 가끔 차를 타고 비포장도로를 달리면 인내와 끈기가 필요하더라고요. 그렇다고 평탄하지 않은 길을 만날 때마다 멈춰서 대신 운전해 줄 사람을 찾을 수는 없어요. 부모님이라고 해도 평생 아이의 곁에서 모든 어려움을 해결해 줄 수는 없으니까요. 이렇게 삶이 뜻대로 풀리지 않을 때도 자신을 격려하며 다시 나아가는 방법을 연습할 필요가 있겠습니다.

강_ 아이가 처음부터 혼자서 이런 과정을 밟기는 어려우니 인생을 먼저 살아 본 부모가 아이의 멘토가 되어 차근차근 가르쳐 줄 수 있겠죠. "실수해도 괜찮아", "이번이 아니어도 괜찮아", "부족한 부분이 어디인지 알고 채워 나가면 되는 거야" 같은 말을 듣고 자란 아이는 결국 어려움을 겪을 때 자신에게, 나아가 주변 사람들에게 이런 말을 해 주는 아이로 자라게 될 거예요. 부모님에게 들었던 격려의 말이 내면에 장착될 테니까요.

도_ 아이와의 대화가 중요하다는 사실은 대부분의 부모님들이 알고 계실 거예요. 그런데 도대체 어떻게 아이와 대화해야 할지 모르겠다는 분들이 많아요. 어떻게 하면 서로 감정이 상하지 않고 대화할 수 있을까요?

강_ 부모님 본인이나 아이 모두 여유가 없거나 기분이 좋지 않을 때는 대화를 시도했다가 실패하는 경우가 많습니다. 그러니 우선 스스로 여유를 챙겨야겠죠. 그런 다음 아이가 대화가 가능한 상태인지 살펴보고, 지금 대화할 수 있는지 아이를 존중하는 태도로 물어보며 대화의 물꼬를 여는 게 좋습니다.

어_ 대화를 시작했다고 아이가 먼저 신이 나서 이런저런 이야기를 풀어낼 가능성은 크지 않습니다. 그러니 먼저 아이가 무슨 생각을 하는지 물어봐야 하는데, 이때 답이 정해진 질문이나 단답형으로만 대답할 수

아이가 공부를 잘하는데, 시험만 보면 실력 발휘를 못해요

있는 질문은 피하는 것이 좋습니다. 많은 아이들이 부모의 질문에 "몰라"라고 대답하고 넘어가려 하는데, 이건 아이만의 문제가 아닐 수도 있어요. 부모님이 듣고 싶은 대답을 자신에게 넌지시라도 강요한다고 느낄 경우, 아이는 대화를 더 이상 지속하지 않으려 할 거예요.

도_ 그렇죠. 그러니 열린 질문으로 아이의 생각과 느낌을 물어봐야 합니다. 예를 들어 무언가가 좋다면 어떤 점에서 좋은지, 얼마나 좋은지 구체적으로 질문하는 것이죠. 이때는 '왜'라는 표현은 되도록 삼가는 게 좋습니다. '왜' 좋은지, '왜' 싫은지 같은 표현은 부드럽게 말해도 따지는 듯한 인상을 줄 수 있으니까요. 대신 '어떻게' 혹은 '무엇 때문에' 같은 표현을 사용하면 대화가 좀 더 원활하게 진행될 거예요.

강_ 아이가 부모님에게 반감을 갖고 있지 않음에도 잘 대답하지 못하는 경우도 있어요. 아이가 아직 어리다면, 과거의 일이나 자신의 견해를 한두 문장으로 요약해서 대답하기 힘들겠죠. 청소년들 역시 청소년기의 불안정한 특성상 부모나 다른 어른과 대화할 때 편안하게 자신의 생각을 이야기하기 어렵습니다. 따라서 열린 질문으로 아이에게 질문한 후에는 잠시 기다렸다가 부드러운 태도로 예시를 몇 가지 들어 주는 것도 도움이 됩니다. 예를 들어 새로 사귄 친구가 어떤지 물어봤을 때, 아이가 "좋아"라고 짧게 대답하고 더 이상 말하지 않는다면, 친구의 어떤 점이 좋은지, 친구와 어떤 활동을 했는지, 그때 기분이나 생각은 어땠는지 등을 다시 한번 구체적으로 물어보는 거죠.

도_ 강지현 선생님께서 말씀하신 '태도'가 핵심이라고 생각해요. 때때로 어떤 말을 했는지보다 어떤 태도로 말했는지가 더 중요할 수 있으니까요. 부드러운 태도로 말해야 할 때가 있고 단호한 태도로 말해야 할 때가 있죠. 예를 들어 잘못된 행동을 지적할 때는 단호하고 명확하게 이야기해야 합니다. 반면 왜 그 행동이 잘못되었는지 알려 줄 때는 따뜻한 태도로 이야기해야 해요. 엄한 태도로 일방적으로 훈계하면 오히려 효과가 없을 수 있습니다. 그러니 우선 열린 마음으로 아이가 어떤 상황에서 왜 그렇게 행동했는지, 어떻게 생각하는지 들어 본 후 대화에 임할 필요가 있어요. 이 경우 아이의 상황과 입장을 더 잘 이해할 수 있고, 아이를 어떻게 도와주면 좋을지도 명확히 알 수 있겠지요.

어_ 아이와 대화하는 것은 어려울 수 있습니다. 어렵게 용기 내어 대화를 시도해도, 아이가 대화를 거부할 수 있죠. 청소년의 경우 특히 부모와 대화하기 싫어하는 경향이 강해요. 많은 부모님들이 이때 꽤 많은 상처를 받습니다. 하지만 그렇다고 대화가 불가능하다고 생각하며 마음의 문을 닫기보단, 시간을 두고 서서히 대화를 시도해 보실 것을 권합니다. 일단 따뜻한 눈빛을 보내며 짧게 안부를 묻는 것부터 시작해 볼 수 있겠죠. 아이와 대화하길 원하고, 아이가 대화할 준비가 될 때까지 기다리겠다는 메시지를 지속적으로 보내는 거예요. 관계가 회복되는 데는 오랜 시간이 필요할 수 있어요. 아이가 마음의 상처로 대화를 거부하고 있는 경우라면 더욱 그렇지요. 하지만 포기해선 안 된다는 말을 꼭 전해드리고 싶어요.

아이가 공부를 잘하는데, 시험만 보면 실력 발휘를 못해요

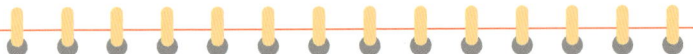

CHECK CHECK!
아이의 불안으로 인해
시험 성적이 저조하다면?

✔ **아이의 스트레스 수준이 심하지 않은지 살펴보세요.**

아이는 가정뿐 아니라 학교나 학원, 또래 관계에서 스트레스를 받을 수 있습니다.

✔ **스트레스와 압박감, 불안을 다스리는 방법을 알려 주세요.**

음악 감상, 명상, 호흡, 마음챙김 훈련이 도움이 됩니다. 일주일에 두세 번 정도 빈도로 꾸준히 지속해야 효과가 있습니다.

✔ **시험의 의미를 다시 규정해 주세요.**

성적으로 아이의 가치나 삶의 의미가 정해지지 않는다는 사실을 알려 주세요. 부모님 역시 학업 성취보다 공부하는 과정에 의미를 둘 수 있도록 진심으로 격려해야 합니다.

✔ **불안 문제가 오래 지속되거나 정도가 심각한 경우, 정신건강전문가를 찾아가세요.**

여러 방법을 시도했음에도 아이의 불안이 완화되지 않는다면 검증된 정신건강전문가에게 도움을 요청해야 합니다.

"아이가 또래에 비해
학습 능력이 낮아요"

저희 아이는 중학교 2학년입니다. 저와 배우자 모두 좋은 대학교를 나왔고, 지금도 입시에 유리한 학군에 살고 있어요. 그런데 아이를 보면 우리 가족이 왜 굳이 좋은 학군을 찾아 왔는지 회의가 생겨요. 아이가 공부를 잘 못하거든요. 어렸을 때는 똑똑한 것 같기도 했는데, 초등학교 고학년이 될수록 공부시키는 게 힘들더라고요. 학원에도 보내 보고 과외도 시켜 가며 노력하긴 했는데요. 아주 친절하고 쉽게 반복해서 설명하면 이해하는 것 같다가도 조금만 복잡한 문제가 나오면 전혀 갈피를 잡지 못합니다. 아이도 열심히 공부하긴 하는데, 발전이 더디니까 점점 위축되는 것 같아요. 이대로는 좋은 대학은커녕 인서울도 하기 힘들 것 같아서 고민이에요. 요즘 지능검사가 유행이라던데, 한번 받아 보는 게 좋을까요?

강_ 부모님은 공부를 굉장히 잘하셨지만, 아이가 그렇지 못해서 마음이 복잡하실 것 같아요. 지능검사까지 생각하고 계시네요. 사실 부모님이 공부를 잘하면 자녀도 공부를 잘할 거라고 생각하기 쉽잖아요? 이 생각이 근거가 있는 생각일까요?

도_ 부모님이 똑똑하고 능력이 뛰어난 경우, 자식들은 시작부터 좌절감을 느끼게 될 수도 있다고 해요. 예를 들어 어떤 집에서는 이 정도만 해도 칭찬을 받는데, 어떤 집에서는 이 정도쯤이야 당연히 해야 할 일인 거죠. 부모님의 뛰어남이 오히려 자식들에게는 안 좋은 영향을 주는 거예요. 그런데 많은 부모님들이 이 사실을 잘 모르더라고요. 부모님 학벌이 좋으면 이런 면이 있을 수 있다는 것을 생각할 필요가 있어요.

강_ 일단 이 학생의 성적이 객관적으로 어느 정도인지, 부모님이 원하는 성적은 어느 정도인지 확인해야겠습니다. 지금 중학교 2학년이면 수능 시험을 치르기까지 발전할 수 있는 시간이 많이 남았거든요. 그런데 부모님이 지금 당장 완성된 형태의 성적표를 바랄 수도 있을 듯해요. 예를 들어 아이의 시험 점수가 평균 85점 정도인데, 왜 100점을 못 받는지 고민하는 식으로요.

만약 부모님이 이런 생각을 갖고 있다면, 아무래도 조급한 마음에 아이의 성적을 부정적인 시각으로 바라봐서 칭찬에 인색했을 가능성이 있어요. 장기적인 관점에서 보면 아이에게 손해가 일어날 수 있는 상황이죠. 반면 아이의 성적이 객관적으로도 걱정스러운 수준이고 학교 선생님도 아이의 수업 태도나 성취를 염려할 경우, 접근 방법을 달리해야겠지요.

도_ 그런데 이 사례의 아이는 초등학교 고학년이 되면서부터 공부를 힘들어하게 됐대요. 또한 "아주 친절하고 쉽게 반복해서 설명하면" 내용을 이해하는데, 문제가 조금만 복잡해지면 해결하지 못한다고 해요. 이런 점을 고려하면, 이런 말씀 드리기 죄송하지만, 아이의 인지적 능력이 평균 이상으로 뛰어나지는 않을 가능성이 클 수도 있습니다. 아마도 평균 혹은 평균보다 낮은 수준일 텐데, 만약 아이의 인지적 능력이 평균보다 낮을 경우 어떻게 지도해야 할까요? 학업에 대한 기대 수준을 낮춰야 할까요, 아이에게 적합한 학습 전략을 가르쳐 줘야 할까요? 아니면 차라리 공부 외에 아이가 잘할 수 있는 것을 찾아 도전할 수 있게 도와주는 게 좋을까요?

강_ 말씀하신 세 가지 방법을 병행해야 할 것 같아요. 세 방법 모두 중요하니, 하나하나 살펴보는 게 좋겠네요. 먼저 학업에 대한 기대 수준을 낮추는 방법에 대해 이야기해 볼까요?

일단 기본적으로 경우에 따라 지능검사가 유용할 수 있어요. 다만, 유행을 따라 아무 지능검사나 하는 게 아니라, 아이의 인지 능력을 가늠하기 위해 공인된 검사를 받아야겠지요. 그리고 검사 결과에 따라 아이의 학업에 대한 기대 수준을 조절해야 합니다. 부모님 본인과 동문이 될 수 없다는 것을 받아들이거나, 심지어 더 많이 낮춰야 할 수도 있어요. 그런데 이렇게 말씀드리면 아이에 대한 희망을 완전히 접고 일련의 노력과 지원을 모두 거두겠다고 하는 부모님들이 있어요. 그래서 제가 학업에 대한 기대 수준을 낮추라는 말을 하기도 굉장히 조심스럽네요.

어_ 비록 학습적인 면에서는 이렇지만, 이 아이가 다른 측면에서 자기 재능을 발휘하며 두각을 드러낼 수도 있는 거죠. 그러니 다양한 관점에서 아이의 잠재력을 바라봐야 해요. 학업에 대한 기대 수준을 낮추라고 하면 많은 부모님들이 고통스러워하지요. 그런데 이것도 사실은 반성해야 할 문제예요. 고통스럽다는 건 그만큼 학업이 인생의 전부라고 생각하며 살았다는 의미라고 볼 수 있는 거잖아요? 이런 맥락에서 생각해보면, 학업에 대한 기대 수준에 관해 부모님끼리, 그리고 부모님과 자녀 간에 생각하고 대화할 게 많겠어요. 이런 과정을 통해서 부모님과 아이가 서로를 입체적이고 종합적으로 이해할 수 있기를 기대합니다.

도_ 지금 어유경 선생님이 얘기하신 것처럼 공부가 인생의 전부가 아닌데, 한국 사회에서는 공부를 못하면 문제아, 심지어 인생의 실패자 취급을 받기도 하잖아요? 하지만 진짜 문제는 공부를 못하는 것 자체보다 공부를 못해서 위축되고 자존감이 낮아져 아무것도 시도하지 않게 되는 것이죠. 사람마다 재능이나 능력이 다른데, 이 점을 고려하지 않아요. 아이가 공부를 못해도 자신의 장점을 발견하고, 이를 발달시키려 노력하면서 훌륭한 성인이 될 수 있는데 말이에요.

어_ 맞아요. 그런 의미에서 아이 스스로 자신이 할 수 있는 것들을 찾아볼 수 있도록 격려해야겠네요. 특히 청소년 시기에 진로와 관련하여 많은 대화를 나누면 좋겠습니다. 물론 청소년기는 아이와 대화를 나누기 가장 힘든 시기긴 해요. 그렇지만 아이에게 대화가 가장 필요한 시기

이기도 하잖아요? 부모와 대화하며 자란 아이는 자신에게 맞는 일, 좋아하는 일을 좀 더 원활히 찾을 수 있을 거예요. 부모 역시 아이가 공부를 못하더라도 자신의 길을 찾을 수 있게 도와줘야 하고요. 이렇게 생각하면, 기대 수준을 낮춘다고 말하기보다는 기대하는 영역을 바꾼다고 표현해야겠네요.

강_ 그 말이 참 좋네요.

어_ 제가 의도치 않게 칭찬을 받았네요. (웃음) 그런데 학업과 관련 없는 능력들은 학업 능력에 비해 확인하기 힘든 것 같아요. 학업적 성취의 경우 학교나 학원에서 주기적으로 시험을 보고 피드백을 주잖아요? 그런데 다른 영역의 능력은 그런 피드백을 받을 수 있는 기회도 적고, 심지어 능력 자체를 발휘할 수 있는 장도 참 좁다는 생각이 드네요.

도_ 그렇죠. 딱 눈에 보이는 건 성적과 입시 결과니까요. 그런데 양육의 최종 목표는 좋은 대학에 보내는 게 아니라 아이가 독립된 성인으로 잘 자랄 수 있게 돌봐 주는 것이잖아요? 소위 '밥벌이'를 할 수 있는 인간으로 키우는 건데, 이게 쉽지는 않은 것 같아요. 좋은 대학을 나오고도 밥벌이는커녕 문제만 일으키는 사람도 많잖아요. 그러니 양육의 목표를 명확히 할 필요가 있죠. 대학 진학이 아니라 자신을 돌보고 사회에 기여할 수 있는 어른으로 키우는 것을 목표로 해야 하지 않을까요? 조금 원론적인 이야기일 수 있지만, 그만큼 이것이 양육의 본질적인 면이라고 생각됩니다.

강_ 이제 두 번째 방법에 대해 이야기해 볼까요?

어_ 아이에게 적합한 학습 전략을 가르치는 것 말씀이시죠? 사실 아이에게 기대하는 영역을 바꾼다고 해도, 오늘부터 당장 학교를 다니지 않게 하는 건 아니잖아요? 게다가 아이의 능력을 발휘할 영역을 찾기 위해서라도 어느 정도의 학습은 필요해요. 어쨌든 학습을 그만둘 수 없으니, 아이에게 적합한 전략을 가르쳐야 합니다.

도_ 그렇죠. 평균보다는 낮지만 지적 장애보다는 높은 수준의 지능을 경계선 지능이라고 하는데요. 학교에는 경계선 지능 수준의 아이들을 도와주는 프로그램이 꽤 많거든요. 교육청에서 운영하는 학습도움센터 프로그램에서도 학습 기술을 집중적으로 가르쳐 주더라고요. 물론 공부를 잘하는 아이들은 이런 기술이나 전략을 가르쳐 주지 않아도 자연스럽게 터득해요. 어떤 아이들은 한두 살 때부터 단어를 알려 주면 여러 번 반복하며 스스로 암기하죠. 하지만 지능이 경계선 수준이거나 인지적 전략을 발휘하는 능력이 부족하거나 ADHD로 인해 주의력에 문제가 있는 아이들에게는 구체적인 학습 전략을 전수하고 연습시킬 필요가 있습니다.

어_ 이런 아이들에게 적합한 학습 전략을 어떻게 가르쳐 줄 수 있을까요?

도_ 단순히 이런 방법이 있다고 설명해 준다고 이 아이들이 따라할 수 있는 건 아니에요. 따라서 가장 중요한 건 매우 구체적으로 알려 주고, 반복해서 연습시킴으로써 결국에는 혼자서도 배운 전략을 활용할 수 있게 단계별로 도와주는 겁니다.

강_ 맞아요. 방금 도레미 선생님이 잠깐 언급한 암기 기술을 예로 들어 볼까요? 저는 대학생 때 중고생 영어 과외를 진짜 많이 했는데요. 영어 단어를 암기할 때, 학습 전략을 모르는 아이들은 입을 꼭 다물고 몇십 번이고 단어를 적기만 해요. 그런데 효율적으로 단어를 외우기 위해서는 보고, 소리 내서 읽고, 쓰는 등 다차원적으로 접근할 필요가 있어요. 이런 전략을 활용해야 효과적으로 학습할 수 있으니, 이를 알려 주고, 배워서 익힐 수 있도록 도와주는 거죠.

어_ 학습이라는 게 단순히 정보를 머리에 넣는 과정이라고 할 수 없잖아요? 학습을 위해서는 뇌 회로가 바뀌어야 해요. 비유나 과장된 표현이 아니라 정말로 뇌 회로가 바뀌어야 하기 때문에 학습은 하루아침에 일어날 수 없습니다. 또한 뇌 회로가 원활히 바뀌기 위해서는 충분한 잠이 필요해요. 문제는 많은 아이들이 잘 쉬지 못한다는 사실이죠. 극단적으로 잠을 줄이며 억지로 깨어 공부하고, 이 과정에서 지나친 스트레스를 받는 아이들이 많잖아요? 이렇게 자신을 혹사하며 비효율적으로 공부한 결과, 공부한 내용을 자꾸 잊어버리게 되죠. 노력은 노력대로 하고, 스트레스는 스트레스대로 받았는데, 이토록 비효율적이라니 얼마나 불합리해요? 이런 비효율과 불합리함을 피하기 위해서는 뇌를 최적의 상태로 만들어야 합니다.

강_ 수면에 대해 조금 더 이야기하고 싶어요. 2022년 여성가족부의 발표에 따르면 우리나라 청소년의 평균 수면 시간은 약 7.2시간입니다. 특히 고등학생들의 평균 수면 시간은 약 6시간으로, 적정 수면 시간보다 1시간 모자라고, OECD 국가 청소년 평균 수면 시간에도 못 미친다고 해요. 원론적인 이야기를 하는 게 아니라, 심리학적으로 또 과학적으로 아이들의 학습을 위해서 숙면이 필요합니다. 즉 적정 시간 동안 숙면을 취해야 단기 기억에 있던 정보가 장기 기억으로 저장되고 피로가 회복되어 학습의 효율이 높아질 수 있습니다. 그러니 아이들이 현명하게 공부했으면 좋겠어요. 1~2시간 공부하면 잠시 휴식을 취하고, 주말에는 좀 놀러 다니기도 하면서요. 이렇게 하면 아이들이 행복하게 청소년기를 보낼 수 있을 뿐 아니라, 보다 효율적으로 학습할 수 있다는 사실을 강조하고 싶습니다.

도_ 말씀하신 대로 충분한 수면과 휴식이 학습에 정말로 중요합니다. 여기에 덧붙여서 뇌를 최적의 상태로 만들기 위해 중요한 걸 한 가지만 더 언급하고 싶어요. 만약 개인이 극도로 우울하고 불안한 상태라면, 뇌에서 이 우울감과 불안감을 처리하는 데 에너지를 과도하게 사용해야 해요. 이 경우 학습에 필요한 에너지가 부족해지는 거죠. 그러니 효율적인 학습을 위해서는 불안과 우울을 적절한 수준으로 관리해야 합니다. 그런데 여기에도 충분한 수면이 도움이 됩니다.

강_ 마지막으로, 세 번째 방법에 대해 이야기해 보죠. 아까 전에 아이의 성적이 부모의 기대에 못 미칠 경우, 공부 말고 아이가 자신의 재능을 발휘할 수 있는 것을 찾아 도전할 수 있게 도와줘야 한다고 이야기했잖아요? 중요한 건 아이가 즐거워하고, 자기만의 반짝반짝한 면모를 보일 수 있는 일을 찾는 것이겠죠. 여기에는 많은 시간과 노력이 필요할 거예요.

도_ 아이에게 충분한 관심을 기울여 관찰하다 보면, 아이가 잘하는 것과 좋아하는 것, 틈만 나면 시간과 에너지를 쓰는 영역을 발견할 수 있을 거예요. 이때 그게 입시에 도움이 될지 따지기보다는, 아이가 그것을 충분히 경험하고 익힐 수 있게 도와주면 좋겠습니다.

강_ 그런 다음 그 영역과 연결되어 있는 직업은 무엇인지, 어떤 학문과 관련이 있는지 알아보고 준비할 수 있겠네요. 아이와 함께 해당 영역의 활동에 몰입하는 한편, 해당 영역에서 아이의 능력을 조금 더 발전시켜줄 수 있는 활동을 찾아보는 것도 도움이 되겠습니다.

도_ 저희 아이도 요리를 좋아해서 어린이용 요리 책을 열심히 보고 있어요. 요즘 들어 설거지나 요리도 하고 싶어 하는데, 앞으로는 이런 활동을 적극적으로 도와줘야겠어요.

어_ 다양한 경험에 대해 열린 마음이 필요하겠네요.

강_ 맞아요. 학습과 직접적인 관련이 없는 활동에도 열심히 참여하여 성취감을 느끼는 경험은 매우 중요합니다. 아이가 좋아하는 분야에 계속 도전하도록 지원해 주세요. 이런 경험이 쌓인다면 언젠가 아이에게도 특정 영역에서는 부모님을 능가하는 면이 있다는 사실을 아이와 부모 모두가 발견하게 될 것입니다. 이 깨달음은 부모가 아이를 대하는 마음가짐과 아이가 자신을 대하는 마음가짐을 조금 바꿔 놓을 거예요.

CHECK CHECK!
아이가 학습을 어려워한다면?

✓ **아이가 학습 전략, 기억 전략, 주의집중 전략을 익히고 적용할 수 있게 도와주세요.**

아이마다 효과적인 방법은 다를 수 있습니다. 말로만 알려 주기보다, 함께 방법을 찾아 반복해서 연습하고, 결국에는 아이 스스로 전략을 활용할 수 있게 해야 합니다.

✓ **아이를 있는 그대로 수용하고 존중해 주세요.**

아이가 느끼는 불안감과 압박감이 완화될 것입니다. 이를 통해 절약된 심리적 에너지를 학습에 사용할 수 있습니다.

✓ **아이가 이완 기법이나 스트레스 관리 기법을 적용해 볼 수 있게 도와주세요.**

반복 연습을 통해 아이가 불안감과 스트레스를 적절히 다룰 수 있게 될 것입니다.

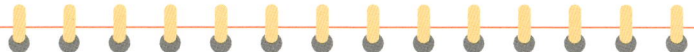

✓ **아이의 학습 능력을 객관적으로 파악하세요.**

담임 선생님의 의견을 물어 보고, 학습에 어려움이 있다고 판단되면 공인된 지능검사를 받아 보세요.

✓ **아이의 학습 능력이 평균보다 낮다면 학업에 대한 기대 수준을 낮추세요.**

아이의 미래에 대한 기대를 내려놓는 것이 아니라, 아이가 진가를 발휘하리라 기대하는 영역을 학습에서 다른 영역으로 바꾸라는 의미입니다.

✓ **아이의 장점을 찾아 주세요.**

공부 외에 아이가 좋아하는 활동을 해 볼 수 있도록 도와주세요. 충분한 관심을 가지고 아이들을 관찰하다 보면 아이가 유난히 집중하는 영역, 즐거워하는 영역, 잘하는 영역을 찾을 수 있습니다.

✓ **구체적이고 달성 가능한 학습 목표를 세워 주세요.**

목표를 완수했을 때 성실하게 임했던 태도를 중심으로 칭찬해 주세요.

✓ **이전의 자신과 비교할 수 있게 도와주세요.**

친구와 성과를 비교하기보다, 이전에 비해 아이가 얼마나 더 노력했는지, 무엇이 나아졌는지를 기준으로 격려해 주세요.

STEP BY STEP
한 걸음씩 천천히

Step 1 나를 알아보기

- 다음 문장의 빈칸에 들어갈 말을 빠르게 떠올려 보세요.
- 나에게 공부란 _____
- 나는 어렸을 때 공부가 _____
- 주의집중이 안 될 때는 _____
- 우리 아이가 공부를 못하는 것은 _____
- 우리 아이가 좋은 대학에 못 간다면 _____

Step 2 생각해 보기

- 요즘 무언가를 기억하기 위해 사용하는 방법이 있나요?

- 아이가 공부할 때 어떤 것을 가장 어려워하나요? 어떻게 도와줄 수 있을까요?

- 아이가 공부 외에 좋아하거나 잘하는 것은 무엇인가요?

Step 3 실천해 보기

- 아이와 학습에 대해 이야기 나눠 보세요.
- 무엇이 어려운지
- 어떨 때 집중이 안 되는지/수월한지
- 공부가 잘되는/잘 안 되는 과목은 무엇인지

- 자녀의 '공부머리'에 대해 배우자와 의견을 비교해 보세요.
- 아이의 능력은 어떤지
- 아이의 의욕 수준은 어떤지

- 학업이나 수행과 관련한 불안을 주제로 아이와 대화해 보세요.
- 시험 볼 때 얼마나 긴장되고 불안한지
- 시험이나 수행평가 때문에 불안할 때 어떻게 하는지, 효과적인 방법이 있었는지
- 불안할 때 드는 생각이 있는지
- 불안하거나 많이 긴장될 때 자신에게 해 주는 말이 있는지

- 아이에게 공부 외에 잘하고 싶거나 배우고 싶은 것이 있는지 물어보세요. 그것을 할 수 있도록 도울 수 있는 방법에 대해 아이와 이야기 나눈 뒤, 그중 한 가지를 이번 주에 시작해 보세요.

CHAPTER 5

스마트폰·게임 과의존 문제

**스마트폰과 게임,
스스로 조절하기**

틈만 나면 스마트폰을 손에 쥐고 놓을 줄 모르는 아이. 그렇다고 무조건 못 하게 할 수도 없고, 눈감아 주자니, 그대로 두면 큰일 날 것 같으신가요? 집에서든 밖에서든 할 것 없이 스마트폰이나 컴퓨터 등 전자기기에서 헤어 나오지 못하는 아이가 늘고 있습니다. 밥 먹을 때도 스마트폰에서 눈을 떼지 않고, 밤낮으로 몇 시간씩 SNS를 하거나 영상을 보거나 게임을 하는 탓에 부모님과 아이 사이 갈등이 심해지곤 합니다. 그래서 아이에게 스마트폰을 언제 사 줘야 할지, 스마트폰 사용이나 게임 시간을 어떻게 지도해야 할지 고민하는 부모님이 많습니다. 아이의 전자기기 사용 문제를 어떻게 이해해야 할까요? 아이에게 어떤 도움을 주어야 할까요? 여기, 임상심리학자 엄마들의 수다 속에서 답을 찾아봅시다.

"아이의 스마트폰 사용을 어떻게 지도해야 할까요?"

제 딸은 초등학교 2학년입니다. 아이에게 핸드폰을 사 주려다 보니 고민이 생겼어요. 저는 아이가 등하교할 때 연락할 수 있도록 통화만 되는 핸드폰을 사 주고 싶은데, 아이는 유튜브도 보고 카톡도 할 수 있는 스마트폰을 사 달라고 조릅니다. 스마트폰을 사 줄 경우 아이가 사용 시간을 조절할 수 있을지 잘 모르겠어요. 남편은 스마트폰을 최대한 늦게 사 주는 게 좋다는 입장이에요. 그런데 스마트폰이 없으면 아이가 요즘 또래의 문화에 뒤쳐져 친구들과 어울리지 못하는 건 아닐까 걱정이 돼요.

집에서는 엄마나 아빠의 핸드폰으로 유튜브를 보게 해 줍니다. 보통 하루에 1시간 정도만 보게 하는데요. 약속한 시간이 되어 아이에게 유튜브를 그만 보라고 말하면, 아이는 거의 다 봤으니 지금 보는 것만 마저 보겠다고 말하는 경우가 많아요. 이 경우 단호하게 스마트폰을 뺏어야 할지, 아니면 보던 영상만 마저 보게 하는 게 맞는 건지도 고민이 되네요. 초등학교 저학년의 경우 스마트폰을 얼마나 사용하는 게 적당할까요? 최근 들어 아이가 유튜브에서 본 걸 따라하고, 유튜브 정보에 너무 의존하는 것도 걱정이에요. 가정에서 아이를 어떻게 지도하면 좋을까요?

강_ 스마트폰 사용과 관련한 사례네요. 요즘 아이를 키우는 부모님들은 모두 공감하는 문제일 것 같아요. 다들 가정에서 어떻게 지도하고 계세요?

도_ 이 사례를 보면서 정말 딱 저희 집 이야기인 것 같다는 생각이 들었어요. 저희 아이도 맨날 스마트폰 사 달라고 조르거든요. 예전에는 주로 넷플릭스를 봤는데, 요즘엔 넷플릭스보다 유튜브를 더 좋아해요. 하루에 1~2시간은 꼭 보는 것 같아요. 심심할 때마다 유튜브를 보려고 해서 하루는 "유튜브 보지 말고 엄마랑 놀자. 엄마가 재밌게 놀아 줄게"라고 말했더니, 다행히 유튜브보다는 엄마랑 노는 걸 선택하더라고요. 이런 식으로 지금도 아이가 영상 보는 시간을 가능한 한 줄이려고 노력은 하고 있어요. 다른 집은 어떤가요?

어_ 저희도 스마트폰은 최대한 늦게 사 주려고 했어요. 그래서 첫째 아이에게도 4학년 넘어서 처음으로 통화와 문자만 가능한 폴더형 스마트폰을 사 줬죠. 이것도 주변 친구들에 비해서는 늦은 편이었어요. 아이가 고학년이 되고 하교 후에 혼자 이동하는 경우가 잦아지니까 일단 전화기를 사 주긴 해야 할 것 같은데, 정작 통화만 되는 전화기는 거의 없어서 고민했던 기억이 나네요.

　　일반 스마트폰은 아이가 중학교 3학년이 되어서야 사 줬어요. 아이가 점점 친구들과 스마트폰으로 연락할 일이 잦아지더라고요. 거의 모든 친구들이 스마트폰을 사용하고 있기도 했고요. 특히 아이의 친구들이 모이면 스마트폰으로만 할 수 있는 활동을 하거나, 적어도 그걸 주제로 이야기하는 경우가 많다고 해요. 스마트폰 없이는 또래 문화도 잘 공유가 안 되고, 수업 시간에까지 스마트폰을 활용하는 경우가 많다 보니 어쩔 수 없더라고요.

　　그렇게 첫째에게 스마트폰을 사 주니, 둘째와 셋째에게 스마트폰을 사 주는 시기가 점점 앞당겨졌어요. 둘째는 6학년, 막내는 4학년 때 사 줬거든요. 일반적으로 첫째에게 스마트폰을 사 준 다음부터는 그 아래 아이들에게 스마트폰을 사 주는 것에 대한 마음의 빗장이 점점 더 빨리 풀리는 것 같아요.

강_ 그래도 상당히 늦은 시기에 스마트폰을 사 주셨네요. 그런데 아이에게 가급적 늦게 스마트폰을 사 주려고 하신 걸로 봐서는 스마트폰 사용을 상당히 경계하셨던 거잖아요? 아이에게 스마트폰을 사 주며 주의해야 할 부분이 있을까요?

어_ 일단 스마트폰을 사용하면 의도하지 않아도 유해한 콘텐츠에 노출될 가능성이 높아지잖아요? 인터넷에는 정말 많은 콘텐츠가 있으니까요. 그래서 아이의 스마트폰 사용을 모니터링 하는 것이 정말 중요해요.

도_ 맞아요. 아이가 어떤 걸 보고 있고, 얼마나 오랫동안 스마트폰을 사용하는지 부모가 알아야 해요. 그렇기 때문에 아이 혼자 스마트폰을 사용하게 두는 것보다 부모님과 같이 콘텐츠를 보거나 감상한 콘텐츠에 대해 이야기 나누는 것이 좋아요.

강_ 많은 부모님들이 이 부분에 특히 취약해서 아이가 스마트폰으로 어떤 콘텐츠를 보는지 관여할 생각을 거의 못하는 듯해요. 하지만 아이가 스마트폰으로 게임 외에 어떤 활동을 할 수 있는지 알아 둘 필요가 있어요. 그래야만 아이에게 도움이 될 만한 활동을 알려 주고, 아이가 흥미를 갖는 콘텐츠나 활동에 대해서도 이야기할 수 있지요. 이런 식으로 아이가 건강한 방향으로 스마트폰을 활용할 수 있게끔 지도하고 안내할 필요가 있습니다.

아이들에게 스마트폰을 허락한 후에는 아이의 스마트폰 사용에 아예 관여하지 않는 부모님들이 있는데요. 이 경우 아이의 스마트폰 사용 시간은 점점 늘어나고, 그러다 보면 아이의 스마트폰 활용을 전혀 따라잡을 수 없게 될 거예요.

어_ 현실적으로 스마트폰 사용을 완전히 막을 수는 없는 것 같아요. 특히 코로나 시대를 지나오면서 스마트폰 같은 전자 기기에 대한 의존도가 굉장히 높아졌고, 무엇보다 이런 기기를 통해서 아이들에게 좋은 콘텐츠를 제공할 수도 있게 되었거든요. 그래서 스마트폰을 지혜롭게 사용하는 게 정말 중요해졌습니다.

도_ 맞아요. 스마트폰으로 게임을 하는 아이들도 많은데, 무조건 게임을 못하게 하는 것만이 능사는 아닌 것 같아요. 특히 아이가 어릴수록 자기가 좋아하는 게임에 대해 설명하고 부모님과 함께 게임하고 싶어 하거든요. 이런 과정에서 아이와 더 많은 이야기를 나누고, 사이도 돈독해질 수 있겠지요.

꼭 같이 게임을 하지는 않더라도, 아이가 어떤 게임을 하는지는 확인해야 합니다. 연령에 맞지 않게 너무 폭력적이거나 선정적인 게임을 하고 있을 수 있으니까요. 겉으로 보기에는 평범한 게임인데, 게임을 진행할수록 폭력적이거나 선정적인 내용이 나오는 게임도 있다고 해요. 그러니 아이가 스마트폰으로 어떤 활동을 하는지 대화하고 때때로 함께할 필요가 있습니다.

강_ 맞아요. 이렇게 아이가 처음부터 스마트폰을 현명하게, 절제하며 사용하리라고 기대할 수는 없어요. 그러니 미리 스마트폰 사용 규칙을 합의해 두면 좋습니다. 스마트폰 사용 시간을 제한하거나 사용해선 안 되는 종류의 앱을 정하는 식으로요. 그런 다음 규칙대로 스마트폰을 사용했을 때 보상을 주고, 규칙을 어겼을 때 벌을 주는 것도 효과가 있어요.

어_ 보상과 벌이라는 게 조금 애매할 수 있을 것 같아요. 구체적으로 어떻게 보상하고, 어떻게 벌을 주면 좋을까요?

강_ 예를 들어 일주일 동안 규칙을 잘 지켰을 경우, 주말에 스마트폰 사용 시간을 조금 늘려 줄 수 있겠지요. 아이가 그동안 먹고 싶어 하던 음식을 먹거나 가고 싶어 하던 곳에 가는 것도 좋을 거예요. 벌을 줄 때는 체벌, 그러니까 신체적인 고통을 주는 게 아니라, 아이가 누리는 특권이나 좋아하는 것을 제한하는 방식으로 하는 것이 좋습니다. 단, 보상이나 벌의 내용은 미리 아이와 합의해 두어야 해요.

어_ 자녀 스마트폰 관리 앱이 있잖아요? 부모와 아이의 스마트폰을 연동시켜서 부모가 아이의 스마트폰 사용 시간이나 사용 내역을 확인할 수 있고, 필요시 아이의 스마트폰 사용에 제한을 걸 수도 있는 앱이 시중에 많은데, 이런 앱을 사용하는 건 어떻게 생각하세요?

강_ 지나치게 아이의 사생활을 침해해선 안 되지만, 아이를 보호하기 위해서라도 스마트폰 관리 앱을 사용할 필요가 있다고 생각해요. 이때는 아이와의 신뢰 관계가 상하지 않게 주의해야겠지요. 저는 자녀 스마트폰 관리 앱을 적극적으로 활용했어요. 물론 아이에게 이 앱이 왜 필요한지 설명하고 동의를 구한 다음 아이의 스마트폰에 설치했죠.

이런 앱을 사용할 때는 스마트폰 사용 원칙을 먼저 정해 두는 것이 중요합니다. 그래야만 아이가 올바른 스마트폰 사용 방법을 배울 수 있을 테니까요. 무엇보다 아이가 절제력을 잃지 않고 스마트폰을 사용할 수 있게 되면, 스마트폰 관리 앱을 삭제하고 아이 스스로 스마트폰 사용을 관리할 수 있게 해야 해요.

어_ 저도 큰아이를 키울 때 스마트폰 관리 앱을 사용하다가, 아이가 중학교 3학년이 되고 얼마 후 앱을 삭제했어요. 앱을 설치했을 때도 매일 아이의 스마트폰 사용 내역을 확인하자니 어쩐지 감시하는 느낌이 들어서 매일 보진 않았고, 대략 일주일에 한 번 정도 지난주 내역을 쭉 훑

어봤죠. 아이가 어떤 날은 유튜브를 좀 많이 보고, 어떤 날은 유독 사진첩을 오래 보는 등 가끔씩 특이한 사용 내역이 있더라고요. 이런 때마다 그날 무슨 일이 있었는지 물어보며 대화를 나눴어요.

  그런데 간혹 학교 수업을 위해 새로운 앱을 설치해야 할 때가 있잖아요? 매번 제가 일일이 모니터링하고 제한을 걸었다 풀었다 하는 게 현실적으로 힘들더라고요. 그래서 자녀 스마트폰 관리 앱을 아예 삭제하고 아이가 주체적으로 스마트폰을 사용하게 했는데, 어느 날 아이가 와서 스마트폰 관리 앱을 다시 깔고 싶다고 하는 거예요. 엄마가 자신의 스마트폰 사용 기록을 볼 수 있다는 사실만으로도 자기 통제가 되고, 스마트폰 사용 내역에 대해 엄마와 이야기 나누는 것도 좋다고 하더라고요. 그래서 감시하는 목적이 아니라도 자녀 스마트폰 관리 앱을 사용할 수 있겠구나 싶었어요. 사실 어떤 부모든 언젠가는 아이에게 스마트폰 사용 권한을 완전히 넘겨야 하잖아요? 저는 자녀 스마트폰 관리 앱을 통해 아이와 함께 그때를 좀 더 잘 준비할 수 있었습니다.

도_ 어유경 선생님의 이야기를 들어 보니 어떤 태도로 자녀 스마트폰 관리 앱을 쓰는지가 중요하다는 것을 새삼 느껴요. "너 핸드폰 왜 이렇게 사용했어!"라고 말하며 따지고 캐물으며 야단치는 게 아니라, "이런 걸 많이 했구나. 어떤 일이 있었는지 말해 줄래?" 이렇게 따뜻하게 말을 건네며 아이에 대해 알고 싶고 필요한 경우 도와주겠다는 태도로 접근하는 게 좋겠지요.

강_ 맞아요. 그리고 특이한 사용 내역을 감지하면 아이와 대화를 나눴다고 하셨는데, 이것도 정말 중요해요. 특히 요즘에는 아이들이 인터넷상에서 이루어지는 폭력이나 범죄에 피해를 입거나 연루되는 일이 잦으니까요.

도_ 범죄 얘기가 나온 김에 구체적으로 아이들을 위협하는 디지털 범죄를 대략적으로나마 짚고 넘어갈 필요가 있을 것 같아요. 코로나 이후 인터넷상의 집단 괴롭힘이 심해졌어요. 해외에서는 사이버 불링cyberbullying이라고도 말하는 현상인데요. 카페나 단체 채팅방을 만든 뒤, 이곳에서 한 명을 따돌리며 욕하는 것을 의미합니다. 심한 경우 성적인 사진이나 영상을 돌려 보기까지 한다고 해요.

또한 섹스팅sexting이라고, 자기 신체의 은밀한 부위를 촬영한 사진 등 성적인 사진을 주고받다가 협박을 받아 성범죄 피해자가 되는 경우가 생각보다 많다고 합니다. 캐나다에서 실시한 조사 결과, 청소년의 약 30%가 성적인 사진을 주고받은 경험이 있다고 해요. 하지만 우리나라에도 캐나다 못지않게 많은 수의 섹스팅 피해 사례가 있을 것으로 추정됩니다.

강_ 중요한 이야기네요. 특히 아이들은 이런 범죄에 취약하잖아요. 사이버 불링과 섹스팅 모두 인터넷에서 은밀히 벌어지는 현상인 탓에 학교나 교육청에서 파악하기 어렵고, 경찰이 수사하는 데 한계가 있어서 이를 빌미로 계속 협박을 당하는 경우가 많다고 합니다. 피해자가 아무에게도 말하지 못하고 힘들어하다가 극단적인 선택을 하는 경우도 너무나 많고요.

어_ 이런 피해를 방지하기 위해 스마트폰 사용 원칙을 명확하게 세우고 스마트폰 사용에 대해 아이와 솔직하게 대화하는 것이 정말 중요하겠지요. 그렇다고 무조건 "안 된다", "이건 틀렸다"라고 말하며 통제적인 태도로 아이를 대한다면, 아이는 문제가 생겨도 부모님에게 이야기하지 않으려 할 거예요. 그 결과 문제가 더 커질 수 있습니다.

도_ 그렇죠. 제가 예전에 상담했던 아이는 핸드폰을 두 대 갖고 있었어요. 아버지가 핸드폰을 못하게 해서 몰래 한 대 더 구했다고 하더라고요. 이처럼 부모님이 못하게 한다고 해서, 아이들이 안 하지는 않아요. 그렇기 때문에 부모님이 아이의 스마트폰 사용을 무조건 통제하기보다는 어느 정도 열린 마음으로 받아들이며 이야기 나눌 필요가 있습니다.

어_ '열린 마음으로 받아들인다'는 표현을 조금 더 명확히 짚고 넘어가면 좋겠네요. 아이의 실수나 잘못을 무조건 용서하고 넘어가라는 의미가 아닙니다. 그보다는 아이가 실수를 하거나 어려움에 처했을 때, 잘잘못을 먼저 따지는 게 아니라 우선 따뜻하고 공감적인 태도로 아이의 마음을 돌봐주는 게 중요하다는 뜻으로 이해해야 합니다. 그런 다음 아이가 겪는 문제에 대해 상의해 주거나 추후 어떻게 해야 할지 알려 줄 수 있겠지요.

강_ 어유경 선생님이 자녀 스마트폰 관리 앱을 사용한 경험에 대해 조금 더 이야기하고 싶어요. 아이가 어느 정도 스마트폰 사용을 조절할 수 있을 만큼 자랐을 때, 자녀 스마트폰 관리 앱을 삭제하고 아이가 주체적으로 스마트폰을 사용할 수 있게 해 줬다고 하셨잖아요? 이것도 참 중요하고 좋은 방법인 것 같아요. 언제까지나 아이를 통제할 수는 없으니까요. 하지만 부모가 세세한 사용 내역을 관리하는 기간 동안에는 아이가 솔직하게 고민을 털어놓을 수 있게끔 스마트폰 사용에 대해 적절한 조언을 해 줄 필요가 있습니다. 그래야만 아이가 이후 중학교, 고등학교에 들어가서 스스로 스마트폰 사용을 조절할 수 있을 테니까요.

어_ 부모님이 집에서 아이에게 보여 주는 모습도 중요한 것 같아요. 본인은 퇴근 후 집에서 계속 게임만 하면서 정작 아이들에게는 게임하지 말라고 한다든지, 틈만 나면 유튜브를 보면서 아이에게 유튜브를 보지 말라고 한다면, 이런 모습이 아이에게 설득력이 있을까요? 이건 비단 게임이나 스마트폰만의 문제가 아니에요. 아이들은 부모의 말보다는 태도나 행동을 보고 배우기 때문에, 부모가 보여 주는 모습은 아이에게 정말로 큰 영향을 미칩니다.

도_ 계속 이야기해 보니, 확실히 스마트폰은 최대한 늦게 사 주는 게 좋겠네요. 그리고 스마트폰을 사 주기 전에 인터넷 사용 예절 교육이 필요할 것 같아요. 인터넷에서는 상대방이 보이지 않으니까 왠지 무례하게 말해도 괜찮을 것 같고, 심지어 욕설이나 모욕을 해도 큰 문제가 없다고 생각할 수 있거든요. 이런 생각 때문에 일상생활에서는 큰 문제가 없는데, 인터넷에서는 굉장히 공격적으로 말하는 사람들이 많은 것 같아요. 그렇기 때문에 아이들에게 '실제 생활에서 하면 안 되는 일은 인터넷에서도 해서는 안 된다'는 사실을 분명히 알려 줘야 해요.

강_ 아까 전에 도레미 선생님 아이는 스마트폰을 가지고 노는 것보다 엄마랑 노는 걸 더 좋아한다고 말씀하셨잖아요? 아이가 아직 저학년이기 때문에 그럴 수도 있지만, 아이들의 특성이 그렇다는 사실을 알 수 있는 대목인 것 같아요.

많은 부모님들이 아이에게 스마트폰을 사 주면서 아이가 스마트폰에만 정신이 팔릴까 봐 걱정하시는데요. 사실 스마트폰 사용 자체보다는 아이가 오프라인에서 흥미를 느낄 만한 활동이 얼마나 있는지 먼저 살펴봐야 합니다. 부모님들은 아이들이 게임 외에 할 수 있는 활동 혹은 해야 하는 활동이 공부뿐이라고 생각하는 경향이 있어요. 그런데 대부분의 아이는 공부가 재미있다고 생각하지 않아요. 공부가 필요한 아이일수록 그래요. 아이가 스마트폰만 탐닉하지 않게 하기 위해서는 공부 말고 다른 즐거운 활동이 있어야 합니다.

어_ 제 지인의 아이가 저희 집 둘째와 동갑내기인데, 애네 둘이 만나기만 하면 그렇게 즐거워해요. 한창 청소년기라서 안 그럴 법도 한데, 웃고 뛰어다니면서 어른들은 생각조차 못할 방법으로 기발하게 놀거든요. 이렇게 놀 때는 스마트폰도 안 봐요. 그런데 아이가 친하지 않은 사람과 있거나 지루할 때는 약간 어색한지 스마트폰을 보면서 시간을 보내더라고요. 그래서 강지현 선생님이 말씀한 것처럼 아이들이 직접 몸을 움직이는 활동같이 스마트폰이 아닌 다른 흥미로운 활동을 많이 찾을 수 있다면 스마트폰 사용이 줄어들지 않을까 싶어요.

도_ 대학원 선배가 지금 캐나다 맥매스터 의대 교수로 계신데요. 이 선배가 청소년 정신 건강 증진 연구를 하며 아이들에게 직접 묻고 의견을 들어 보니, 예상과 달리 아이들은 온라인 활동이나 스마트폰 사용보다는 실제로 사람을 만나서 놀거나 재미있는 체험을 하는 걸 더 좋아하더라는 거예요. 즉 핵심은 아이가 어릴 때부터 게임이나 스마트폰이 아닌, 다른 재미있는 활동을 발견할 수 있는 기회를 마련해 주고 그런 경험을 장려하는 것이죠.

반면 아이들이 스마트폰에 빠지게 되면 신체 활동이 줄어들어, 비만 등 여러 가지 신체적 문제가 생길 수 있습니다. 그러니까 아이가 레고라도 가지고 놀아야 칼로리가 소비된다는 거예요. 아닌 게 아니라 코로나 기간 이후 청소년의 체질량지수^{BMI}가 전반적으로 높아졌다고 해요. 쉽게 말해 과체중인 아이들이 많아진 거죠.

강_ 맞아요. 특히 언제부터인가 동네에서 뛰어노는 아이들을 보기가 정말 힘들어진 것 같아요. 놀이터도 텅 비어 있고요.

도_ 청소년 놀이 문화가 부족한 것도 문제예요. 많은 아이들이 피시방에 가서 노는데, 게임을 그 정도로 좋아해서라기보다는 마땅히 다른 놀이 문화가 없어서 그렇다고 하더라고요.

강_ 확실히 청소년들이 갈 만한 공간이 부족하죠. 놀이터는 이상하게 비행 청소년의 아지트라는 인식이 있는 한편, 아이들이 모여 앉아서 대화할 수 있게 개방된 공간은 별로 없어요. 그래서 카페나 보드게임카페,

피시방 등으로 가는 건데, 이 경우 돈이 많이 들거든요. 이런 문제를 해결하기 위해서는 지역 사회에서 아동·청소년을 위한 공간을 늘려 주는 등 사회 전반적인 지원과 노력이 필요합니다. 아이들의 놀이 문화도 더욱 다양화되어야 하고요.

어_ 다시 사례로 돌아가 볼까요? 이 사례의 어머니는 아이가 스마트폰을 얼마나 사용하는 게 적절한지 궁금하다고 했는데요. 저희 집에서는 아이가 그날 해야 할 일을 마쳤다면, 남은 시간 동안에는 아무거나 하게 해 주고 있습니다. 그 시간에 스마트폰을 할 수도 있는 거죠. 이런 건 괜찮을까요?

도_ 그건 괜찮을 것 같은데요. 저희 집도 그렇게 하고 있어요. 이런 식의 보상이 효과도 좋고요.

어_ 이 어머니는 약속한 시간이 되는 즉시 스마트폰을 못하게 하는 게 좋을지, 아니면 하던 것 정도는 마저 끝내게 해도 되는지도 고민이 된다고 말씀하셨어요. 저희 아이들도 유튜브 같은 영상을 보면서 종종 이런 때가 있어요. 이 경우 보통은 약속한 시간을 지키기 위해 영상 재생 속도를 빠르게 조정해요. 그러다 보면 약속 시간이 약간 지나긴 하는데, 저도 마음이 약해져서 칼같이 스마트폰을 그만하라고는 못하겠더라고요.

도_ 저희 아이도 유튜브 끄라고 하면 "엄마, 이것만 볼게요"라고 말하거든요. 그러면 저는 타이머를 맞춰 놓고 보게 해요. 이렇게 하면 아이가 시간 약속을 지키는 데 도움이 되더라고요.

어_ 그런데 약속한 시간이 1분 남았는데, 영상은 2분이 남았다. 이 경우 아이와 관계가 나빠지지 않기 위해서라도 약간의 융통성은 필요한 것 같아요. 하지만 중요한 건, 애초에 아이가 게임이든 영상이든 약속한 시간 안에 마칠 수 있는 것을 선택하게 해야겠지요.

강_ 그렇다면 하루에 몇 시간 정도 스마트폰을 사용하게 하는 게 좋을까요?

도_ 적당한 시간에 대한 기준이 집집마다 다르긴 한데 1~2시간 이내가 좋을 것 같습니다. 2시간을 넘지는 않도록 하고요. 실제로 조사를 해보면 평균 사용 시간이 너무 길더라고요. 한국언론진흥재단에서 2022년에 실시한 〈10대 청소년 미디어 이용 조사〉에 따르면 우리나라 청소년들의 스마트폰 사용 시간이 8시간에 육박하는 것으로 나타났어요. 2019년에는 약 4.5시간이었는데, 코로나 기간을 지나면서 시간이 늘어난 거죠. 물론 인터넷 강의를 듣고 일상생활에 필요한 의사소통을 하는 등 불가피한 경우도 있지만, 과연 아이들이 이렇게 오랜 시간 스마트폰을 이용해도 되는 것인지 한번 생각해 볼 필요가 있겠습니다.

강_ 평균 스크린 타임이 생각보다 기네요. 하긴, 막상 시리즈물을 볼 경우 시간이 정말 훌쩍 가기는 하니까요. 그런데 한국정보화진흥원에서 제공하는 〈스마트폰 바른사용 실천가이드 활용 매뉴얼〉에서는 1일 2시간 이하의 사용을 권고하거든요. 실제 사용 시간은 권고 시간을 훨씬 웃돌고 있네요.

어_ 딱 잘라 구체적인 정답을 말하긴 힘드네요. 하지만 스마트폰을 건

강하게 사용할 수 있도록 관심을 갖고 모니터링하는 한편, 아이가 스마트폰에 너무 매몰되지 않도록 다른 활동을 할 기회를 마련해 주는 게 중요하겠어요.

강_ 그게 정답이죠.

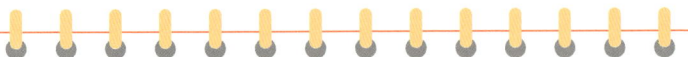

CHECK CHECK!
아이의 스마트폰 사용이 걱정된다면?

✓ **아이와 함께 스마트폰 사용에 대한 규칙을 정해 보세요.**

한국정보화진흥원에서 발행한 〈스마트폰 바른사용 실천가이드 활용 매뉴얼〉을 참고하실 수 있습니다. 정한 규칙을 잘 지켰을 때는 보상을 주면서 아이를 격려합니다.

✓ **자녀 스마트폰 관리 앱을 통해 아이의 스마트폰 사용을 모니터링하세요.**

감시한다기보다, 스마트폰 사용 내역을 함께 검토하여 개선이 필요한 부분과 문제점을 찾아 해결책을 모색하기 위함입니다.

✓ **스마트폰 없이도 할 수 있는 다양한 활동을 접하게 해 주세요.**

아이들은 기본적으로 스마트폰으로 노는 것보다 친구 혹은 부모님과 웃고 떠들며 노는 것을 좋아합니다.

✓ **부모로서 모범을 보여 주세요.**

가정에서 부모님이 먼저 계획적으로 스마트폰을 사용하고 절제하는 모습을 보여 주시기 바랍니다.

"아이가 게임하는 시간을
스스로 조절하게 할 수 없을까요?"

중학교 2학년 남자아이를 키우고 있는 엄마입니다. 애가 집에서 게임만 하려고 해서 걱정이에요. 게임 자체도 너무 폭력적인 것 같고요. 요즘 들어서는 여가 시간에 가족끼리 외식이나 나들이라도 가려 하면, 게임을 해야 한다는 이유로 나가려고 하지 않아요. 아이가 게임을 끊게 할 수 있는 방법은 없을까요? 게임하는 시간을 좀 줄이라고 아무리 말해도 소용이 없더라고요. 게다가 평소에도 스마트폰을 놓지 못해요. 심지어 학교에 갈 준비를 하면서도 잠시도 스마트폰을 내려놓지 않아요. 하루에 짧게는 2~3시간, 길게는 6~8시간 동안 게임이나 스마트폰을 해요. 지금도 이러는데 고등학생이 되면 어떡까 걱정이에요. 아이가 다 크면 스마트폰 통제가 가능할까 싶고요. 아이도 자신을 통제하지 못하고, 저도 아이를 통제하지 못하니 갑갑합니다.

강_ 남자아이와 어머니 사이에서 굉장히 흔히 일어나는 갈등 같아요. 이 아이가 최근에는 가족과 외식이나 나들이도 안 가려 한다니까, 이전에는 부모님과 어떤 관계였는지 궁금하네요. 게임이나 스마트폰 외에 어떤 활동을 하며 하루를 보내 왔는지도 살펴보고 싶어요. 말하자면 이 아이의 시간 및 일상생활 관리의 역사라고나 할까요? 이런 것들을 점검해 볼 필요가 있겠어요.

어_ 저도 비슷한 것들이 궁금해요. 사실 부모 입장에서도 중학교 2학년 남자아이는 대화하기 가장 어려운 상대일 수 있죠. 아이 역시 이 시기에는 누군가와 마음을 터놓고 대화하는 게 특히 어려울 거예요. 그래서 저는 아이가 평소 주로 누구와 상호작용을 하고 누구의 영향을 가장 많이 받는지, 롤모델은 누군지 등을 알아보는 게 중요하다고 생각해요. 이 외에도 학교에서 잘 적응하고 있는지, 공부는 얼마나 하는지 등 전반적인 생활을 평가한 다음에야 게임 문제가 얼마나 심각한지 판단할 수 있을 듯합니다.

　　이 사례의 어머니는 "게임하는 시간을 좀 줄이라고" 자주 말씀하신다고 하는데, 이 아이가 어떤 유형의 게임을 즐겨 하는지, 왜 게임을 하는지, 게임의 어떤 면이 이 아이를 매료시키는지 등에 대해 전반적인 대화가 필요하다는 생각이 들어요.

도_ 어머니에게는 시간만 보이니까, 아이가 게임하는 시간만 좀 줄였으면 좋겠다고 생각할 수 있죠. 그런데 만약 아이가 학교에 제때 가서 수업도 잘 듣고, 숙제도 열심히 하고, 친구들과도 잘 어울리는 등 자기 생활을 잘 챙기고 있다면 큰 문제가 없다고 볼 수도 있다는 말씀인 거죠?

어_ 그렇죠. 아이가 보이는 문제의 단편만이 아니라 아이의 생활 전체를 종합적으로 살펴봐야 한다는 의미입니다.

도_ 최근 들어 게임하는 시간뿐 아니라, 게임을 어떻게 활용하는지, 게임에서 어떤 경험을 하는지도 중요하다는 연구 결과도 있잖아요? 예전에는 게임하는 것 자체가 나쁘다는 인식이 사회적으로 강했던 반면, 요즘에는 아이가 외로워서 게임을 하는 건지, 심심해서 시간을 때우는 건지, 게임 자체가 재미있는 건지 등 이유에 따라 다르게 접근해야 한다는 의견이 우세하죠. 실제로 특정 게임보다는 '게임'이라는 것 자체에 관심이 있어서 게임 개발자가 되고 싶어 하는 아이들도 많고요. 그러니 이 사례의 어머니도 아이가 게임하는 시간만 보지 말고 아이와 함께 다각도로 이야기를 나눠 보는 게 좋을 것 같습니다.

사실 이건 일반적인 대원칙이라고 할 수 있어요. 아이의 특정 행동이 문제로 보일 때, 부모로서 아이를 도와주기 위해 여러 방법을 동원할 수 있겠지요. 하지만 일단 아이와 대화를 나눠 보는 것을 권합니다. 문제가 되는 듯한 행동을 어떻게 하고 있는지, 무슨 이유로 하는 건지, 그 행동을 하면 어떤 점이 좋은지 등에 관해 대화를 나누다 보면, 문제가 심각한지 심각하지 않은지, 어떻게 도와줄 수 있을지 분명 판단할 수 있을 거예요.

강_ 그런데 대화를 시작하는 것 자체가 쉽지 않을 수 있죠. 중학교 2학년쯤 되면 부모와 어떤 대화도 나누지 않으려 하는 경우가 많으니까요.

그러니 우선 대화를 시작할 수 있도록 조금씩 노력해야 합니다. 가볍게 안부를 묻거나 함께 밥을 먹으며 천천히 아이에게 다가가는 거죠.

도_ 맞아요. 게임이나 스마트폰에는 기본적으로 사용자의 중독을 유발하기 위해 고도의 기술이 사용되기도 합니다. 그래서 게임이나 스마트폰 이용 시간을 스스로 조절하기란 대단히 어려워요. 그러므로 무조건 하지 말라고 야단치는 것보다, 대화를 통해 문제가 무엇인지 파악하고, 아이가 스스로 사용 시간을 조절하면 그에 맞는 보상을 주는 것이 더 효과적입니다. 아이 입장에서도 자신에게 뭔가 이득이 있어야 행동을 바꾸려 하지 않겠어요?

게다가 사실 게임보다 흥미로운 활동을 찾는 것도 쉽지 않아요. 물론 아이가 게임 때문에 해야 할 일에 소홀하고 또래 관계도 소원해진다면, 문제가 심각하다고 할 수 있습니다. 아이의 문제가 얼마나 심각한지 가늠이 안 될 경우, 청소년사이버상담센터같이 검증된 기관의 홈페이지에 공개된 평가 도구를 사용하는 것도 좋겠지요.

어_ 도레미 선생님이 말씀하셨듯이 게임을 하는 것 자체가 문제라기보다는, 게임으로부터 어떤 영향을 받는지가 중요합니다. 세계보건기구 WHO에서 발간한 국제질병분류ICD의 최신판에서는 게임이나 스마트폰 사용 문제가 정신장애의 한 종류로 포함됐어요. 게임 중독 문제가 점차 치료의 영역으로 들어오고 있는 거죠. 단순히 기다리거나 금지하거나 벌을 주는 것만으로는 개선되기 어려우니까요. 그러니 아이의 문제가 심각하다고 판단된다면 정신건강의학과나 상담센터에 방문하는 것을 추천합니다.

강_ 그런데 예를 들어 아이가 밤 늦게까지 게임을 하다가 새벽에 잠이 들고, 학교 가는 시간에 겨우 일어나는 날이 반복되면 부모님 입장에서는 걱정이 될 수밖에 없겠죠. 이런 경우 상담이나 심리치료를 고려할 수 있는데, 아이가 제대로 참여하지 않을 것 같아서 걱정하는 부모님도 많을 것 같아요.

어_ 특히 남자아이들은 상담이나 심리치료에 잘 참여하지 않으려 해서 어려운 면이 있죠. 일단 아이 스스로 문제를 인식하고, 도움을 받고자 하는 의지를 가져야 해요. 하지만 중요한 점은 이런 의지가 있다고 해도 모든 문제가 한 번에 해결되진 않는다는 사실입니다. 그래서 상담이나 심리치료를 계획했다면, 장기적인 관점에서 꾸준히 문을 두드릴 필요가 있어요. 때가 되면 아이가 꽁꽁 숨겨 둔 속마음을 털어놓을 수 있으니까요. 또한 당장은 치료가 무의미해 보인다고 해도, 이러한 시도가 작은 반향이라도 일으킬 수 있다면 그 자체로 성공이라고 생각해야 합니다. 어렵다고 포기한다면 문제가 해결되지 않고, 오히려 더 악화될 거예요.

도_ 이쯤에서 다시 한번 부모에게 필요한 태도를 강조하고 싶어요. 아이에게 상담이나 심리치료를 권할 때, 아이를 야단치거나 "너 계속 그렇게 살면 어떡하니"라는 식으로 책망한다면, 아이가 마음의 문을 더욱 굳게 닫아 버릴 수 있습니다. 그러니 어렵더라도 기분 좋게 대화하면 좋겠어요. 따뜻한 태도로 이야기해도 아이가 들을까 말까 한데, 윽박지르며 강요한다면 더 이상의 진전은 없어지는 거죠. 어유경 선생님 말씀처럼 역시 천천히 시간을 갖고 여러 번 시도하고 노력해야겠네요.

어_ 만약 무섭고 엄하게 지도하겠다는 생각으로 아이에게 욕을 하거나 매를 들거나 집에서 쫓아내는 등 가혹한 방법을 사용할 경우, 효과도 없고 아이의 마음이 더욱 굳게 닫히게 된다는 점을 명심해야 해요. 그보다는 부모로서 아이에게 이런 문제를 해결할 만한 잠재력이 있다고 믿고, 아이가 자신의 잠재력을 발휘할 수 있도록 도와주고 싶다는 신호를 지속적으로 보낼 필요가 있습니다. 물론 이 방법은 당장 효과가 눈에 보이지 않기 때문에 인내심이 필요합니다. 하지만 이 과정 속에서 아이와 부모가 함께 성장할 수 있을 거예요.

강_ 추가로 가정에서 꼭 주의해야 할 점을 짚고 넘어가고 싶은데요. 부모님 중 한쪽이 스마트폰이나 게임을 극단적으로 금지하며 강압적인 태도를 취하고 있을 때, 다른 부모님이 아이의 숨통을 틔워 주려는 취지로 몰래 허락하거나 지나치게 수용적인 태도를 취하는 경우가 종종 있어요. 하지만 이 경우 아이는 두 부모님으로부터 상반된 메시지를 받게 됩니다. 그 결과 아이의 문제는 개선되지 않고, 특정 부모님과의 관계만 나빠질 수 있죠. 따라서 이렇게 중요한 사안을 다룰 때는 부부간 합의된 태도와 행동으로 아이에게 일관된 메시지를 줘야 합니다.

아이가 혼자 해결하기 힘든 문제를 겪으며 궁지에 빠진 상황이잖아요? 부모로서 조금 더 성숙한 태도로 아이의 어려움에 연민을 갖고 문제에 접근하면 좋을 거예요.

도_ 사실 모든 아동·청소년 문제는 초기에 개입할 때 가장 해결하기 쉬워요. 따라서 아이가 어릴 때부터 다양한 문제에 대해 아이와 많은 이야기를 나누는 한편, 필요한 경우 함께 규칙을 정하는 등의 조치를 취하는 것이 좋겠죠. 이 사례의 어머니는 아이가 중학교 2학년인 "지금도 이러는데 고등학생이 되면 어떨까 걱정"된다고 하시는데요. 문제를 지각한 순간이 가장 빠른 순간이니, 늦었다고 생각하지 마시고 문제가 더 심각해지기 전에 작은 노력부터라도 시작하면 좋겠습니다.

어_ 이 사례에서처럼 아이의 스마트폰 사용 시간이나 게임 시간 때문에 고민하는 부모님들이 시도할 만한 구체적인 방침이 있을까요?

도_ 일단 점진적으로 시간을 줄여 나가는 게 효과적입니다. 그동안 하루 10시간 이상 게임을 하던 아이에게 갑자기 이제부터 1시간 이상 게임을 하지 말라고 할 경우, 처음부터 저항이 클 거예요. 또한 아이가 자기 생활을 스스로 통제하려 노력하는 모습을 보인다면, 칭찬과 격려를 아끼지 말고 아이가 원하는 보상을 주는 것이 중요하다는 점을 다시 한 번 강조하고 싶어요. 개인적으로, 정말 다잡아야 하는 문제라면 조금 과감하게 보상해 줘도 괜찮다고 생각해요. 마지막으로, 아이의 행동이 변하기까지 일반적으로 한 달은 필요하다고 해요. 그러니 아이에게도 "우리 한 달만 노력해 보자"라고 부드럽게 말하며 서서히 변화를 만들어 나가면 좋겠습니다.

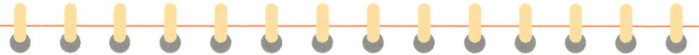

CHECK CHECK!
우리 아이 게임 이용,
괜찮은지 궁금하다면?

다음 중 대부분의 사항에 대해 '예'라고 답하신다면, 전문가를 만나 아이의 게임 이용에 대해 종합적으로 평가를 받는 것을 진지하게 고려해 보시기 바랍니다.

✓ 끼니를 거르거나 학교에 가지 않으려 하는 등 일상생활에 지장이 될 정도로 게임을 한다.

✓ 게임을 못하면 불안해하거나 초조해하는 것 같다.

✓ 게임을 하느라 다른 중요한 것(공부, 친구와 놀기 등)을 하지 못한다.

✓ 게임을 못하게 하면 짜증을 내거나 화를 낸다.

✓ 약속한 게임 시간을 자주 어긴다.

✓ 게임 속에서의 상황과 현실의 상황을 혼동하는 모습을 보인다.

STEP BY STEP
한 걸음씩 천천히

Step 1 나를 알아보기

- 다음 문장의 빈칸에 들어갈 말을 빠르게 떠올려 보세요.
- 나는 스마트폰이 없으면 _____
- 스마트폰은 나에게 _____
- 스마트폰으로 인해 우리 부부는 _____

Step 2 생각해 보기

- 스마트폰을 얼마나 자주/주로 어떤 상황에서 사용하나요?

- 아이는 어떤 게임/유튜브 영상을 좋아하나요?

- 아이의 스마트폰 사용에 대해 어떤 태도를 취하고 있나요?

- 아이가 만약 스마트폰을 사용하다가 곤경에 처한다면 솔직히 말해 줄 것이라고 생각하나요?

Step 3 실천해 보기

- 아이와 함께 다음 사항에 대해 이야기 나누며 우리 집에서 지켜야 할 스마트폰 (또는 동영상, 유튜브) 사용 규칙을 정해 보세요. 가능하다면 배우자와 먼저 상의한 후 아이와 대화합니다. 규칙을 정한 후에는 이를 문서로 만들어 서로 나눠 가지거나 잘 보이는 곳에 붙여 두어도 좋습니다.
  - 규칙을 세우는 것이 왜 중요한지
  - 어떤 규칙을 세울지
  - 규칙을 지킬 경우 어떤 보상을 줄지
  - 필요한 다른 규칙이 더 있는지

- 아이가 좋아하는 동영상이 무엇인지 물어보세요.

- 아이가 좋아하는 온라인 게임이 무엇인지 물어보세요. 게임에 대한 설명을 듣고, 직접 플레이해 보세요.

- 아이와 함께 아이가 좋아하는 동영상을 보거나 게임을 플레이한 후, 어떤 감정/생각이 들었는지 이야기를 나눠 보세요.

CHAPTER 6 ───────────

부모 마음 돌봄

**한 걸음씩,
지친 나를 위로하기**

우리 모두 반짝반짝 하던 시절이 있었죠. 화려하지 않아도 아름다웠던 그 시절이요. 부모가 되기 전에는 하고 싶은 것도 많았고, 눈에 띄진 않아도 푸릇한 나무처럼 하늘 향해 자라나는 그런 사람이었죠. 아직도 마음은 그렇지만, 현실은 어떤가요? 아이가 소중하지 않은 건 아닌데, 아이를 키우는 일은 버겁기도 하지요. 버겁다고 생각하면 나쁜 부모가 된 것 같아 더 힘들고, 아예 힘들다는 생각을 하지 않으려니 마음이 답답해집니다. 아이 때문에 힘들어하며 꾹 참다가 결국 화를 내서 관계는 엉망이 되어 버리고…. 부모로서 나는 왜 이 모양인가 싶을 때도 많죠. 점점 지치면서 아이에 관해서도 무언가 시도하기가 두려워집니다. 아이와 부모 모두 행복할 수는 없는 걸까요? 여기, 임상심리학자 엄마들의 수다 속에서 답을 찾아봅시다.

"아이 때문에
죄인이 된 것 같아요"

저는 초등학교 6학년 딸의 엄마입니다. 얼마 전에 딸아이가 학교폭력 가해자로 지목되었습니다. 아이의 담임 선생님은 학교폭력대책심의위원회, 소위 학폭위가 소집될 수 있으니, 피해자 부모와 만나 보라고 제안하셨어요. 그래서 피해 학생의 엄마와 카페에서 만나 아이의 잘못에 대해 사과했습니다. 그러자 그 학생의 엄마가 평소에도 다른 엄마들한테 저희 아이가 "발랑 까졌다는 말을 들었는데, 이제 보니 그 말이 맞았다"며, 저에게 아이 교육 잘 시키라고 하더라고요. 처음 보는 사람에게 그런 얘기를 들으니 어이가 없어서 뭐라고 반박할까 잠시 생각했다가 결국엔 참고 다시 한번 죄송하다고 사과했어요. 그런데 그 집 아이랑 우리 아이가 꽤나 친했어요. 우리 아이가 정말로 이상했으면 둘이 그렇게 친하게 지내지 않았을 것 같은데…. 결국 학폭위가 소집되는 대신 이 사건과 관련된 아이들이 반성문을 쓰는 것으로 처벌이 마무리되었어요.

 그런데 일이 일단락되고 나니 저에게 후폭풍이 닥쳤습니다. 내 딸에게

'발랑 까진 아이'라고 말한 것을 짚고 넘어갔어야 했던 것 같고, 지나치게 비굴했던 것 같고, 우리 아이 말고도 가해를 한 학생이 더 있다는데, 왜 저만 대표로 사과해야 했는지 억울하고…. 정말 모든 면에서 속이 상하더라고요. 평소에는 어디 가서 이렇게 굽신거릴 일이 없어요. 그런데 왜 엄마라는 이유로 다른 아이들 엄마들이나 선생님에게 마음에도 없는 웃음을 지으며 비굴해져야 하는 건지…. 엄마라는 이유로 제가 죄인이 되어야 하는 거예요? 정말 화딱지 나요.

도_ 이런 일을 겪으면 어머니 입장에서 정말 당황스러울 것 같습니다. 간혹 억울하게 학교 폭력 가해자가 되는 경우가 있을 수도 있겠죠.

어_ 여기서 우리가 명확하게 짚고 넘어가야 할 것 같아요. '요즘엔 별거 아닌 일에 학폭위가 소집된다'는 취지로 말하려는 건 아닙니다. 학교 폭력은 당연히 없어져야 하죠. 여기서 지적하고 싶은 점은 이 사례의 어머니처럼 엄마로서의 역할에 예상 밖의 부담이 추가될 때, 정말 심하게 힘들어질 수밖에 없다는 사실이에요.

가해 학생 어머니든 피해 학생 어머니든, 이런 상황에서 자녀를 위해서 무엇을 더 해 줄 수 있을지 고민하다 보면 정서적으로 소진되어 자신을 제대로 추스를 수 없게 되죠. 그 결과 일상이나 직장 생활도 삐걱거리게 되고, 가정 내 분위기도 안 좋아질 수 있잖아요.

강_ 이 어머니도 '내가 아이를 위해 아이 입장에서 시시비비를 더 분명하게 가렸어야 하지 않았을까'라고 후회하시는 듯해요. 그런데 사과하러 나간 자리에서 "잠깐만요. 그건 아닌데요"라거나 "아, 그 얘기는 맞아요"라며 따지듯 말했다면 일이 이렇게 잘 해결되진 못했을 거예요. 어머니도 하고 싶은 말이 많았지만 상황을 고려해서 일이 더 커지지 않도록 지혜롭게 잘 수습하셨다고 생각해요. 이건 비굴한 게 아니죠.

어_ 맞아요. 결과적으로 학폭위가 소집되지는 않았지만, 아이가 반성문을 쓰게 된 걸 보면 잘못이 있긴 한 것 같아요. 어머니가 아이의 잘못을 모른 척하거나 그 잘못이 별것 아니라는 메시지를 주지 않고, 이렇게 적극적으로 피해 학생의 어머니를 찾아가서 사과했잖아요. 억울하고 자존심이 상했음에도 감정을 잘 추스렸고요. 어머니의 이런 모습 보며 아이가 많은 것을 배웠을 거라고 생각합니다.

도_ 우리가 다양한 문제를 다루며 대화의 중요성을 여러 번 강조했잖아요? 여기서도 마찬가지입니다. 이런 상황에서 엄마만 참고 사과하고 괴로워하다가 넘어가면 안 돼요. 이 사건에 대해 반드시 아이와 대화할 필요가 있어요. 아이에게 왜 그런 행동을 했는지 물어보고, 피해를 당한 친구들은 어떻게 생각하고 있을지 아이와 헤아려 봐야 해요. 아이의 행동이 낳은 결과와 그 일을 수습하기 위해 엄마가 한 노력에 대해서도 이야기 나눠야겠죠. 아이의 판단이 미숙했거나 실수를 했던 거라면 더욱 이런 대화가 필요할 거예요. 이런 과정을 통해 어머니에게 상처만 남기고 끝날 수 있었던 시간이 결국 약이 되는 시간으로 남을 수 있습니다.

어_ 결국 모든 일이 끝난 후 어떤 마음으로 그 사건을 정리하는지가 중요하다는 말씀이시군요. 이 어머니는 가해한 학생이 더 있음에도 본인만 대표로 사과한 것이 억울하다고 말씀하시는데, 이 생각은 내려놓으라고 권하고 싶어요. 잘못한 상황에서 사과하지 않은 사람이 잘못한 것이지 사과한 사람이 모자란 건 아니잖아요. 어머니는 해야 할 일을 하셨고, 그건 용기 있는 행동이었습니다.

강_ 용기 있는 행동이었다는 말이 제 마음을 울리네요. 이 어머니에게도 그 말이 전달되면 좋겠어요.

강_ 이번에는 어머니 마음속 앙금에 대해 말하고 싶은데요. 이 사례의 아이가 그전에도 어머니의 간담을 쓸어내릴 만한 일을 했는지 모르겠어요. 하지만 아이의 문제가 심해지면 아무리 내 아이라 해도 미워하는 마음이 생겨 좀처럼 수그러들지 않을 수 있어요. 엄마도 힘이 드니까요. 아이가 어렸을 땐 미운 짓을 해도 금방 마음이 풀려 사랑이 샘솟는데, 아이가 조금 성장한 뒤부터는 그게 쉽지 않아요. 이제는 조금 엄마의 말을 이해할 법도 한데 자꾸 문제를 저지르고 또 다른 방향으로 엄마를 속상하게 하니까 아이에게 꽁한 마음이 풀리지 않고 남아 있게 되는 거죠.

어_ 그럼 이 어머니가 말씀하신 "화딱지"는 이 상황에 대한 것일 수도 있지만 또 한편으로는 아이를 향한 것일 수도 있겠네요.

강_ 그럴 수도 있을 것 같아요. '내가 왜 이렇게 자꾸 힘들어야 해…?'라는 생각 때문에 부드럽고 온화한 태도로 아이를 대하지 못하고, 조금은 딱딱하고 날카로운 태도를 보였을 수 있겠다는 생각이 드네요.

어_ 강지현 선생님 이야기를 듣고 보니 이 어머니가 "엄마라는 이유로 제가 죄인이 되어야 하는 거예요?"라고 말한 게 이해가 돼요. 저는 가해 아동의 어머니니까 사과를 하는 게 당연하다고 생각했거든요. 그런데 조금 더 생각해 보니 자신이 잘못한 것도 아닌데 누군가의 엄마라는 이유로 이렇게까지 힘들어야 한다면, 아이에게 화가 날 수도 있겠네요.

강_ 이 어머니의 화는 복합적일 거예요. 다른 엄마들이나 친구들에게 책잡힐 만한 행동을 한 아이에게도 화가 나고, 이러쿵저러쿵 말이 많은 다른 엄마들도 밉상이고, 자기가 하지도 않은 일 때문에 사과를 해야 하는 상황도 싫겠죠…. 어쩌면 이 사례를 적어 주신 날 다른 일로 많이 지쳤던 것일 수도 있고요….

도_ 그런 복합적인 화를 풀기 위해서 아이와 많은 대화를 나눠야겠죠. 그런데 대화를 나누기 전에 부모님도 준비가 필요합니다. 대화를 하다가 감정이 폭발해서 아이나 상황, 배우자에 대한 원망을 쏟아 내면 안 되잖아요? 차분한 어투로 이야기해야 엄마의 의도가 아이에게 잘 전달될 수 있는데, 아이에 대한 미움이 남아 있는 상태에서 대화한다면 오히려 더 큰 분란이 생기겠죠.

실제로 상담이나 교육 등을 진행하며 어머님들께 아이와 대화할 것을 권하면, 화가 가득한 상태로 친구에게 푸념하듯 아이에게 말하는 분들이 계시더라고요. 그런데 이런 식으로 말하면 아이들은 엄마의 의도를 받아들일 수 없어요. 그러니 아이가 이해하고 소화할 수 있게끔 말해야 한다는 사실을 강조하고 싶어요. 아이가 엄마의 마음을 이해한다면, '내 행동 때문에 엄마가 이런 기분을 느꼈구나'라고 생각하고, 스스로 행동을 조심하고 고치려 조금이라도 노력할 거예요.

강_ 맞아요. 그러기 위해서는 아이에 대한 처음의 사랑을 회복해야 하죠. 처음 아이를 만나 감격했던 순간, 아이의 재롱을 보며 즐거웠던 기억을 떠올려 보세요. '엄마'라고 불리게 되어 얼마나 행복했는지요! 아이가 자라면서 아이와의 관계가 삐거덕거리고, 힘들었던 시간이 쌓이면서 이렇게 감격스러웠던 순간들을 자꾸 잊어버리는 것 같아요. 그러니 일부러라도 아이와의 행복했던 기억을 떠올리고 음미하며 아이가 주었던 감동을 회복하는 시간이 필요해요. 이렇게 회복된 마음이 다시금 엄마로서 씩씩하게 살아가게 할 에너지가 될 거예요.

도_ 강지현 선생님 경험담 같네요. (웃음) 사실 이미 아이에 대한 미움이 쌓인 상태라면, 아이와 행복했던 기억을 떠올리는 게 쉬운 일은 아니잖아요? 이 경우 어떻게 하면 좋을지 조언해 주시면 많은 도움이 될 것 같아요.

강_ 저희 큰아이는 이제 대학에 가고, 작은아이도 기숙사에서 고등학교 생활을 하고 있어요. 그러다 보니 아이들을 제 품에서 먹이고 입히는 시간이 얼마 남지 않았다는 사실이 실감돼요. 도레미 선생님과 어유경 선생님의 아이들은 아직 어려서 '빨리 그런 날이 오면 좋겠어요. 언제 오는 거예요?'라고 생각하실 수 있겠네요. 물론 육아로부터 해방되면 편하긴 할 거예요. 그런데 아이의 아침을 챙겨 주고, 빨래를 해 주고, 이

부자리를 봐 줄 수 있는 날이 정말로 얼마 남지 않았다고 생각하면 마냥 좋지만은 않아요. 안 하게 되는 게 아니라 못 하게 되는 거니까요.

저희 큰아이가 남자아이인데요. 이 아이가 어렸을 때 제가 너무 바빴어요. 그리고 얘가 좀 독립적이거든요. 그래서 큰애는 초등학교 1학년 때부터 혼자 샤워를 했어요. 즐겁게 잘 하더라고요. 물론 대충 했겠지요? 그래도 저는 모든 일에는 시행착오가 필요하니 괜찮다고 생각했죠. 비눗물 조금 남아 있어도, 때가 좀 안 닦여도 큰일 나는 건 아니니까요. 바쁜 제가 일일이 챙겨 주지 않아도 되니 편하다는 마음도 컸고요. 지금 돌이켜 보면… 저는 그게 정말 아쉬워요. 그 이후로 저는 아이를 씻겨 준 적이 없거든요. 3학년 때까지는… 아니, 1학년 마칠 때까지만이라도 제가 씻겨 주고, 말려 줄 걸 그랬어요.

나에게 온 아이를 이렇게 물심양면으로 정성껏 돌봐 줄 시간은 영원히 계속되지 않더라고요. 아이를 키우며 힘들기만 한 것 같지만, 그 힘든 시절을 그리워하게 될 날이 다가오는 게 느껴져요. 육아로 힘들어하고 있는 부모님들이 이런 점도 생각해 보면 어떨까 싶어요.

어_ 저희 집에는 고등학생, 중학생, 초등학생이 다 있어요. 그런데 아이들이 정말 빨리 크고 있어서 하루하루가 너무 아까워요. 남편에게 농담 삼아 "아이들이 아기일 때로 일주일 동안이라도 돌아갈 수 있다면 내가 5년 더 늙어도 좋아"라고 말한 적도 있어요.

도_ 아이들과 보내는 이 시간이 정말 짧다는 데 많은 부모님들이 동의하실 것 같아요. 물론 힘든 당시에는 그 시기가 짧게 느껴지지 않죠. 그러다가 훌쩍 지나간 시간을 돌아보며 후회하게 되고요.

어_ 정말 그래요. 아이가 세 살일 때는 '더 어렸을 때 좀 잘해 줄 걸'이라고 생각했다가, 아이가 초등학교 들어가면 '유치원 때 좀 잘해 줄 걸' 하고… 중학교, 고등학교에 가도 똑같죠. 계속 '그때 좀 더 잘해 줄 걸' 하고 후회만 하게 되잖아요. 사실 오늘 내 앞에 있는 이 아이가 내가 가장 그리워할 그 아이인데 말이죠. 이 사실을 명심해야겠어요.

아까 강지현 선생님이 아이와의 행복했던 기억을 계속 떠올리라고 하셨잖아요? 저희 아이들이 겉으로는 "엄마, 이제 이러지마…"라고 말하지만 속으로는 되게 좋아하는 것 같은 활동이 있어요. 아이들이 어렸을 때 부르던 애칭이 있거든요. 목소리 톤도 다르게 불러야 해요. 이 애칭과 목소리 톤으로 아이들을 부르면, 아이들이 아기 때처럼 반응하는, 저희들만의 약속이 있어요.

강_ 한 번 불러 주시면 안 돼요?

어_ 아휴, 상대가 있어야 하죠…. (웃음) 이렇게 부르면 고등학생인 아이도 "엄마, 제가 지금 열일곱 살이 돼서 이걸 해야 하나요?"라고 말하면서도 하긴 하거든요. 그걸 보면 제게 그때 감정이 살아나곤 해요. 내 삶에 들어온 귀한 손님으로 아기를 바라보던 그때로 잠시 돌아가는 거죠. 그러면 일상의 스트레스도 어느 정도 해소되고, 육아에서 받은 무기력감이나 '내가 왜 좀 더 잘하지 못했을까' 하는 생각에서 조금 벗어날 수 있는 것 같아요.

아이는 순식간에 크지만, 아이가 주는 기억은 평생 지속돼요. 아이를 키우면서 내가 받는 여러 가지 선물이 있을 수 있지만 그중 이런 기억이 가장 큰 선물인 것 같아요. 갑자기 제 아이들이 되게 보고 싶네요.

도_ 저도 '아이들이 어렸을 때 더 많이 놀아 줄 걸', '사진 말고 동영상도 좀 찍어 놓을 걸' 같은 생각을 종종 하거든요. 그런데 이렇게 후회하고 있는 지금을 미래에는 미치도록 그리워할 테니까, 지금 아이와 많은 시간을 보내며 아이와 함께하는 매순간을 충실히 느끼고, 하루하루 최선을 다하는 태도가 중요할 것 같습니다. 그러니 피곤하다고 멍하니 딴생각을 하거나, 다른 걱정에 사로잡혀 아이와의 시간을 흘려보내지 않으려 노력해야겠죠. 이런 노력이 없다면 오히려 더 빠르게 지치고 소진되지 않을까 싶어요.

오_ 부모는 자신이 아이에게 굉장히 많은 것을 해 주고 있다고 생각하기 쉬운 것 같아요. 이부자리도 봐 주고 목욕도 시켜 주고 밥도 해 주고 돈 벌어서 교육도 시켜 주니까요. 그런데 제 아이들을 생각해 보면, 제가 아이들에게 준 것보다 아이들이 저에게 준 게 더 많은 것 같아요. 아이들을 향한 제 사랑보다 저를 향한 아이들의 사랑이 더 크다는 느낌이 들거든요. 누가 나를 이렇게 조건 없이 사랑하고 떠받들어 줄까 싶어요.

어린 아이들에게는 엄마가 세상의 전부잖아요? 그 느낌이 정말 특별했던 것 같아요. 아이와 엄마 사이에서만 느낄 수 있는, 정말 소중한 경험이죠. 부모가 이런 기억과 느낌을 잘 간직한다면, 아이가 험난한 청소년기와 이후의 시기를 지나는 동안에도 서로 좋은 관계를 유지할 수 있지 않을까요?

강_ 정말 공감되는 말이네요. 부모가 아이를 조건 없이 사랑한다고 할 수 없죠. 오히려 부모는 굉장히 조건적으로 사랑하는 것 같아요. 내 기준에 맞을 때, 내 가치를 따를 때, 내 말에 순종할 때. 반면 정말 조건 없이 사랑을 주는 건 아이예요. 그리고 아이는 부모가 아무리 실수해도 끊임없이 용서하고 받아 주죠.

도_ 맞아요. 그러니 조금 더 용기 내서 실수하거나 잘못해 주었던 것에 대해 아이에게 용서를 구하면 좋을 것 같아요.

어_ 전 아이가 셋이니 도레미 선생님보다 세 배 잘못해도 되겠네요. 세 배 용서를 받겠습니다. (웃음)

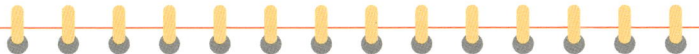

CHECK CHECK!

아이가 어린이집/유치원/학교에서 문제를 일으켰다면?

✔ **일단은 문제를 해결하는 데 집중하세요.**

당황스럽고 불편한 마음은 문제가 해결될 때까지 잠시 내려놓는 게 좋습니다.

✔ **상황을 구체적으로 파악하세요.**

어린이집/유치원/학교 선생님의 설명을 들을 수 있다면 자세히 들어 보세요.

✔ **아이의 이야기를 들어 주세요.**

무슨 일이 어떻게 일어난 건지 들어 본 뒤, 아이는 상황을 어떻게 보고 있는지 물어보세요.

✔ **아이의 마음에 공감해 주세요.**

사건이 커져 놀랐을 아이를 진정시킨 뒤, 엄마의 마음도 담담하게 전해 주세요. 이때 엄마의 속마음을 100퍼센트 공개할 필요는 없습니다.

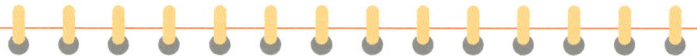

✓ **아이의 실수나 잘못은 분명하고 단호하게 지적하세요.**

다소 사무적인 어조로, 웃음기 없는 얼굴 표정으로 확실히 잘못을 지적하되, 아이에게 겁을 주거나 신경질을 내서는 안 됩니다.

✓ **이후의 과정을 설명해 주세요.**

이 문제가 원만히 해결되도록 하기 위해 엄마/아빠가 노력할 것이고, 아이도 문제 해결을 위해 필요한 행동을 해야 할 것이라고 알려주세요.

✓ **사건의 해결을 위해 부모가 할 수 있는 것들을 진실한 마음으로 실행하세요.**

피해자에게 사과를 해야 할 수도 있고, 배상을 해야 할 수도 있습니다. 잘못을 했을 때 어떻게 실질적 도의적 책임을 지는 것인지 아이가 보고 배울 수 있게 해 주세요.

✓ **부모님이 아이를 여전히 사랑한다는 사실을 전해 주세요.**

아이의 실수나 잘못에도 불구하고 부모에게 아이는 여전히 소중하고, 아이가 속상한 만큼 부모 역시 마음이 편치 않다는 것을 전해주세요.

"사교육비 부담에
막막하고 답답해요"

저희는 외벌이에 아이가 셋이예요. 저만 돈을 벌고, 아내는 가사를 돌보고 있습니다. 점점 늘어 가는 아이들 학원비에 걱정이 이만저만이 아니에요. 아내는 돈을 쓸 수 있을 때 아이에게 많은 걸 해 줘야 한다고 말합니다. 남들 하는 거에 비하면 우리가 하는 건 약과라고 하면서요…. 하지만 그것도 형편에 맞게 해야 하는 것 아닌가요? 우리 노후도 생각해야죠. 이렇게 대책 없이 학원비를 대다가 제가 퇴직하고 나면 어떻게 생활하겠다는 건지…. 빚을 내서라도 학원비를 지원해 줘야 한다고 우기는 아내가 정말 너무 철딱서니 없어 보여요. 제 자신이 딱하다는 생각도 들고요. 어떻게 하면 좋을까요?

강_ 정말 현실적인 걱정이네요. 노후 대비도 못하고 있는 상황에서 세 아이의 학원비를 부담하는 게 정말 쉽지 않아 보여요.

도_ 우리나라 저출산의 원인 중 하나로 사교육비가 지목될 만큼 사교육비 부담이 심각하잖아요? 제가 학교 다닐 때는 어떤 아이의 엄마가 학원비를 위해 몇천만 원짜리 통장을 만들었다더라 하는 이야기가 친구들 사이에서 돌기도 했어요. 당시 어린 마음에 '쟤는 몇천만 원짜리 학원을 다닐 수 있는데, 나는 그렇게 못하네'라고 생각하기도 했죠. 그런데 꼭 그렇게 비싼 사교육을 받아야 공부를 잘하는 건 아니잖아요? 공부를 잘한다고 아이의 삶이 행복하리라는 보장도 당연히 없고요. 아이를 학원에 보내지 않으면 아이가 좋은 대학에 못 가서 행복하게 살지 못할 것 같겠지만, 그건 사실 학원의 마케팅과 부모의 불안이 만들어낸 생각이에요. 그러니 학원에 못 보내거나 안 보내는 것에 대해 미안해하지 않으시면 좋겠어요.

어_ 저는 이 사연의 본질은 부부 관계의 문제가 아닐까 싶어요. 사교육비 부담이나 노후 대비 문제는 둘째로 치고, 지금 어머니와 아버지 간에 의견 대립이 너무 심하잖아요. 게다가 아버지가 어머니에게 '우긴다', '철딱서니 없다' 같은 표현을 쓰는 걸로 봐선 감정의 골도 깊어 보입니다. 과연 이 부부가 아이들의 사교육 문제에 관해서만 이렇게 의견이 다를지 궁금하네요.

도_ 이렇게 같은 문제에 대해 부부의 견해가 서로 다른 경우가 꽤 있죠. 물론 부부라고 언제나 문제를 동일한 관점에서 볼 수는 없습니다. 하지만 의견 차이가 있을 때, 함께 조율하며 서로를 이해하는 과정이 중요해요. 그래서 이 사례의 부모님이 서로의 생각을 좀 더 열린 마음으로 들어 보면 좋을 것 같아요. 이렇게 하는 게 결국 아이들 교육에도 긍정적인 영향을 줄 거라는 생각이 듭니다.

강_ 그런데 다른 문제에 대해서는 배우자에게 양보하고 맞춰 줄 수 있지만, 아이들 교육 문제만큼은 양보할 수 없다고 말하는 어머니들도 많더라고요. 노후 대비에 관해서는 어떤지 모르겠지만, 실제로 이 사례의 어머니처럼 빚을 내서라도 요즘 유명한 학원에 아이를 보내서 과목별로 좋은 수업을 듣게 해 줘야 한다는 생각도 많이들 하는 것 같아요.

도_ 남편 몰래 빚을 내는 경우도 있고요.

강_ 그게 어떻게 가능한지는 모르겠지만, 어머니들이 아버지들 모르게 의사 결정을 하는 영역 중 하나가 아이들 학원인 것 같아요.

어_ 이 사례의 경우, 아버지가 '외벌이에 아이가 셋이다', '대책이 없다', '퇴직 후가 걱정이 된다'라고 말씀하실 정도면 상황이 조금 과하지 않나 싶어요. 그럼에도 어머니가 빚을 내고 노후 대비를 포기하면서까지 아이들을 학원에 보내려 한다면, 학원에 보내는 진짜 목적을 살펴봐야 하지 않을까요? 물론 표면적인 목적은 아이들의 학업 성취겠지요. 하지만 그렇게 무리해서 아이를 입시 학원에 보내려는 어머니의 욕망은 무엇인지 좀 더 깊이 들여다볼 필요가 있어요.

강_ 아이는 부모의 확장판이라는 말이 있죠. 특히 큰아이는 부모 자신의 확장된 모습으로 여겨지는 경우가 많습니다. 이런 부모에게는 자신이 못했던 것이나 결핍으로 느꼈던 것을 아이를 통해 이루고 대리 만족하려는 마음이 분명히 있다고 생각해요. 물론 아이의 능력이나 선호,

소질 등은 중요하게 고려하지 않고, 좋은 대학에 보내는 것만을 엄마의 업적으로 평가하는 문화도 무시할 수 없겠죠.

어_ 이 사례의 어머니가 "남들 하는 거에 비하면 우리는 약과"라고 말씀하신 걸 보면, 어머니는 다른 사람들에게 보이는 모습에 굉장히 신경을 많이 쓰시는 것 같아요. 이런 시선에서 자유로워지려면 어떻게 할까요? 이 어머니가 남들이 모두 동참하는 획일적인 시류에 편승하지 않아도 괜찮을 수 있다는 사실을 깨닫고 편안해지면 좋을 것 같다는 생각이 들어서요.

강_ 그러게요. 특히 우리 문화에서는 소위 '나만의 소신'을 갖고 생활하기 쉽지 않은 것 같아요. 게다가 이 사례의 어머니처럼 전업 주부일 경우 자녀 양육에서 대학 진학에 두는 비중이 크기 마련이죠. 자녀의 대학 진학 결과만 보고 엄마의 노고와 '실력'을 평가하는 묘한 사회적 분위기가 있는 게 사실이거든요.

도_ 빠르게 변화하는 세상에 대한 정보를 많이 확보하고, 앞으로 변할 사회에 대해 구체적인 그림을 그려 보면 도움이 될 것 같아요. 우리에게 익숙한 직업들 중 상당수가 미래에는 사라지거나 대체되고, 새로운 직업이 등장할 거라고 하잖아요? 현재 유망하다고 알려진 직종도 머지않아 상황이 바뀔 수 있습니다. 그렇기 때문에 오직 지금의 한국 사회만 바라보고 입시 준비에 몰입한다면, 중요한 변화를 놓치게 될 수 있죠. 좀 더 넓은 세상을 지향하며 긴 안목으로 생각한다면 정말 중요한 것들을 발견할 수 있지 않을까요?

강_ 그렇죠. 상당수의 입시생과 학부모가 유명 대학에 입학하는 것만을 목표로 달려가고 있지만, 요즘에는 자녀의 소질과 재능에 맞춰 입시 전략과 교육을 과감히 바꾸는 경우도 드물지 않아요. 평범하게 입시를 치르지 않고도 누구보다 행복하고 당당하게 자기 길을 개척하고 더러는 세계적인 명성을 얻는 사람들이 있지요. 좋은 대학과 직장을 목표로 노력하는 걸 폄하하는 게 아니에요. 그것만이 유일한 길은 아니라고 말하는 거죠. 자녀들이 더 넓고 다양한 세상을 만나고, 그곳에서 살아남을 수 있게 역량을 키워 주는 게 진짜 뒷바라지 아닌가 싶습니다.

어_ 맞아요. 자녀를 보살피고 도와주는 방법이 하나뿐인 건 아니니까요. 만약 이렇게 생각해도 아이 사교육에 대해 불안한 마음을 떨칠 수 없다면, 부부가 함께 노후를 구체적으로 상상해 보는 건 어떨까요? SNS에서 봤는데, 10대 후반에서 20대 초반의 경우 나중에 부모를 경제적으로 부양해야 하는 상황을 두려워한다고 하더라고요. 그러니 지금 자녀에게 무리해서 투자하지 말고, 나중에 혹시라도 자녀가 과도한 짐을 짊어지지 않아도 되도록 미리 준비하라는 내용이었어요.

만약 이 사례의 아이들도 그런 생각을 한다면 성인이 되어 자신들의 사교육에 모든 재정을 써 버린 부모를 좀 답답해할 수도 있겠죠. 그러니 아버님과 어머님이 노후 대비와 아이들에 대한 지원을 어떻게 병행하면 좋을지 현실적으로 따져 보고 구체적인 계획을 세워야 할 것 같습니다.

도_ 정말 중요한 지적이네요. 사실 50만 원짜리 학원을 보내다가 100만

원짜리 학원으로 옮긴다고 성적이 두 배로 오르는 것도 아니거든요. 어릴 때 제 친구들은 강남에서 소문난 학원을 다녔어요. 저도 그 학원에 다녔다면 더 좋은 대학에 가서 지금보다 행복하게 살았을까요? 잘 모르겠어요. 사교육 시장에서 학생과 학부모의 불안감을 교묘하게 자극하는 면이 확실히 있는데, 거기에 휘둘리지 않고 객관적인 현실을 고려하여 부부가 충분히 대화를 나눈 뒤 앞으로 어떻게 할지 결정하면 좋겠습니다.

강_ 이 사례의 아버지는 그런 현실적 사고가 어느 정도 가능한 반면, 어머니는 이 부분이 조금 부족하거나 아예 미래에 대한 생각을 하고 싶지 않으신 것 같아요. 그래서 아버지 혼자 가족의 생계를 책임지며 현실감을 갖고 여러 가지 걱정을 하고 있는데, 그 짐이 정말 무겁겠네요. 하지만 그렇다고 아버지가 어머니를 그저 '철딱서니 없다'고 치부해선 안 돼요. 자신이 느끼는 어려움에 대해 솔직하게 털어놓고, 함께 의논하며 어머니를 협조자로 만들어야 해요. 아내에게 현실 감각이 없어서 얘기하다가는 싸움만 하게 될 거라거나 이야기해 봐야 이해하지 못할 거라고 생각하고 시도조차 안 한다면, 계속 외롭고 힘들 수밖에 없어요. 안 그래도 힘든데, 부부간에도 계속 싸우느라 힘만 빠질 뿐이죠.

오_ 어머니 입장에서는 본인은 아이들을 위해서 이런 선택을 하는데, 남편이 너무 무심하고 꽉 막혀서 말이 안 통한다고 생각하실 수 있어요. 그러니 어떻게 대화하는지가 정말 중요하겠네요.

강_ 부부간에 이런 대화를 나눌 때는 두 사람이 인생에서 추구하는 방향에 대해 이야기한다면 중심을 잡을 수 있을 것 같아요. 각자가 추구하는 삶, 바라던 삶의 모습, 지키고 싶은 가치와 신념 등을 생각해 본다면, 다른 사람들의 생각에 휘둘리지 않고 중요한 결정을 하는 데 도움이 되지 않을까 싶습니다.

부부가 처음에는 서로를 어떻게 생각했는지 떠올려 보는 것도 좋을 거예요. 아빠나 엄마라는 이름표를 달기 전에는 연인이었고, 같은 시간을 살아가는 동료였고, 서로에게 인생을 건 부부였겠죠. 그런데 점차 각자의 역할만 많아지고 정작 소중했던 사람은 안중에 없어진 것 같아요. 그 결과 아버지는 자신이 돈 벌어 오는 기계, 집안의 필요만 채워 주는 도구냐고 항변하게 되었고, 어머니는 본인이야말로 육아와 가사만을 위해 사는 사람이냐고 대답하게 된 게 아닐까 싶어요.

하지만 두 사람이 오직 부모가 되기 위해 결혼한 건 아니잖아요? 가족이라는 체계 안에는 부모-자녀 관계도 있지만, 그보다 먼저 부부가 있죠. 그러니 부부로서의 삶과 시간을 확보해서 부모 역할과 부부 역할 간 균형을 맞추며 지내야 하지 않을까요?

도_ 출산 후 아내들이 아이만 신경 쓰다 보니 남편은 찬밥 신세가 되는 경우가 많잖아요? 제가 얼마 전 친정에 갔는데, 결혼 전에 지금의 남편과 친정 근처에서 데이트하던 날들이 기억나더라고요. 그런데 그때 내 남자친구와 데이트하던 추억이 전생의 기억 같은 거 있죠? (모두 웃음) 당시에는 정말 애절했는데 말이죠.

이 문제에 있어서도 초심으로 돌아가는 게 중요할 것 같아요. 남편은 정말 죽고 못 살 정도로 사랑했던 사람, 내 남자친구였잖아요. 사실 아이는 잠깐 왔다 가는 손님이고, 결국 내 곁에 남을 사람은 배우자예요. 그러니 아이에게만 신경 쓰는 게 아니라, 남편과의 관계에도 관심과 노력을 기울여야 해요. 사실은 부부의 굳건한 관계 속에서 아이가 생긴 것이니까요. 두 사람의 관계가 좋아야 아이도 잘 자라서 언젠가 부모의 품을 떠나가겠죠. 물론 서로가 서로에 대해 못마땅하게 여기는 면도 있을 것입니다. 하지만 두 사람이 협조하고 대화함으로써 가족의 안전한 기반을 다진다면, 결국 아이도 부모도 행복할 수 있을 거예요.

강_ 그런데 이 사례는 아버지의 입장에서 작성된 거라서, 우리 이야기를 어머니가 어떻게 들으실까 궁금하네요.

어_ 어머니의 입장도 들어 보고 대화를 나눠 보고 싶어요. 일단은 부부가 나누었던 대화를 한번 떠올리고 분석해 보는 과정이 도움이 될 거예요. 앞으로 잘하겠다는 다짐도 중요하지만, 지금까지 부부의 생각과 대화 패턴에서 어떤 점이 문제였는지, 자신의 바람과 다르게 나온 말은 무엇이었는지, 어떤 점을 자주 오해했는지 등과 같은 질문에 답을 달아 보며 의사소통 방식을 고쳐 나갈 필요도 있어 보입니다. 아이가 잘 자라고 부부가 노후에 걱정 없이 살기를 바라는 마음만은 서로 같을 테니까요.

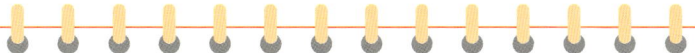

CHECK CHECK!
아이의 교육에 대해
배우자와 의견이 다르다면?

✔ **상대방이 이해되지 않을 때 대화의 시간을 가져 보세요.**
아이에게 제공하고 싶은 교육과 그것을 위해 지불해야 할 대가에 대해 솔직하게 얘기하는 시간을 마련해 보세요.

✔ **사교육 열풍 속에서 중심을 잡고 싶을 때 이렇게 해 보세요.**
- 우리 부부의 노후 준비 상태를 구체적으로 점검해 보세요.
- 입시만이 유일한 길이라는 생각에서 벗어나, 사회가 어떻게 변할지, 이에 맞춰 아이가 어떤 역량을 갖춰야 할지 생각해 보세요.

✔ **부모의 역할과 부부의 역할 간 균형을 찾으세요.**
배우자를 위한 시간을 확보해 주세요. 서로 협조하고 대화하며 행복한 가족의 울타리를 만들어 주세요.

✔ **배우자와 대화해 보세요.**
어차피 서로를 이해하지 못할 거라는 선입견을 내려놓고 배우자의 입장에서 상황을 이해하려 노력해 보세요.

"엄마는 휴직할 수 없나요?"

오늘 아이 때문에 또 화가 폭발했습니다. 저는 두 아들을 키우고 있는데, 큰애는 초등학교 3학년, 작은애는 유치원생이에요. 새벽부터 일어나서 허둥지둥 큰애 학교 보내고, 작은애 유치원 보낸 다음 저도 출근하는데, 아침마다 전쟁이 따로 없어요.

    오늘은 제가 평소보다 늦게까지 일을 해서 남편이 아이들을 데리고 퇴근했어요. 그런데 집으로 돌아와 보니 설거짓거리는 그대로 쌓여 있고, 큰애는 숙제도 안 하고 핸드폰만 보고 있더라고요. 작은애는 형 옆에서 핸드폰 하고 싶다고 칭얼거리고요. 화가 났지만 일단 큰애를 좋은 말로 타일렀어요. 그런데 알겠다고 말만 하고 계속 핸드폰 게임만 하는 거예요. 작은애는 계속 칭얼거리며 울고, 큰애는 공부는커녕 숙제도 안 한 채 게임만 하고…. 설거지하면서 몇 번을 말하다가, 결국 화가 치밀어 올라서 고무장갑을 내팽개치고 달려가 핸드폰을 뺏어 던졌어요. 도대체 몇 번을 말해야 알아듣겠냐고 소리를 지르고 엉덩이를 때려 줬지요. 결국 큰애, 작은애, 저 모두 펑펑 울었어요. 너무 속상하더라고요.

　물론 이렇게 화를 터트리는 게 아이들에게 좋지 않은 영향을 미친다는 건 알죠. 저도 나름대로 양육 관련 유튜브도 보고 책도 읽으면서 마음을 다스리려 하는데, 그게 잘 안 돼요. 제겐 엄마 자격이 없는 것 같아요. 엄마 역할 내려놓고 몇 달만이라도 쉬고 싶네요…. 엄마는 휴직할 수 없나요?

강_ 회사 다니면서 두 아들을 키우고 계시네요. 이 사례를 보니까 마음이 편치 않아요. 어머니가 정말 힘드시겠어요. 어머니가 말씀하신 장면이 머릿속에 다 그려집니다. 아침부터 출근 전에 한바탕 전쟁을 치르고, 직장에서 2차전, 그리고 집에 돌아오면 또 다른 전쟁이 기다리고 있는 거죠. 매일 세 차례 전쟁을 치르는 군인처럼 살고 계신 것 같아요. 사례 속 어머니의 상황에 확 공감이 돼요.

어_ 엄마는 휴직할 수 없냐고 물어보셨는데, 저도 궁금하네요. 휴가는 언제고 정년 퇴임은 언제일까요…? (모두 웃음)

강_ 휴직이나 정년 퇴임은 고사하고 퇴근 시간이라도 있었으면 좋겠어요. 엄마 퇴근 시간요.

어_ 이 어머니에게 공감하는 분들이 굉장히 많을 것 같아요. 흔히 누구나 엄마 역할을 할 수 있다고 생각하잖아요. 그런데 누구나 할 수 있을 것 같은 일을 잘하는 게 정말 어렵다는 사실을 엄마가 되고 나서 알게 됐어요. 우리 어머니도 하셨고 할머니도 하셨고 할머니의 어머니도 하셨지만, 이렇게 어렵다는 건 아무도 얘기해 주지 않았으니까요. 내가 이렇게 힘들다는 사실을 누군가 알아준다면 엄마들도 조금 낫지 않을까 싶기도 해요. 이 어머니에게도 그런 숨통이 트일 만한 구멍이 필요할 텐데…. 만약 그런 구멍이 없다면 저라도 좀 만들어 드리고 싶네요.

강_ 이상적인 드라마나 영화를 보면 부인이 이러고 있을 때 남편이 짜잔 등장해서 아이들 사이도 정리하고 울고 있는 아내를 안아 주면서…

어_ 설거지도 좀 하고요. (웃음)

강_ 얼마나 지치고 힘드냐, 당신 많이 애쓰는 거 알고 있다, 당신 충분히 잘하고 있다…. 이렇게 말하잖아요?

어_ 그래서 저도 도대체 아버지는 어디 계시나 다시 한번 사례를 읽어 봤어요. 일단 "아이들을 데리고 퇴근"하시긴 했더라고요. 그런데 그 이후로 전혀 언급되지 않아요. 아이들이 핸드폰 게임만 하다가 서로 싸우고, 아내가 고무장갑 내팽개치며 핸드폰을 집어던지고, 아이 엉덩이를 때리고, 다들 울고불고할 때 어디 계셨는지 모르겠어요. 물론 어떤 식으로든 개입하셨을 수 있죠. 하지만 어머니 입장에서 볼 때 그다지 인상적이지 않아서 보고되지 않은 게 아닐까 싶어요.

문제는 이 사례와 비슷한 가정이 많다는 거예요. 예전에 비하면 나아지고는 있다지만 국가 기관이 발표하는 통계를 봐도 남성보다는 여성의 평균 가사 및 돌봄 시간이 더 길다고 합니다. 한국 사회에서 가정 내 육아 및 가사 분담 문제에 대해서는 아직도 많은 논의가 필요한 것 같습니다.

도_ 그러니까 지금 이 어머니는 출근 전부터 퇴근 후까지 하루 종일 쉬지 않고 일하다가 너무 힘이 들어서 폭발한 거잖아요? 이럴 수 있죠. 정말 충분히 있을 수 있는 일이에요. 저도 예전에 가끔 이럴 때가 있었는데요. 그런 다음에는 항상 후회하게 되고, 아이 보기도 민망하더라고요.

강_ 도레미 선생님도 그럴 때가 있었다니, 좀 더 듣고 싶은데요?

도_ 예전에 퇴근하고 나서 친정 엄마와 대화하다가 싸운 적이 있어요. 사람이 지치면 날카로워지잖아요? 저는 특히 배가 고프면 힘들더라고요. 사람마다 다르겠지만, 누구나 지쳐서 약해지는 순간이 있고, 그 순간에는 감정 조절이 쉽지 않을 수 있습니다. 그러니 이 사례의 어머니도 너무 자책하지 않았으면 합니다.

어_ 맞아요. 그리고 저는 어머니께서 이날 있었던 일에 대해 아이와 대화해 보면 좋겠어요. 민망하고 부끄러울 수 있지만, 얘기를 안 할 수는 없거든요. 엄마가 어떤 상황이었는지 설명하고, 어떤 점에서 미안한지, 아이는 어떤 점을 잘못했는지, 앞으로 함께 어떻게 노력할 수 있을지 꼭 짚고 넘어가면 좋겠습니다.

도_ 이런 식으로 화가 폭발하는 일이 반복되면 어머니 입장에서도 좋지 않으니 주의해야겠죠. 저도 많이 이래 봐서 알거든요. 엄마로서 마음이 편치 않아요. 그래서 이렇게 지쳤을 땐 가능하다면 과감하게 하루 정도 휴가를 내서 자신을 위한 시간을 보내면 어떨까 싶어요. 제 친구는 얼마 전에 남편한테는 말 안 하고 반차를 써서 자기가 좋아하는 영화를 보고 왔다고 하더라고요.

강_ 이런 방법이 가능한 분도 있고 가능하지 않은 분도 있겠죠. 하지만 자기만의 시간이 필요하다는 말에는 동의합니다. 적어도 주말에 1~2시간만이라도 자기만의 시간을 가지면 좋을 것 같아요. 물론 당장은 힘들 수 있지만, 방법을 찾아볼 수는 있잖아요?

도_ 꼭 찾아보셨으면 좋겠어요. 저는 또 얼마 전에는 해외여행이 가고 싶은 거예요. 정말 너무 간절해서, 저조차도 제가 왜 이렇게 해외로 여행이 가고 싶을까 의아할 정도였어요. 그때 의도치 않게 하루 정도 일을 쉬게 되었거든요? 그랬더니 여행 가고 싶은 욕구가 싹 사라지더라고요. 밖에서도 집에서도 전혀 쉬지 못하니까 지쳐서 그랬던 것 같아요. 밖에서는 일하고, 집에서는 엄마 역할을 하다 보니, 제가 지친 줄도 모르고 살았더라고요.

어_ 전 해외여행을 가셨다는 줄 알고 기대하고 있었는데요. (웃음) 여행을 못 가신 건 안타깝지만, 확실히 어머니들에게 자기를 돌볼 여유가 부족한 것 같아요. 그래서 본인의 상태를 알아차리지 못하다가 사소한 일에 폭발하게 되는 거죠.

도_ 맞아요. 그러니 자기를 돌보기 위해 아주 작은 취미라도 가지면 좋겠어요. 제가 만난 내담자 중에 정말 힘들게 육아를 하던 분이 있는데요. 그분은 자기 전에 섬유 유연제 냄새를 맡는 게 유일한 휴식이라고 하시더라고요. 그 냄새를 맡으면 마음이 편안해져서 꼭 냄새를 맡고 잔다고 하셨는데, 어찌나 짠하고 안타깝던지요….

강_ 자기를 위로할 만한 무언가가 있어야 해요. 아이를 키우는 게 그만큼 힘들거든요.

어_ 부모님들이 정작 자기를 위한 시간을 내기 어려워하는 것 같은데, 그래도 일단 지르고 나면 그다음부터는 조금 덜 어렵지 않을까 싶어요. 제가 아는 분은 회사에서 퇴근하면 집으로 출근하는 것 같았다고 해요. 게다가 아이가 여럿이고 아직 어려서 통잠도 못 잤는데, 이런 상황에서 취미 생활을 하는 게 굉장히 사치스럽게 느껴져서 아무것도 못 했대요. 그러다가 스트레스가 너무 심해지자 회사 점심시간에 취미 활동을 시작하더라고요. 하루 정도 점심을 굶어도 큰일 나는 건 아니니까 일주일에 한 번 점심을 거르고 대금을 배웠대요. 취미로 할 수 있을 만한 것을 찾고 실제로 실행하기까지 용기가 조금 필요했지만, 몇 주 배우다 보니 대금을 익히고 사람들도 만나는 게 활력소가 돼서 2년 정도 지속하고 있다는 얘기를 들었어요.

이분을 보니 시작이 어렵지, 막상 시작해 보면 생각보다 쉬울 수 있겠다 싶었어요. 어떻게 생각하면 고작 점심 한 끼랑 바꾸는 거니까, 죽을 각오로 비장하게 덤빌 필요도 없죠.

강_ 어유경 선생님도 한창 바쁠 때 파이프 오르간 배우러 다닌 적 있지 않아요? 그것도 혹시 이런 것과 관련이 있나요?

어_ 그걸 기억하고 계셨군요. 그땐 제가 20대였네요. 그 뒤로 아이 셋 낳아 키우며 공부하고 일도 하면서 다른 취미 활동은 전혀 못한 기간도 길어요. 하지만 그래도 조금이라도 여유가 생기면 소소하게나마 뭔가를 해 보려 노력했죠. 일주일에 한 번, 하루에 몇 분, 이런 식으로요. 그 대신 식사나 잠을 어느 정도 포기해야 했지만 확실히 재충전이 되었어요.

도_ 아주 좋은 방법이네요. 자기만을 위해 시간을 낼 여유가 없는 분들이 분명 많으실 거예요. 그렇다고 아예 미루거나 포기하기보단, 자기 상황에 맞게 아주 작은 일이라도 적극적으로 찾아서 시도해 보면 어떨까 싶어요. 좋아하는 향을 맡거나 잠깐 책을 읽는 식으로요. 하루에 단 몇 분이라도 마음이 편안해지는 시간을 만드는 거죠.

강_ 다시 이 사례로 돌아와 볼게요. 이 어머니가 마지막에 폭발하잖아요? 그런데 이게 전혀 갑작스럽지 않아요. 그전에 몇 차례 화와 위기가 쌓여 온 게 보이니까요. 일단 저녁 먹은 그릇들이 그대로 방치되어 있고, 큰애는 숙제도 안 하고 핸드폰만 하다가 동생이랑 싸우죠. 이 모든 일을 처리하는 게 오롯이 엄마의 몫이라면, 어머니들이 어떻게 자기를 위한 시간을 내겠어요. 그리고 상황이 이렇다면 당연히 이런 일이 반복될 수밖에 없죠. 그러니 매일 고정적으로 해야 하는 일들의 목록을 정리해서 남편분과 일을 분담하면 좋겠습니다. 만약 아이에게 맡길 수 있는 일이 있다면 그렇게 하고요. 특히 이 사례와 같은 상황에서는 당연히 남편분이 조금 더 일을 맡는 게 옳죠.

어_ 그런 것 같아요. 아이도 초등학교 3학년 정도 되면 본인 숙제 정도는 알아서 해야죠. 가능하면 동생 숙제도 좀 챙겨 주고요. 그리고 슬슬 집안 정리도 맡길 만한 나이가 아닐까 싶어요.

그런데 어머니 스스로 '이건 내 일이고, 이 일을 잘 하지 못하면 내가 태만한 것'이라고 생각할 수도 있을 것 같아요. 이런 부담감을 내려놓아야 해요. 어머니 혼자 모든 일을 할 수는 없으니까요.

도_ 지금 어머니가 너무 많은 일을 도맡아 하고 있어서 힘에 부치는 것 같아요. 어유경 선생님 말대로 가족 내에서 나눌 수 있는 일이 있다면 일단 시도해 보는 게 좋지 않을까요? 물론 아이가 처음부터 집안 청소를 다 해 놓을 수는 없겠죠. 그래도 우선 아주 작은 일이라도 시작해서 점점 확대해 나갔으면 합니다.

강_ 개인적으로 이날이 어떻게 마무리됐을지 궁금해요. 그냥 엄마와 아이 모두 울고 각자 방에 들어가 자 버린다면, 그날은 정말 힘들기만 했던 하루로 끝날 수 있잖아요. 그런데 아까 잠시 언급했던 것처럼 이런 일이 일어난 다음에는 아이와 이 일에 대해 대화해 보는 게 좋아요. 설령 아이가 엄마를 완전히 이해하지는 못한다 하더라도 엄마의 마음과 상황을 전달할 필요가 있어요. "엄마가 힘들어서 밉게 말하고 무섭게 행동했어. 너희를 잘 키우고 싶은 마음이 잘못 표현된 것 같아 미안해. 그렇지만 엄마는 여전히 너희들을 사랑해"라고 어머니가 말한다면 아이들도, 그동안 잠자코 있던 아버지도 뭔가 이야기할 수 있을 거예요.

어_ 굉장히 중요한 말씀이네요. 비록 엄마라 해도 잘못을 했다면 이를 인정하고 사과해야 합니다. 엄마가 이렇게 행동한다면 아이에게 좋은 본보기가 되어 줄 수 있어요. 보통 이렇게 엄마가 잘못을 인정하고 사과하면 아이들도 덩달아 잘못을 인정하고 사과하게 되잖아요? 그러니 이런 대화를 통해 하루를 좋게 마무리할 수 있겠네요.

도_ 사실 부모-자녀 간 갈등이든 부부간 갈등이든, 가족 간에 갈등이 없긴 힘들잖아요. 갈등이 단지 갈등으로 끝날 수도 있어요. 하지만 갈등을 통해 서로를 더 알아가고, 함께 살아가기 위해 어떤 노력이 필요한지 확인해야 해요. 그러니 갈등이라는 위기를 가족끼리 대화하고 서로 보듬어 주는 기회로 삼길 바랍니다.

강_ 맞아요. 그렇게 할 수만 있다면 갈등이 생김으로써 가족 관계가 더 돈독해질 수 있죠. 그런데 갈등 상황에서 화를 폭발시키는 것에 대해서는 좀 더 이야기할 필요가 있을 것 같아요. 우리가 화를 낼 때를 생각해 보면, '여기서 조금만 더 화가 나면 정말 주체할 수 없겠다'는 감이 오잖아요? 그 순간 화를 멈출지, 아니면 계속 내달려서 화를 폭발시킬지 선택할 수 있단 말이죠. '나는 선택하지 않았는데, 나도 모르게 화가 폭발해 버렸다'라고 생각할 수 있지만, 그 순간을 천천히 떠올려 본다면 사실 그렇지 않아요. 그래서 먼저 이 사실을 자각해야 합니다.

어_ 내 안에 어떤 감정이 생기고 있는지 인식하지 못한다면 감정을 조절할 수도 없을 테니까요. 반대로 초기에 인식할 수 있다면 훨씬 수월하게 감정을 조절하고 대처할 수 있고요.

강_ 그렇죠. 그리고 감정이 격해질수록 상대방에게 자신의 상태를 말로 설명하기 어려워져요. 그러니 자신의 상태를 알려 주기 위한 신호를 미리 만들고, '조금만 있으면 내 화가 폭발할 것 같다'라고 생각될 때 신호를 보내면 좋을 거예요. 특정 물건을 집어 들거나 몸동작을 통해 신호를 줄 수 있겠죠. 간단한 의성어도 괜찮아요. 비유나 몸짓으로 표현한다면 이게 또 하나의 재미있는 활동처럼 될 수 있거든요. 물론 이런 신호들은 아이와 엄마 모두 평정심을 유지하고 있을 때 미리 만들어 두어야 합니다.

어_ 그러고 보니 저도 그렇게 하는 게 있어요. 제가 기분이 안 좋아지려고 하고 그 강도가 올라간다 싶으면 제가 아이들에게 "엄마가 지금 이런 상태가 되려고 그래"라고 하면서 손가락으로 코와 이마를 두드립니다. 야구에서 코치들이 선수들에게 신호를 보내는 것처럼요. 그 동작이 웃기기도 하고, 아이들에게 엄마의 기분이 안 좋아지고 있다는 신호로도 작용하니, 나쁜 기분이 증폭되지 않더라고요.

그리고 아이들과 제 자신에게 그렇게 신호를 보내기로 한다면, 지금이 신호를 보낼 때인지 생각해 보는 동안 잠시 화에 거리를 두게 되고, 결국 화를 조절할 여유를 가질 수 있습니다. 아주 잠시 그 순간을 모면함으로써, 폭발하지 않은 화가 점차 사그라들 수도 있고요. 이 사례의 어머니도 이런 기술들을 연습하며 자신의 화를 줄여 나갈 수 있지 않을까요?

강_ 그러기 위해서는 우선 화를 낸 것에 대해 아이와 대화할 필요가 있겠네요. 아까 전에 어유경 선생님도 말씀하셨지만, 엄마로서 감정을 조절하지 못하고 폭발시킨 건 떳떳하지 못한 일이기 때문에 그걸 다시 들춰내서 다루는 게 쉽지는 않아요. 하지만 화를 폭발시킨 것 자체보다 그런 상황에 대해 아무런 설명이나 사과 없이 넘어가는 것이 아이에게 더 안 좋은 영향을 미칠 거라고 생각해요. 이런 행위에는 '나의 감정도, 너의 감정도 소중하지 않다', '감정은 조절할 필요도 없고, 조절할 수도 없다', '그때그때의 감정이 우리 일상을 망가뜨려도 되고, 여기에 대해 누구도 책임질 필요 없다' 등 수많은 의미가 담겨 있으니까요.

그러니 아이에게 크게 화를 내거나 아이와 싸운 후에는 반드시 그 상황에 대해 이야기를 나눠야 한다는 점을 다시 한번 강조하고 싶어요. 그래야 엄마 역시 자신의 격한 감정이 아이에게 어떤 영향을 미치는지 실감하고, 다음부터 조심할 수 있거든요.

도_ 저도 집에 있다가 소위 '뚜껑이 열리는' 경우가 종종 있는데요…. 사실 어제도 뚜껑이 열릴 것 같아서 가쁜 숨을 참고 있었어요. 그런데 아이가 "엄마 왜 화 내?"라고 묻더라고요. 그래서 "엄마는 지금 화를 내는 게 아니라, 화를 참고 있는 거야"라고 말했죠. 이 말 자체가 제 상태를 아이에게 알리는 신호가 됐던 것 같아요. 저 역시 이렇게 말하며 제 상태를 자각할 수 있었고요. 제가 힘들어서 화를 낼 때가 있는데 그럴 경우에도 그냥 넘어가는 게 아니라 이후에 어떤 점에서 화가 나고 힘들었는지, 그 상황에서 아이는 어땠는지, 어떤 감정을 느꼈는지 이야기 나누려고 노력했던 것 같아요. 가족끼리 너무 힘들고 소진되다 보면 분명히 실수할 수 있지만, 그 실수를 그냥 넘기지 마시고 꼭 이야기해 보시길 바랍니다.

제가 화가 나서 폭발한 적이 있었는데요. 남편과 대화를 하던 중 제 화로 인해 남편이 얼마나 속상하고 힘들었는지 알게 됐어요. 이런 깨달음 덕분에 예전 같았으면 진작 화가 터져 나왔을 순간에도 폭발하지 않고 버틸 수 있게 됐죠. 정말 모든 문제의 해결은 대화로부터 시작되지 않나 싶어요.

강_ 도레미 선생님 경우에는 남편분이 선생님과 함께 대화하면서 선생님의 감정 표현 방식에 대해 알게 된 덕에 점차 문제를 해결할 수 있었던 거잖아요. 대화하고 부딪히지 않으면 문제는 해결되지 않아요. 그러니 이 사례 속 아버님도 어떤 형태로든 속히 육아 생활에 등장해 주실 것을 부탁드리고 또 기다리는 바입니다.

어_ 마지막으로 이 사례의 어머니께 드리고 싶은 말이 있어요. 어머니께서 자신에게 "엄마 자격이 없는 것" 같다고 말씀하신 부분을 보니 마음이 너무 아파요. 저는 엄마 자격이나 아빠 자격이 있는 사람은 없다고 생각해요. 중요한 건 어제보다 나은 엄마, 아빠가 되는 게 아닐까요? 아이가 성장하듯, '나'도 성장하면서요. 저는 이렇게 조금은 뻔뻔하게 생각하며 십수 년 동안 엄마로 살고 있습니다. 아직은 많이 미숙하지만, 오늘 무언가를 깨달아서 내일은 어제보다 조금 나은 사람, 나은 엄마가 되는 것이 목표입니다. 아이를 키우는 부모님들이 자책하지 않으셨으면 좋겠어요. 이 어머니도 지금 옆에만 계신다면 손 한번 꽉 잡아드리고 싶네요.

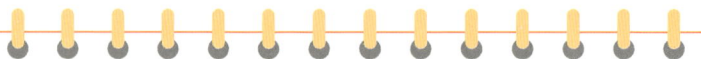

CHECK CHECK!
아이를 키우며
지치고 자신감이 없어진다면?

✓ **가사와 육아 분담이 적절한지 살펴보세요.**

혼자 모든 일을 감당하지 못한다고 부모 자격이 부족한 것은 아닙니다. 배우자나 다른 가족, 지인 등과 가사를 분담하여 여유와 에너지가 생긴다면, 더 효과적으로 아이를 양육할 수 있을 것입니다.

✓ **감정을 조절하지 못했던 '그때'에 대해 아이와 대화해 보세요.**
- 아이와 대화하기에 앞서, '그때'에 대해 생각하고 정리하세요.
- 아이에게 무엇 때문에 화가 나기 시작했는지 말해 주세요.
- 어떤 말이나 행동으로 화가 증폭되고 폭발했는지 설명해 주세요.
- 이때 아이는 무슨 생각을 했는지 물어보세요.
- 부모의 격한 행동을 보고 아이는 어떤 기분이었는지 물어보세요.
- 서로의 기분과 상태를 이해하지 못하고 상하게 한 것에 대해 서로 사과하세요.
- 서로에게 무엇을 원하는지 대화해 보세요.
- 이런 갈등이 반복되지 않기 위해 어떻게 해야 할지 함께 생각해 보세요.

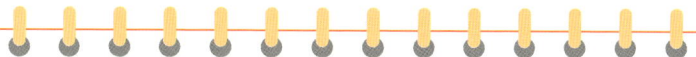

✓ 나만을 위한 시간을 짧게라도 마련해 보세요.

오일로 가볍게 뒷목을 마사지하거나, 30분 정도 자유시간을 누리거나(아이를 배우자에게 맡기고), 가벼운 운동을 하거나 악기를 배우는 등 상황과 형편에 맡게 작은 쉼과 위로를 자신에게 선물하세요.

✓ 완벽한 부모가 아니라 어제보다 나은 부모가 되기로 노력하는 건 어떨까요?

실수를 돌아보며 반성하고 성장할 수 있지요. 하지만 나의 실수와 부족한 면에만 집중할 경우, 오늘의 일을 감당할 힘이 쭉 빠질 수도 있습니다. 그러니 어제보다 발전된 모습에 초점을 맞춰 자신에게 용기를 주세요.

✓ 감정이 폭발하기 전 상태를 알아차리고 이를 다른 가족들에게 알릴 수 있는 신호를 개발해 두세요.

손으로 사자 입을 만들어 "어흥, 돌변 3초 전"이라고 말할 수도 있고, 뿅망치를 바닥에 세 번 칠 수도 있습니다. 집안 분위기를 고려하여 효과적일 만한 신호를 만들어 보세요.

✓ 감정을 조절하지 못했을 때 다른 가족들이 어떤 영향을 받았는지 기억하세요.

내가 감정을 폭발시켰을 때 아이의 말이나 몸짓, 배우자의 표정 등에 묻어 있던 메시지를 포착해서 마음에 저장해 두세요. 다음 폭발 직전에 떠올릴 수 있다면 감정 조절이 조금 더 수월해질 거예요.

STEP BY STEP
한 걸음씩 천천히

Step 1 나를 알아보기

- 다음 문장의 빈칸에 들어갈 말을 빠르게 떠올려 보세요.
- 내가 집에 있을 때 가장 바라는 것은 _____
- 아이가 _____ 때 가장 실망스럽다.
- 내가 양육을 잘 하려면 _____ 이/가 필요하다.

Step 2 생각해 보기

- 아이가 문제를 일으켜 속상하고 심난했던 적이 있었나요?
- 당시 어떤 부분을 지혜롭게/미숙하게 처리한 것 같나요?
- 그 일에서 얻은 교훈을 후배 엄마/아빠에게 전한다면 어떻게 말해 주고 싶나요?

- 배우자의 어떤 점에 반해서 결혼을 결심했나요? 지금도 떠오르는 연애 시절의 장면이 있나요?

- 우리 부부의 노후는 어떻게 준비되고 있을까요? 경제, 여가와 취미, 건강, 퇴직 후의 일 등 다양한 측면에 대해 생각해 보세요.

- 나에게 쉼을 주는 놀이, 음식, 공간, 활동 등이 있나요?
  - 현재 내 생활에서 이런 것들을 조금이라도 누리려면 어떻게 해야 할까요?
  - 이것들을 누릴 수 있는 시간을 확보한다면 언제가 좋을까요?

- 조금만 더 자극하면 폭발할지도 모르겠다는 순간, 나의 상태를 가족들에게 알리기 위한 세련되고 재밌는 신호를 생각해 보세요.

Step 3 실천해 보기

- 아이의 귀엽고 사랑스러운 사진을 찾아서 스마트폰 배경화면과 SNS 프로필 사진을 바꿔 보세요. 어떤 생각이 드나요?

- 아이 교육 및 진로와 관련하여 바라는 바에 대해 배우자와 대화해 보세요.

- 평소 가족들에게 하고 싶은 말을 편하게 하고 있나요? 오늘이 가기 전에 가족들에게 하고 싶은 말을 전해 주세요.

한 걸음씩 천천히

도움이 될 만한 기관

국립중앙청소년디딤센터

여성가족부가 운영하는 기관으로, 학습, 정서, 행동 면에 장애가 있는 청소년이 단기/장기로 거주하며 치료, 재활, 교육을 받을 수 있게 종합적인 지원을 제공합니다.

홈페이지 http://www.nyhc.or.kr | 전화번호 031-333-1900

꿈드림청소년지원센터

여성가족부가 운영하는 기관으로, 학교 밖 청소년에게 상담을 제공하고, 교육, 직업 체험, 취업/자립 지원 프로그램을 운영합니다. 전국적으로 221개 센터가 운영되고 있습니다.

홈페이지 https://www.kdream.or.kr:446

대한소아청소년정신의학회

아동·청소년 정신건강의학과 전문의들의 모임으로, 홈페이지를 방문하여 정신의학 정보를 이용할 수 있으며, 전문 정회원 또는 일반 정회원이 근무

하고 있는 병원 정보를 검색해 볼 수 있습니다.

홈페이지 http://www.kacap.or.kr

서울학습도움센터

서울시 교육청이 운영하는 기관으로, 학습지원교육과 난독·경계선지능 지원 등을 통해 학업에 어려움을 겪는 학생들의 학습을 돕고 있습니다. 서울시 교육청 외에도 지역별 교육청에서 비슷한 지원 프로그램을 운영하고 있습니다.

홈페이지 https://s-iam.sen.go.kr │ 전화번호 02-399-9053

스마트쉼센터

과학기술정보통신부 산하 한국지능정보사회진흥원이 운영하는 기관으로, 스마트폰 과의존을 해소하고 삶의 균형을 회복할 수 있도록 전문 상담과 예방 교육을 제공합니다. 전국 17개 광역시도에 스마트쉼센터를 설치하여 운영하고 있습니다.

홈페이지 https://www.iapc.or.kr │ 전화번호 1599-0075

아이존 | 아동·청소년정신건강지원시설

서울시에서 운영 및 관리하는 기관으로, ADHD 등 정서 및 행동 장애가 있는 초등학생들에게 일정 기간 동안 치료와 집단 치료/상담 프로그램을 제공합니다.

위^{Wee} 프로젝트

학교, 교육청, 지역 사회가 연계하여 학생들의 정신 건강과 학교생활을 지원하는 서비스망입니다. 중·고등학교를 중심으로 학교에서 전문상담(교)사들이 위^{Wee} 클래스를 운영하고 있어서 학교생활, 심리 문제에 대해서 지원, 교육, 상담을 받을 수 있으며, 교육지원청별로 위^{Wee} 센터가 있습니다.

홈페이지 http://www.wee.go.kr

정신건강복지센터

보건복지부가 운영하는 기관으로, 전국 지방자치단체에서는 지역 주민의 정신질환을 예방·치료하기 위해 정신건강복지센터를 운영하고 있습니다. 정신질환 여부를 자가검진할 수 있는 무료 검사와 대면 및 비대면 상담을 지원합니다.

청소년모바일상담센터

교육부가 운영하는 청소년 고민 상담을 위한 모바일 상담 서비스입니다. 365일 24시간 운영하며, 청소년이라면 누구나 '다들어줄개' 앱과 문자, SNS를 통해 전문 상담 선생님에게 상담을 요청할 수 있습니다.

홈페이지 http://teentalk.or.kr | 문자상담번호 1661-5004

청소년사이버상담센터

여성가족부가 운영하는 서비스로, 청소년 상담복지 정책을 수행하고 있습니다. 도움이 필요한 청소년을 위해 24시간 비대면 상담을 진행하며, 대인관계, 성격/정서, 진로/학업, 중독/과의존, 자녀양육(부모)과 관련한 자기보고식 검사를 제공합니다. 홈페이지에 게시된 검사를 통해 청소년뿐 아니라 성인도 자신의 성격과 스트레스 정도를 파악하고, 우울이나 불안 같은 정서 문제가 어느 정도로 심각한지 확인할 수 있습니다.

홈페이지 https://www.cyber1388.kr:447 | 전화번호 1388

청소년상담복지센터

여성가족부가 운영하는 기관으로, 청소년 안전망과 심리검사, 청소년 상담 및 부모 상담을 지원합니다. 전국적으로 238개 센터가 운영되고 있습니다.

푸른존 | 서울시청소년정신재활시설

정서 및 행동 문제가 있는 청소년(초등학교 5학년~중학생)들에게 심리평가, 개인상담, 집단 치료/상담 프로그램을 제공합니다.

홈페이지 http://proonzone.com | 전화번호 02-944-5811~7

한국임상심리학회

한국심리학회 산하 분과 중 하나인 한국임상심리학회는 국민의 마음 건강에 앞장서는 전문가 집단으로 8,000명의 회원을 보유하고 있습니다. 홈페이지를 방문하면 정신 건강 관련 정보와 함께 지역별 임상심리전문가 또는 임상심리전문가가 개업한 기관을 검색해 보실 수 있습니다.

홈페이지 http://www.kcp.or.kr

임상심리학자 엄마들의
아이 문제 상담소

2023년 9월 12일 초판 1쇄 찍음
2023년 9월 22일 초판 1쇄 펴냄

지은이 강지현·도례미·어유경

책임편집 정용준
편집 임현규·한소영
디자인 말리북
마케팅 김현주

펴낸이 권현준
펴낸곳 ㈜사회평론아카데미
등록번호 2013-000247(2013년 8월 23일)
전화 02-326-1545
팩스 02-326-1626
주소 03993 서울특별시 마포구 월드컵북로6길 56
이메일 academy@sapyoung.com
홈페이지 www.sapyoung.com

ⓒ 강지현·도례미·어유경, 2023

ISBN 979-11-6707-125-5 13590

* 사전 동의 없는 무단 전재 및 복제를 금합니다.
* 잘못 만들어진 책은 바꾸어 드립니다.